21世纪通识教育系列教材

陈 泉 郭利伟 周 妍◎编著

网络信息检索与实践教程（第2版）

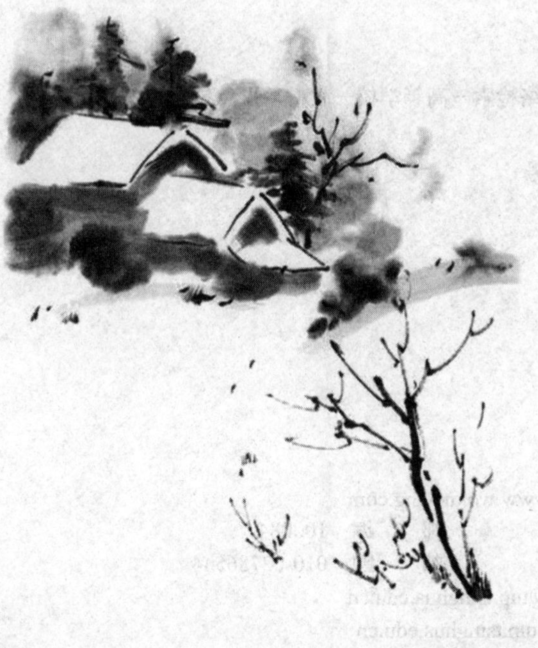

清华大学出版社
北 京

内 容 简 介

本书首先系统介绍了信息素养与信息素养教育的内涵，以及网络信息资源与信息检索技术的方法和策略。其次，以图书、期刊、学位论文、会议论文、专利、标准、科技报告等文献类型为主线，介绍国内外主流的网络数据库，以及部分学科专业领域相关的检索工具和主要网络信息资源，列出获取这些信息资源的方法和途径。再次，介绍了常用的中外文搜索引擎的使用方法、技巧和特色检索功能，以及多种类型的开放获取资源的获取途径。最后，介绍了文献信息利用的相关内容，包括文献管理软件的利用、学术论文的写作方法、学术规范的具体要求以及参考文献的标准著录等内容。本书每小节提供了不同类型网络信息资源检索实例，可以使读者进一步了解和掌握各种类型信息资源的检索技术和方法；每章附有思考题，可作为相关课程的实践作业。

本书是根据高等学校人才培养方案和教学计划要求，结合我国高等教育改革的需要而编写的，它集中反映了当前网络信息检索领域最新、最实用的资源类型。本书可作为高等学校本科生、研究生培养信息素养、获取网络信息资源、提高信息检索技能的教材，也可作为广大科研人员、教育工作者、网络信息检索爱好者提升自身信息素养，了解当前国内外信息资源与信息检索的发展状况、查询和获取相关文献信息时的参考用书。

图书在版编目（CIP）数据

网络信息检索与实践教程 / 陈泉，郭利伟，周妍编著 . — 2 版 . —北京：清华大学出版社，2023.2（2025.1重印）
21 世纪通识教育系列教材
ISBN 978-7-302-62710-4

Ⅰ . ①网…　Ⅱ . ①陈… ②郭… ③周…　Ⅲ . ①网络检索－高等学校－教材　Ⅳ . ① G354.4

中国国家版本馆 CIP 数据核字（2023）第 026833 号

责任编辑：邓　婷
封面设计：刘　超
版式设计：文森时代
责任校对：马军令
责任印制：曹婉颖

出版发行：清华大学出版社
网　　址：https://www.tup.com.cn，https://www.wqxuetang.com
地　　址：北京清华大学学研大厦 A 座　　**邮　　编：**100084
社 总 机：010-83470000　　**邮　　购：**010-62786544
投稿与读者服务：010-62776969，c-service@tup.tsinghua.edu.cn
质 量 反 馈：010-62772015，zhiliang@tup.tsinghua.edu.cn
印 装 者：北京鑫海金澳胶印有限公司
经　　销：全国新华书店
开　　本：185mm × 260mm　　**印　　张：**15.5　　**字　　数：**384 千字
版　　次：2013 年 8 月第 1 版　　2023 年 3 月第 2 版　　**印　　次：**2025 年 1 月第 2 次印刷
定　　价：56.00 元

产品编号：096840-01

前　言

信息检索课是高等学校对大学生开展信息素养教育与信息检索能力培养的重要课程，也是高等学校素质教育的重要组成部分。《网络信息检索与实践教程》第1版自出版以来，得到了众多高校教师、学生及广大读者的喜爱。本次出版的第2版，在第1版的基础上进行了修订、补充和完善，既保留了本书原有的风格特色，又补充了新内容，完善更新了体系。本书由多位承担信息检索课教学工作的教师，结合多年教学实践共同编写而成。它在内容上充分体现了国内外高等教育信息素养能力标准及最新的信息检索理论与实践，同时紧扣当前国内外大学生信息素养教育及信息获取与处理能力的培养要求，具有将理论性、操作性与实践性融于一体的特点。

全书共分为6章。第1、2章，阐述信息素养的要素、评价标准、信息素养教育发展现状，信息与信息检索的基本概念、信息资源类型、特点，信息检索技术、方法和策略等内容；第3、4章，按照文献资源类型分类介绍图书、期刊、学位论文、会议文献、专利、标准、科技报告等国内外主流学术文献数据库的资源概况及检索方法，并根据部分学科领域推荐专业性的数据库和网站，列举出获取这些资源的方法和途径；第5章，介绍了搜索引擎及开放存取资源的检索方法，包括搜狗、百度等搜索引擎、MOOC平台、公开课平台及互联网开放存取资源的使用方法、技巧，拓展了信息检索领域最新知识和成果；第6章从文献管理及应用角度入手，介绍了EndNote、知网研学等文献管理软件的使用方法，以及学术论文写作格式、基本要求与过程，对学术规范与参考文献著录规则进行了详细解读，在信息管理与利用、论文写作与遵守学术规范方面给予了学生有效指导。

本书由西安科技大学陈泉（第1章、第2章、第3章的3.1—3.7节）、郭利伟（第4章）、周妍（第3章的3.8节、第5章、第6章）三位教师共同编写，陈泉担任主编并负责修改定稿。本书在编写过程中，得到了西安科技大学领导和同事的热情帮助和指导，在此向他们致以诚挚的谢意！同时，本书参考并引用了诸多作者的文献资料，在此一并表示衷心的感谢！

由于互联网及信息技术发展迅速，编者水平有限，书中难免有疏漏和不足之处，敬请读者多提宝贵意见。

作者

目　录

第1章

信息素养与信息素养教育

1.1 信息素养概述

信息是资源，信息是财富。如果将信息资源视为宝库，那么信息检索就是打开宝库的“钥匙”，信息素养就是找到宝库的必由之路。信息素养是信息化社会中每一位生存者发展、竞争及终身学习的必备素质之一。

1.1.1 信息素养的概念

信息素养（information literacy，IL）也译成信息素质，此概念最早是由美国信息产业协会主席保罗·泽考斯基（Paul Zurkowski）在1974年提出的。国内关于信息素养的概念是在2000年以后界定的。目前普遍为人们所接受的信息素养概念大部分来自美国。下面列举几个具有代表性的国内外有关信息素养的概念。

1974年，保罗·泽考斯基将信息素养概括为“利用大量信息工具及主要信息源使问题得到解答的技能”。

1987年，信息学家帕特丽夏·布雷维克将信息素养概括为“了解信息的系统，并能鉴别信息价值，选择获取信息的最佳渠道，掌握获取和存储信息的基本技能”，如数据库、电子表格软件、文字处理软件。

1989年，美国图书馆学会（American Library Association，ALA）将信息素养简单地概括为“具有信息素养的人，能够判断什么时候需要信息，并懂得如何去获取信息，如何去评价和有效利用所需信息”。

进入20世纪90年代后，随着网络技术的发展和以知识经济为主导的信息时代的到来，人们对信息素养的内涵又有了新的解读。

1992年，道尔在《信息素养全美论坛的终结报告》中，再次对信息素养的概念做了详尽表述:“一个具有信息素养的人，能够认识到精确的和完整的信息是做出合理决策的基础，确定对信息的需求，形成基于信息需求的问题，确定潜在的信息源，制订成功的检索方案。从包括基于计算机和其他信息源获取信息、评价信息、组织信息，用于实际的应用，将新信息与原有知识体系进行融合，以及在批判性思考和问题解决的过程中使用信息。”

2003年和2005年，联合国教科文组织分别召开两次专题性的世界大会，并发布《布拉格宣言》和《亚历山大宣言》，将信息素养界定为一种能力，即“信息素养是人们在信息社会和信息时代生存的前提条件，是终身学习的重要因素，能够帮助个体和组织实现其生存和发展的各类目标。它能够确定、查找、评估、组织和有效地生产、使用和交流信息来解决问题”。

2015年，美国大学与研究图书馆协会（Association of College and Research Libraries，ACRL）标准委员会审议通过《高等教育信息素养能力框架》，将信息素养界定为一种综合能力，并给出判定信息素养的5项新标准。

（1）能够确定所需信息的性质和范围。

（2）能够有效地获取所需信息。

（3）能够评价信息及其来源，并实现所选信息与自身知识基础和价值体系的整合。

（4）能够利用信息达到特定目的。

（5）了解信息利用过程中的经济、法律和社会问题，在获取与利用信息时自觉遵守道德规范和有关法律。

我国关于信息素养的概念主要由著名教育技术专家李克东教授和徐福荫教授分别提出。

李克东教授认为，信息素养应该包含信息技术操作能力、对信息内容的批判与理解能力，以及对信息的有效运用能力。

徐福荫教授认为，从技术学视角看，信息素养应定位在信息处理能力；从心理学视角看，信息素养应定位在信息问题解决能力；从社会学视角看，信息素养应定位在信息交流能力；从文化学视角看，信息素养应定位在信息文化的多重建构能力。

尽管不同时期、不同国家的专家和学者对信息素养的概念赋予了不同的内涵，但信息素养概念一经提出，便得到广泛传播和使用。随着人们对信息素养内涵认识的不断深入、充实和丰富，业界对于信息素养的概念已基本达成共识。目前，人们将信息素养作为一种综合能力来认识。

1.1.2 信息素养的组成要素

信息素养是一种个人综合能力素养，同时又是一种个人基本素养。对于大学生来说，信息素养教育的目的是：培养学生能够认识到何时需要信息，能够有效地检索、评估和利用信息的综合能力；培养学生能够将获取的信息与自己已有知识相融合，构建新的知识体系，解决所遇到的问题与任务；培养学生能够了解利用信息所涉及的经济、法律和社会问题，合理、合法地获取和利用信息。

在信息化社会中，获取信息、利用信息、开发信息已经成为对现代人的一种基本要求，信息素养是信息化社会中人们必须掌握的终身技能之一。一般而言，信息素养主要包括信息意识、信息知识、信息能力和信息道德四个要素。

1. 信息意识

信息意识是指对信息、信息问题的敏感程度，是对信息的捕捉、分析、判断和吸收的自觉程度。具体来说，信息意识就是把人作为信息的主体，在信息活动中产生的知识、观点和理论的总和。

通俗地讲，面对不懂的内容，能积极主动地寻找答案，并知道在哪里、用什么方法寻求答案，这就是信息意识。信息意识的强弱表现为对信息的感受力的大小，并直接影响到信息主体的信息行为与行为效果。信息意识强的人，能通过蛛丝马迹捕捉到有价值的信息，因而往往能够占得先机，获得优势；信息意识强的人，能在错综复杂、混乱无序的众多信息表象中，去粗取精，去伪存真，识别、选择、利用正确的信息。同时，信息意识还表现为对信息的持久注意力，对信息价值的判断力和洞察力。因此，使用信息技术解决工作和生活问题，是信息技术教育中最重要的一点。而具备良好的信息意识是具有较高信息素养的前提。

案例

1969 年，瑞士研制出世界上第一只石英电子表。当时，瑞士工业部错误地估计了石英电子表的使用价值和市场销售前景，认为其发展前途不大而将其搁置。然而，对信息极敏感的日本人在获得这一消息后，当机立断进行大规模生产，没过多久，大批石英电子表涌入国际市场，仅用 5 年时间就挤垮了瑞士 178 家表厂。日本人成功的关键就在于其对信息具有敏锐感受力。

2. 信息知识

信息知识是人们在利用信息技术工具、拓展信息传播途径、提高信息交流效率的过程中积累的认识和经验的总和，它是信息素养的基础。信息知识既包括传统文化素养，也包括专业性知识和信息基本知识；它既是信息科学技术的理论基础，又是学习信息技术的基本要求。信息知识是进行各种信息行为的“原材料”和“工具”，只有掌握了信息知识，才能更好地理解并应用它。

从这个案例我们不难看出，任何人从事某一特定领域的学术活动，或开始做一项新的科研工作，都要花费大量的时间对有关文献进行全面的调查研究，包括摸清国内外是否有人做过或者正在做同样的工作、取得了一些什么成果、尚存在什么问题，以便借鉴。任何科学研究都是在继承前人的知识后有所发明、有所创新的。也就是说，每个人都把前人认识事物的终点作为继承探索的起点。掌握信息知识是做好科学研究的基础和前提。在科学研究中，只有重视信息检索，才能做好继承和借鉴工作，避免因重复研究而浪费大量人力、物力和财力。总之，信息可转变为知识，知识能涌现出智慧。

3. 信息能力

信息能力是指对信息知识的基本概念、原理、方法等的理解和掌握，简言之，即了解和获取信息的过程，包括信息获取能力、信息加工和处理能力、信息技术的利用能力、信息评价能力以及信息交流能力等。

信息能力是当今社会人类最基本的生存能力之一，它深刻地影响着人们的生活、工作和学习。能否选择适合的信息技术、工具及方法，通过恰当的途径解决问题，最终要看信息能力水平如何。如果一个人只具有强烈的信息意识和丰富的信息知识，却无法有效地利用各种信息工具去搜集、获取、传递、加工、利用有价值的信息，那么就无法适应信息时代的要求。信息能力是信息素养的核心。

4. 信息道德

信息道德是指在信息的采集、加工、存储、传播和利用等信息活动的各个环节中，用来规范其间产生的各种社会关系的道德意识、道德规范和道德行为的总和。它通过社会舆论、传统习俗等，使人们形成一定的信念、价值观和习惯，从而使人们自觉地通过自己的判断规范自己的信息行为。

信息道德包括主观和客观两个方面，即个人信息道德和社会信息道德。前者是指人类个体在信息活动中以心理活动的形式表现出来的道德观念、情感、行为和品质，如对信息劳动的价值认同、对非法窃取他人信息成果的鄙视等；后者是指在社会信息活动中人与人之间的关系以及反映这种关系的行为准则与规范，如扬善抑恶、权利义务、契约精神等。大学生的信息道德具体包括以下几方面的内容。

（1）遵守信息法律法规。大学生应了解与信息活动有关的法律法规，培养遵纪守法的观念，养成在信息活动中遵纪守法的意识与行为习惯。

（2）抵制不良信息。大学生应提高判断是非、善恶和美丑的能力，能够自觉地选择正确信息，抵制垃圾信息、黄色信息、反动信息和封建迷信信息等。

（3）批评与抵制不道德的信息行为。通过培养大学生的信息评价能力，使其认识到维护信息活动的正常秩序是每个大学生应担负的责任，对不符合社会信息道德规范的行为坚决予以批评和抵制，从而营造积极的舆论氛围。

（4）不损害他人利益。大学生的信息活动应以不损害他人的正当利益为原则，要尊重他人的财产权、知识产权，不使用未经授权的信息资源，尊重他人的隐私，保守他人的秘密，信守承诺，不损人利己。

（5）不随意发布信息。大学生应对自己发出的信息承担责任，应清楚自己发布的信息可能产生的后果，应慎重表达自己的观点和看法，不能不负责任地发布信息，更不能有意传播虚假信息、流言等误导他人。

信息道德作为信息管理的一种手段，与信息政策、信息法律有密切的关系，它们从不同的角度各自实现对信息及信息行为的规范和管理。信息道德以巨大的约束力在潜移默化中规范人们的信息行为，使其符合信息化社会基本的价值规范和道德准则，从而使社会信息活动中个人与他人、个人与社会的关系变得和谐与完善，并最终对个人和组织等信息行为主体的各种信息行为产生约束或激励作用。

综上所述，信息素养的四个要素共同构成了一个不可分割的统一整体，可归纳为：信息意识是前提，决定一个人是否能够想到利用信息和信息技术；信息知识是基础；信息能力是核心，决定能不能把想到的做到、做好；信息道德则是保证，是准则，决定在做的过程中能不能遵守信息道德规范、合乎信息伦理。

1.1.3 信息素养能力培养目标

信息素养能力可简单概括为“利用信息资源解决问题的技术和技能”。信息素养能力是一种综合能力和素质，是在正确表达信息需求的基础上，运用信息技术，获取、评价、分析、集成和善于利用信息的能力。信息素养能力培养目标主要体现在以下几方面。

1. 宏观培养目标

在承认信息素质是信息时代生存和发展基础的前提下，宏观培养目标可确定为以下几项。

（1）为适应信息社会的发展变化，学生应该学会理性思考，具有创造性的思维，学会解决问题，学会管理和检索信息以及进行有效交流。

（2）信息素质能够使学生充分利用全球化所带来的机会。具备信息素质的人，知道如何学习，知道信息是如何组织的，知道如何寻找并利用信息。他们总能找到决策所需要的信息，因而能为终身学习和独立学习做好准备。

（3）信息素质能使国家、公民和商务活动从信息时代获得利益。信息素质是每个社会成员必备的基本素质。

2. 技能培养目标

信息素质教育专家还进一步制定了必须掌握的具体技能，将信息问题的成功解决归纳为以下六个主要技能领域。

（1）任务的确定。确定任务或信息问题，确定为完成任务或解决信息问题所需要的信息。

（2）搜寻信息的策略。穷尽所有可能的信息来源，选择最合适的信息来源。

（3）检索和获取。检索信息源，获取原始文献。

（4）信息评价。包括真伪评价和质量评价。

（5）信息集成。把来自多种信息来源的信息组织起来，把组织好的信息展示和表达出来。

（6）结构化和概念化。上述不同技能之间并不是孤立的，它们是相互联系、相互依赖、循序渐进的。

1.1.4　信息素养评价标准

信息素养评价是依据一定的目的和标准，采用科学的态度与方法，对个人或组织等进行的综合信息能力的考察过程。它既可以是对一个国家或地区的整体评价，也可以是对某个特定人的个体评价。具体地说，就是要判断被评价对象的信息素养水平，并衡量这些信息素养对其工作与生活的价值和意义。群体评价往往建立在个体评价基础之上，因此，个体信息素养评价是信息素养评价的基础和核心。

信息素养已成为大学生必备的基本素质之一，信息素养教育也因此成为高等教育的重要组成部分。对大学生开展信息素养水平评估，可以让其在正确认识自己的优势与不足的基础上，针对不足制订出科学的培养方案，促使大学生朝着有利于提高自身信息素养的方向发展。总之，对大学生信息素养进行评估是非常必要和有意义的，它将成为学校实施信息素养教育的指南和个人综合素养评价的重要指标和依据。

国内外的信息素养评价标准有很多，其中以美国ACRL标准、澳大利亚与新西兰ANZIIL标准以及英国SCONUL标准最为著名。

1. 美国ACRL标准

2000年美国大学与研究图书馆协会（Association of College and Research Libraries，ACRL）颁布的《高等教育信息素养能力标准》（以下简称“旧标准”）具有里程碑意义，该标准不仅影响了美国的信息素养教育，而且被译成多国语言，影响了多个国家信息素养标准的制定或实施。

随着时代的发展，旧标准难以适应高等教育环境的变革，2014年美国先后颁布了三个版本的《高等教育信息素养框架》（以下简称“新框架”）修订草案，2015年1月16日，ACRL标准委员会向ACRL董事会提交最终文档。至此，全新修订的《高等教育信息素养框架》正式颁布。它反映了美国高等教育界和图书情报界对信息素养教育的最新认知，将对信息素养实践产生很大影响。

《高等教育信息素养框架》有六种框架，每一种框架包含阈值及其阐释、知识实践、意向三大要素（见表1-1）。阈值部分侧重于探索信息素养教育领域的核心临界概念；知识实践部分强调有助于掌握这些临界概念的行为方式及其理解；意向部分侧重其中的态度和情感。新框架的六大临界概念之间没有主次和先后顺序之分，但彼此有交叉之处。

2. ANZIIL标准

2001年澳大利亚与新西兰高校信息素养联合工作组（ANZIIL）正式发布《澳大利亚与新西兰信息素养框架：原则、标准及实践》（以下简称《框架》），2004年该工作组又在结合各高校实施反馈意见及学术研讨会的基础上修正了部分内容。2004年版《框架》确立了4条中心原则，并提出支持个体获得、识别和应用信息的6条核心信息素养标准。该指标体系由6个一级指标、19个二级指标（见图1-1）和67个三级指标组成。

表1–1　美国高等教育信息素养框架

阈　值	知识实践	意　向
权威是建构的和语境化的	• 判断权威的不同类型（如学科知识、社会地位、特殊经验） • 使用工具和标识判断来源的可信性，了解影响公信力的因素 • 了解有学者会挑战当前权威 • 承认权威的内容可能是非正式的，包括各种媒体类型 • 承认自己可能正成为某一领域的权威，能认识到由此需要承担的责任，力求准确性、诚实，尊重知识产权 • 了解信息生态系统日益社会化的趋势	• 对冲突的观点保持开放心态 • 激励自己找到权威的来源 • 意识到自己的偏见、世界观对权威的影响和怀疑精神的重要性 • 质疑传统的权威观念化 • 意识到保持这些态度和行为需要不断地自我反思与评价

续表

阈　　值	知识实践	意　　向
信息创建是过程性的	• 有效表达不同信息创建过程的优势及局限性 • 评估信息产品的创造过程和特定的信息需求之间是否契合 • 能区分新旧信息创建过程和传播模式之间的不同 • 承认由于包装格式不同，对同一信息可能具有不同的认知 • 识别包含静态信息或动态信息的格式的潜在价值 • 测定不同语境、不同格式类型的信息产品的价值 • 具备向新的信息产品转换知识的能力 • 了解自我选择将影响信息被使用的目的以及所传达的信息	• 寻找提示创建过程的产品标记 • 判断产品创建过程的价值 • 承认知识的创造是通过各种格式或方式的交流进行的 • 接受以新兴格式创建的信息的模糊性 • 反对将格式与创建过程混为一谈 • 理解不同用途的信息具有不同的传播方式
信息具有价值	• 通过适当的归因和引用称赞他人的原创成果 • 了解知识产权是由法律和社会建构的 • 能区分著作权、合理使用、开放存取的不同目的和特点 • 理解某些信息生产和传播者如何与为什么会被边缘化 • 了解信息及其交流的商品化对信息获取、产生与传播的影响 • 充分理解隐私和个人信息商品化的相关问题并做出明智选择	• 尊重其他人的原始思想 • 尊重知识产生过程中所需要的技能、时间和努力 • 将自己视为信息市场的贡献者而不仅仅是消费者 • 乐于审视自己的信息权限
研究即探究	• 根据信息鸿沟提出研究问题，审视现存的可能矛盾的信息 • 确定适当的调查范围 • 通过将复杂问题简单化进行研究 • 根据需要、环境和探究问题的类型，运用多种研究方法 • 管理收集的信息，评估差距或不足 • 以有意义的方式组织信息 • 综合从多个来源处收集的观点 • 根据对信息的分析和解释做出合理的结论	• 将研究视作开放式的探索和参与 • 欣赏革命性的简单问题 • 注重好奇心的价值 • 保持谦虚 • 拥抱研究的"混乱" • 保持开放的心态和批判的立场 • 尊重持久性、适应性、灵活性
学术即交流	• 在信息生产中对做出贡献的他人成果进行引用 • 在适当的层次上为学术交流做出贡献 • 识别通过各种途径进入学术交流的障碍 • 批判性地评价他人在参与环境下做出的贡献 • 能识别学科知识中的主要资源	• 认识到经常处于学术交流过程中 • 找出本领域内正在进行的交流 • 将自己视为学术研究过程中的贡献者而不仅仅是消费者 • 认识到学术交流发生于各种场所
检索即策略性探索	• 决定能满足信息需求的初始范围 • 识别可能产生某一主题或影响信息获取的兴趣团体 • 正确地利用发散性思维和收敛性思维进行检索 • 利用与信息需求和检索策略相匹配的合适的检索工具 • 根据检索结果设计和细化需求和检索策略 • 理解信息系统是如何组织的 • 正确运用不同的检索语言（如受控词汇、关键词、自然语言） • 有效地管理检索过程和结果	• 展示思维的灵活性和创造性 • 理解首次检索结果可能有所不足 • 寻求专家（馆员、教授等）指导 • 认识到信息搜集中的浏览和其他偶然方法的价值 • 面对搜索的挑战，知道何时拥有足够的信息，完成任务

标准 1：具有信息素养的人能够识别信息需要和决定所需信息的性质和范围
• 能定义和描述信息需求 • 能理解多种信息源的目的、范围和正确性 • 能再评估信息需求的性质和范围 • 使用多种信息源做出决定
标准 2：具有信息素养的人能够高效地发现所需信息
• 选择最合适的方法或工具来发现信息 • 构思和实现有效的检索策略 • 使用合适的方法来获取信息 • 不断更新信息源、信息技术、信息获取工具和研究方法
标准 3：具有信息素养的人能够客观评价信息和信息搜寻的过程
• 评估所获得信息的有用性和相关性 • 定义和运用标准来评估信息 • 反映信息搜寻的过程和适当地修订检索策略
标准 4：具有信息素养的人能够管理所搜集或者产生的信息
• 记录信息及其来源 • 组织（整理、分类、存储）信息
标准 5：具有信息素养的人能将新旧信息应用到构建新概念或者知识创新中
• 通过对比新旧知识来判断信息是否增值，是否前后矛盾，是否独具特色 • 有效地交流知识和新的见解
标准 6：具有信息素养的人能在使用信息时理解和遵守与信息使用有关的文化、道德、经济、法律和社会问题
• 遵守与信息获取和使用有关的文化、道德和社会经济问题 • 认为信息是被价值和信仰支持的 • 遵守与信息获取和使用有关的协议和礼仪 • 合法地获取、存储和散布文字、数据、图像或声音

图 1-1 《框架》的 6 个一级指标和 19 个二级指标

《框架》中的标准涵盖了具有信息素质的公民应有的特性、形成过程、知识、技能、观点、信仰和愿望。《框架》根植于一般性技能、信息技能和价值观念，而这些技能的获得又必须经过特殊的训练和培养。

3. 英国 SCONUL 标准

英国国家与大学图书馆标准协会（Society of College，National and University Libraries，SCONUL）制定的信息素养七要素（The Seven Pillars of Information Literacy）是世界上最具影响力的标准之一。2011 年 4 月发布的最新版本，其内容有相当程度的变化，既反映出图书馆界从实际出发，对信息素养教育的反思与完善，也折射出英国高等教育大环境的变革。表 1-2 所示为英国高等教育信息素养框架。

表 1-2　英国高等教育信息素养框架

指　标	应　知	应　会
识别	• 新信息和数据将持续产生 • 信息素养要求持续获取新信息的学习习惯 • 通过探求信息才能获得科研思路和机遇 • 对正式信息和灰色信息规模有一定概念	• 识别自身在某研究领域中缺乏的知识 • 识别自身检索需求并用简洁术语表达 • 清楚自身已具备的知识 • 清楚对信息和数据的需求度以确定检索深度和广度 • 利用参考资料辅助检索 • 自己能有效率地完成检索
审视	• 当前可获取信息的类型 • 不同类型信息（数字型、印刷型）的特点 • 有哪些参考咨询服务可用及如何获得	• 明确自身信息空白点 • 明确哪种类型信息最符合需要 • 明确可获取的通用或学科专用检索工具 • 明确所需信息可能的类型（数字型、印刷型） • 可以自行试用新检索工具
规划	• 检索信息所需的不同技能 • 不同检索工具的区别及优缺点 • 可使用复杂检索策略调整检索结果的深度和广度 • 积极尝试新检索工具而非依赖某些常用资源的必要性 • 根据检索结果不断调整检索词和检索策略的必要性 • 受控词和分类表的价值	• 用合适词语概括检索需求 • 用合适的关键词、限定项等制定检索策略 • 选出最合适的检索工具 • 用受控词及分类表辅助检索 • 检索技巧的运用（简单的如查索引，复杂的如数据挖掘） • 根据具体检索需求不断换用合适的检索工具
搜集	• 数字及印刷型信息与数据的组织方式 • 图书馆提供的资源入口 • 网络和电子技术是信息生产和共享的重要工具 • 数据收集和数据监护方面的问题 • 引文各部分的含义及其提供的信息 • 文摘的作用 • 免费及收费资源的区别 • 网络环境的风险防范 • 甄别和评估检索结果的必要性	• 有效使用必要的检索工具和资源 • 进行数字及印刷资源组合检索 • 获取数字或印刷资源全文，阅读并下载网上资源及数据 • 使用合适技能收集新数据 • 进行信息追踪 • 积极与同行分享信息 • 明确信息需求是否已满足 • 使用数字或印刷型帮助文档
评估	• 自身学习、科研环境中信息和数据的宏观情况 • 不同信息源、数据源之间质量、准确度、可信度、相关性、偏重等方面的差异 • 依据信息从评审到出版的流程制定自评过程 • 持续收集数据的重要性 • 引文在科研、学习环境中的重要性	• 区分不同信息资源及其所提供的信息 • 用适当的原则筛选合适的素材 • 测评信息的质量、准确度、可信度、相关性、偏重 • 测评数据的可信度 • 批判性阅读，找出重点内容和争议之处 • 根据检索结果反思检索策略 • 认真对比自己与他人检索结果的异同 • 懂得控制检索的规模
管理	• 明确信息运用传播中的知识产权责任 • 采用合适方法处理数据 • 积极、合情合法地帮助他人查找及管理信息 • 有条理地保存检索结果 • 合情合法地存储及分享信息和数据 • 专业人士（图书馆员等）能提供重要的建议和帮助	• 使用文献管理软件 • 使用合适的软件和方法管理数据 • 使用正规的格式撰写参考文献 • 对信息和数据的知识产权保持清醒意识 • 依学术道德准则行事 • 寻找数据监护机会以确保数据的再利用

续表

指　标	应　知	应　会
发布	• 区分信息概括和信息整合 • 针对不同受众采用合适的撰文、发布方式 • 可通过多种途径发布数据 • 个人有责任存储、分享信息和数据 • 个人有责任传播信息和知识 • 科研成果的考评体系和出版流程 • 论文权责归属问题 • 个人可凭借纸质文献和电子技术（博客、维基等）在信息创造过程中成为积极角色	• 运用检索到的信息和数据解决问题 • 对文档进行口头或文字的归纳总结 • 将新信息融入现有知识体系 • 准确地分析并发布数据 • 整合不同途径获取的信息 • 使用适当的体裁和文笔进行有效沟通 • 有效进行口头沟通 • 选择合适的出版和传播渠道 • 构建人际网络，在学术圈中提升个人知名度

4. 国内信息素养能力指标体系

我国参照美国 ACRL 标准制定了“高等院校学生信息素养能力标准”，并将其作为我国大学生毕业时评价信息素养的指南。孙建军、郑建明等人认为，美国 ACRL 的评价标准侧重对信息能力、信息道德的评估，用其评估我国的信息素养教育尚不够全面，应补充有关信息意识等方面的评价指标。

2005 年，清华大学孙平教授发布了由他主持研究的“北京地区高校信息素质能力指标体系”。该指标体系由 7 个维度、19 项标准、61 个三级指标组成。该指标体系作为北京市高校学生信息素养评价的重要指标，是我国第一个比较完整、系统的信息素养能力体系。以下为该指标体系的框架。

维度一：具备信息素质的学生能够了解信息以及信息素质能力在现代社会中的作用、价值与力量。

维度二：具备信息素质的学生能够确定所需信息的性质与范围。

维度三：具备信息素质的学生能够有效地获取所需要的信息。

维度四：具备信息素质的学生能够正确地评价信息及其信息源，并且把选择的信息融入自身的知识体系中，重构新的知识体系。

维度五：具备信息素质的学生能够有效地管理、组织与交流信息。

维度六：具备信息素质的学生作为个人或群体的一员能够有效地利用信息来完成一项具体的任务。

维度七：具备信息素质的学生了解与信息检索、利用相关的法律、伦理和社会经济问题，能够合理、合法地检索和利用信息。

1.2　信息素养教育

在网络化、信息化的今天，只有掌握了获取信息的方法、处理信息的手段和利用信息的能力，才能在社会竞争中发挥出极大的潜力和创造力，才能在社会竞争中处于优势。世界各国对这一点已经有了充分的认识，信息素养教育也受到世界各国的重视。美国、加拿大、澳大利亚、英国、日本等国家纷纷开展了不同程度的信息素养教育。目前，我国高校的信息素养教育也普遍开展起来。

1.2.1　国内外信息素养教育发展状况

1. 美国信息素养教育发展

信息素养概念最早是由保罗·泽考斯基在 1974 年提出的，同时他指出要在未来 10 年内，在美国实现普及信息素养的教育目标。

1983 年，美国科学家霍顿（Horton）认为教育部门应开设信息素养课程。因此，在 20 世纪 80 年代后期，信息素养教育的重要性得到美国各界人士的广泛认同，美国正式将信息素养教育纳入大学教学大纲。

1987 年，美国图书馆协会成立了信息素养教育委员会，其宗旨是：明确信息素养在学生学习、终身教育和成为一个良好公民过程中的作用；设计在正式或非正式学习环境下图书馆对大学生开展信息素养教育的模型；决定继续教育和教育培养的发展方向。1989 年 1 月，该委员会出版了“关于信息素养教育”的报告（ALA Presidential Committee on Information Literacy），在报告中论述了信息素养教育对个人、企业、国家的重要性，分析了信息素养教育的机遇，说明了信息时代学校的主要任务，并提出了若干建议。

1990 年，美国成立了由 75 个教育部门组成的名为信息素养论坛（The National Forum on Information Literacy，NFIL）的组织，其宗旨为：提高全球和全美的信息素养意识，鼓励各种获得信息素养活动的开展。其主要任务是：分析信息素养教育的作用，支持和开展国内外信息素质教育计划，鼓励和促进国家教育部门、高等教育委员会等制定信息素养教育指南，开展教师教育培训项目，确保他们在教学中与信息素养教育相协调。同年，美国高等教育委员会制定了“信息素养教育结果评估大纲”。

1996 年，美国确定了“信息素养教育在普通教育计划中的作用框架”。1998 年 3 月，美国图书馆协会发表了《信息素养教育进展报告》，对 1989 年所提出的建议进展情况进行了总结，并分析了目前所面临的问题，提出了相应的对策。

2000 年，“国家信息素养论坛”对 1999 年至 2000 年的活动情况进行了总结，提出了今后工作的发展方向，进一步提高对信息素养教育重要性的认识，促进公共政策或其他方面支持信息素养活动的开展，减少信息贫富不均的现象。

2009 年，时任美国总统的奥巴马宣布每年 10 月为美国信息素养宣传月。

总的来说，20 世纪 90 年代以后，美国大学信息素养教育在教学内容和方法上都有了深入研究，而且在全美大学得到实施，逐渐成为美国大学素质教育的重要组成部分，同时美国大学图书馆在信息素养教育中的重要作用与地位也越发凸显。

2. 英国信息素养教育发展

英国是世界上较早开展信息素养研究的国家之一，主要机构有英国国家与大学图书馆标准协会(SCONUL)、英国特许图书馆与信息专家协会(CILIP）和信息服务联合委员会(JISC)。

1981 年，英国在牛津召开了第二次国际会议，研讨各级各类图书馆的用户教育，将图书馆用户教育的发展推向新的高度。就信息素质教育这个体系内部来说，英国的信息素养教育在初等教育阶段和中等教育阶段开展较好。而相比之下，高等教育阶段的信息素养教育就属于系统中的薄弱环节。

1990年，英国国家与大学图书馆标准协会（Society of College，National and University Libraries）成立了一个特别工作组，专门研究高等教育中的信息素养教育问题，最后形成名为《高等教育信息技能意见书》（*Information Skills in Higher Education*）的研究报告，并提出信息素养教育中应培养的7种基本能力以及信息素养的基本模式。

2002年，英国联合信息系统委员会又在曼彻斯特城市大学图书馆和利兹大学图书馆的协助下开展了THE BIG BLUE的研究项目，该项目得到了英国高等教育委员会、国家图书馆和大学图书馆协会的支持。为了在高等教育阶段更好地开展信息素养教育，SCONUL下属的信息素养咨询委员会（ACIL）于1999年提出信息技能7项指标模型，并于2011年对其进行更新升级，该指标模型对英国继续教育和高等教育过程中的信息素养教育发展有重大的推动作用。

3. 日本信息素养教育发展

日本的大学早在20世纪70年代就开始进行“信息处理教育”，20世纪80—90年代以“计算机应用能力”为核心，其规模逐渐扩大和发展起来。1991年7月实施新的“大学设置基准”后，许多大学将“信息能力教育”纳入“一般教育科目”中。日本各大学实施的培养模式主要有两种：一种是将信息能力教育组合成系列课程群，另一种是将信息能力教育作为主要课程。2000年以后，包括“信息素养”等科目在内的一些“信息”相关课程逐渐成为大学的必修课程。

日本大学阶段的信息素养教育分为两大类，即大学教学计划内的“信息相关课程教育”和图书馆承担的“读者教育”。这两种教育模式在日本大学中共存，分别承担不同的教学任务。二者合作，力求发挥各自的优势，提高大学生的信息素养。

4. 中国信息素养教育发展

我国较规范的大学生信息素养教育是从20世纪80年代中期开始起步的，1984年，教育部颁发《印发〈关于在高等学校开设文献检索与利用课的意见〉的通知》，指出对于文献检索课，“有条件的学校可作为必修课，不具备条件的学校可作为选修课或先开设专题讲座，然后逐步发展、完善”。随即，各大专院校相继开设了文献检索课。1985年，国家教委又颁布了《〈关于改进和发展文检课教学的几点意见〉的通知》；1992年，国家教委再以教高司〔1992〕44号文件的形式，印发了《文献检索课教学基本要求》。

上述三个文件的出台，为我国大学生信息素养教育奠定了坚实的政策基础。但是，由于计算机在各个领域的广泛应用，对以手工检索为基础的文献检索课冲击很大，不少学校在20世纪90年代中后期暂停了这门课的教学。进入21世纪以来，各高校图书馆自动化、网络化系统相继建成，具备了一定的计算机、网络检索的条件，图书情报工作者开始重新组织教学内容和探讨多媒体教学模式，文献检索课逐步向信息检索课过渡。2000年，全国高校图书馆将不定期召开的文献检索课研讨会改名为“信息素质教育研究会”；2002年2月，教育部颁布的《普通高等学校图书馆规程（修订）》总则第3条明确规定，当前高等学校图书馆的五项主要任务之一就是“开展信息素质教育，培养读者的信息意识和获取、利用文献信息的能力”。这是我国首次在政府文件中对大学生信息素养教育问题做出的明确规定。

教育部首次将文献检索课教学改成信息素质教育，表明文献检索课已经进入新的阶段，发生了质的变化。在高等教育领域，目前只有北京地区高校信息素质能力示范性框架研究和台湾“资讯素养协会”制定了信息素质能力的指标体系，至今国内仍没有建立一个完整的标准体系。因此，我国教育界在这个领域的研究明显滞后。

1.2.2　大学生信息素养教育的重要性

1. 培养学生的创新能力

信息素养关系到大学生创新能力的培养，而创新能力是素质教育的核心内容。创新就是创造新的东西，是对既有内容的突破。而新的东西不是凭空产生的，需要既有的知识作为后盾。牛顿就曾谦虚地将自己的成就归于“因为我站在巨人的肩上”。可见，信息素养是培养创新能力的基础，可以这样说，没有一定的信息素养就谈不上创新。

高校的教育改革对大学生的要求，已从对知识的识记转变为重视科研能力培养，而科研能力以知识的积累和足够信息的掌握为前提。只有具备正确的信息观念、足够的信息知识和必要的信息能力，大学生才能实现创新。信息素养是创新人才必备的基础素质，是创新活动的催化剂。被视为现代教育技术的最新理论基础的建构主义认为：大学生是信息加工的主体，强调大学生要自主学习、自主发现、积极探索；最有利于学习的是发散思维、逆向思维、求异思维。因此，信息素养教育在创新教育中具有特殊的地位。

2. 培养学生的自主学习能力

信息素养关系到大学生自学能力的提高，我国素质教育的目标之一就是培养学生自主学习的能力。从教育者的角度出发，素质教育就是要实现教育者从“授人以鱼”到“授人以渔”的角色转换。自学能力的培养在很大程度上与信息素养的培养具有一致性，只不过二者所提出的角度不同而已。有人统计，大学阶段学得的知识在 3 年后有一半以上将用不上，大量新知识的获得主要依靠自学。因此，高等学校教育必须注重大学生自学能力的培养，而自学能力的培养，实质上就是培养大学生的信息素养，从这个意义上说，信息素养是获得自学能力的重要武器。信息素养教育正是通过对知识、信息重要性的介绍，使大学生树立正确的信息观念，获得足够的信息知识，通过文献检索和利用信息技能与方法的训练使之具备过硬的信息能力，并在这个过程中形成良好的信息道德，能够利用网络寻求科学信息、进行交流合作；能够有目的地进行搜索、选择、应用信息；在既有信息基础上实现创新，真正摆脱学习过程中被动接受者的地位，成为有良好信息素养的终身独立的学习者。

3. 培养学生更好地适应信息社会的能力

信息素养是大学生未来生存和发展的基础。面对信息时代的诸多变化，为适应未来社会的发展变化，大学生应该学会理性地思考，学会解决问题，学会管理和检索信息以及进行有效交流，为适应信息社会和高科技产业做好准备。美国劳动部就业必备技能指导委员会将信息素养作为高技术产业背景下人员稳定就业所必备的五项能力之一。对此，1991 年美国监督和课程发展协会提出:“信息素养使学生能充分利用全球化所带来的各种机会。信息素养应成为每个学生受教育经历的一部分。鼓励普通学校、专业学院和综合大学将信息素养课程融入所有学生的学习计划之中。”随着信息素养在生活、事业以及社会道德等方面的作用日益显现，信息素养已成为大学生未来生存和发展的基础。

4. 信息素养是大学生终身学习的前提和条件

终身教育是信息时代的崭新教育理念，信息素养则是大学生终身学习的前提和条件。信息素养是受教育者终身学习的工具，它不仅为受教育者终身学习创造良好的条件，也是使受教育者成为信息社会合格公民的基本保证。因此，高等教育必须帮助学生成为一个具有信息素养的人。

美国大学和研究图书馆协会在《高等教育信息素养标准》报告中作了更为清晰的论述:“高等教育机构的中心任务是培养终身学习者……信息素养是终身学习的关键，它使学习活动延伸到了课堂教学体系之外，信息素养教育为学生进入社会和第一任职岗位后的就业自我引导提供了锻炼的机会，增强了学生在一生中各种生活情景下的责任感。”

思考题

1. 信息素养的组成要素有哪些？
2. 我国信息素养的评价标准是什么？
3. 简述国内外信息素养教育的发展状况。
4. 大学生信息素养教育的重要性体现在哪些方面？

第2章

信息资源与信息检索

2.1 信息资源

随着社会信息化和网络化的飞速发展，“信息资源”一词在国内外文献中被广泛使用，人们对信息资源的认识达到了一个新的高度。有关信息资源的概念，国内外有多种观点，目前尚无统一公认的概念，但有关信息资源的类型划分，各国的观点相对较为一致。

2.1.1 信息资源的定义

人类社会有了文献就有了信息资源，西方国家对信息资源概念的认识和理解源于20世纪70年代后期，而信息资源在我国得到普遍采用则是在20世纪90年代。由于不同学科和不同学者对信息资源的理解存在差异，因此，学术界尚未就信息资源的概念达成共识。

美国信息资源管理专家霍顿（F. W. Horton）从政府文书管理的角度认为:“信息资源有两层意思，当‘资源’一词为单数时，信息资源是指某种资源的来源，即包含在文件和公文中的信息内容；当‘资源’一词为复数时，信息资源是指支持工具，包括供给、设备、环境、人员、资金等。”

霍顿与马尔项（D. A. Marchand）在专著 *Infortrends: Profiting from Your Information Resources* 中认为:“信息资源是拥有信息技术的个人；信息技术及其硬件和软件，诸如图书馆、计算机中心、传播中心、信息中心等设施；信息操作和处理人员。”

中国学者卢泰宏和孟广均在1992年编译的《信息资源管理专辑》中写道“信息资源 = 文献资源;信息资源 = 数据;信息资源 = 多种媒介和形式的信息（包括文字、图像、声音、印刷品、电子信息、数据等）；信息资源 = 信息活动中各种要素的总称（包括信息、设备、技术和人等）”，并指出“国外学者对信息资源的理解多取最后一种解释”。

马费成等认为“信息资源是信息和它的生产者及信息技术的集合。信息资源由三部分组成：信息生产者、信息、信息技术”，并把这三者分别称为信息资源的元资源、本资源、表资源。

吴慰慈、高波认为“信息资源是经过人类采集、开发并组织的各种媒介信息的有机集合，就是说信息资源既包括制品型的文献资源，也包括非制品的电子资源”。

国内外学术界的专家对信息资源的界定有广义和狭义之分。广义的信息资源，是指人类在社会信息活动中积累起来的信息、信息生产者、信息技术等信息活动要素的集合。狭义的信息资源，是指人类在社会经济活动中经过加工、处理使之有序化，并大量积累起来的有用信息的集合，如科技信息、政策法规信息、社会发展信息、市场信息等都是信息资源的重要构成要素。

综合以上各种观点，本书将信息资源定义为：信息资源是经过人类筛选、组织、加工、整理、存取并能满足人类需求的各种有用信息的集合。

2.1.2 信息资源的特点

由信息资源的内涵可知，广义的信息资源涉及的范围相当广泛，这里仅从狭义信息资源的内涵来简要分析信息资源的特点。

1. 能够被重复使用，可传播，可共享

众所周知，信息资源可以借助网络、电视、电话、印刷品、声像等各种各样的信息媒介广泛地向全球所有人传播，并在传播和利用的过程中实现自身的价值，这就意味着信息产品的非排他性与非竞争性能使信息资源的生产具有很强的外部性，能够对整个社会的发展起到良好的推动作用。

2. 具有商品属性，有自身价值

信息资源能够对社会主体产生直接影响，使用者通过对信息资源的理解、消化和运用，可以提高自身的信息素养，甚至能够基于信息资源进行一定的创新和创造。信息资源所具有的使用价值直接决定了信息资源所具备的商品属性。有部分学者已充分肯定了信息资源所具有的很高的经济价值，也有学者旗帜鲜明地指出信息资源具有商品价值。有分析指出，高学历者常将互联网上免费提供的信息作为从事研究时所参考的最重要的信息资源之一，并通过这些免费的信息资源获得较高的科研产出。陈传夫认为，公共获取的信息资源具有很高的社会价值，凡是能够被便捷地、免费或通过合理付费方式获取的信息资源都应该得到政府的大力支持。由于信息资源具有商品价值、社会价值并且可传播，所以信息沟通渠道的建设对于整个社会及其经济发展非常重要。

3. 具有时效性和动态性

从实践来看，某些信息资源并非一直都能对社会、经济产生贡献，也不是一直对使用者有用处，而是只有在适当的时机下才能发挥出自身的效益。为适应社会的飞速发展和使用者需求的变化，信息资源必须是一种动态资源，其本身随着时间的变化而变化，部分信息资源可能存在更新版本，从而能为使用者提供更好的信息体验。

需要强调的是，信息是普遍存在的，但信息并不都是信息资源，只有满足一定条件的信息才能被称为信息资源，即信息资源是有用的，且必须经过人类开发、加工、组织与管理。

2.1.3　信息资源的类型

信息资源按照不同的标准可以划分为不同的类型，各类型中又存在交叉和重复。

1. 按加工深度划分

人们在利用、传递信息的过程中，为了进一步揭示信息，需要对信息资源进行不同程度的加工处理。按信息资源的加工深度不同，可将其划分为零次信息资源、一次信息资源、二次信息资源和三次信息资源。

1）零次信息资源（zero information resources）

零次信息资源是指未经正式出版发行的文献，包括私人笔记、手稿、会议记录、内部档案、设计草图、实验原始记录、调查结果原稿、原始统计资料等。此外，个人网站、博客、留言板、BBS 等都是零次信息资源。

零次信息资源是一次信息资源的基础，它的特点是内容新颖，有一定的参考价值，但内容不够成熟，不能公开出版交流，难以获取。

2）一次信息资源（primary information resources）

一次信息资源是指原始创作，即作者以其生产与科研工作成果为基本素材而撰写的，并已公开发表的原始信息资源，如专著、期刊论文、学位论文、会议论文、专利文献、标准文献、科技报告等均属于一次信息资源。

一次信息资源是人类经验积累和知识发展的标志，主要包括创作者在学术上的新观点、新发明、新技术、新成果等，具有新颖性、创造性、系统性等特点，同时具有可直接参考、借鉴和使用的价值。一次信息资源是人们检索和利用的主要信息源，也是二次信息资源和三次信息资源的基础。

3）二次信息资源（secondary information resources）

二次信息资源又称检索性文献，是指将大量、分散、无序的一次信息资源收集起来，按照一定的方法进行组织、加工、整理、浓缩，使之有序化，进而编制成包括题录、索引、文摘、指南等在内的具有多种检索功能的检索工具。

二次信息资源在本质上是对一次信息资源系统化的压缩，无新的知识产生，因此它具有浓缩性、汇集性、有序性、检索性的特点。它是人们管理、利用、查找一次信息资源的工具。

4）三次信息资源（three times information resources）

三次信息资源又称参考性文献，是根据特定的目的和需求，在大量利用一次信息资源和二次信息资源的基础上，对有关知识进行汇集、加工、综合、分析、提炼、重组而再生的信息资源。

三次信息资源可分为两大类：一是系统阐述某个领域的内容、意义、历史、现状和发展趋势的综述报告、述评报告和研究报告等；二是对大量的定理、原理、数据、公式、方法等知识进行浓缩和概括。三次信息资源包括综述评论、述评、词典、手册、百科全书、年鉴、指数数据库、书目之书目、动态及指南等。

三次信息资源具有内容更集中、针对性强、系统性好、知识面广的特点，部分资源还具有检索功能，有较高的使用价值。三次信息资源源于一次信息资源和二次信息资源，又高于一次信息资源，是一种再创性信息资源。

从文献的角度看，零次信息资源由于没有进入出版、发行和流通等渠道，收集利用起来十分困难，一般不作为人们利用的主要文献类型；一次信息资源是基础，是人们检索与利用的主要对象（目标）；二次信息资源是文献信息的检索工具（手段）；三次信息资源的内容高度浓缩，是人们查找数据、事实的主要信息源。

由此看来，从一次信息资源到二次信息资源再到三次信息资源是一个由广博到简约、由分散到集中、由无序到有序的结构化和系统化的过程。这个过程对文献进行了不同程度的加工和整理，因此不同级别的文献信息资源的质和量是不同的，对于人们充分开发和利用信息所起到的作用也不同。

2. 按载体形式划分

信息资源按载体的物理形态不同，可分为五种类型，即印刷型信息资源、缩微型信息资源、声像型信息资源、电子型信息资源和网络型信息资源。

1）印刷型信息资源（printed information resources）

印刷型信息资源也称纸介质型信息资源，是一种以纸张为载体，通过铅印、胶印、油印等手段，将知识固化在纸张上形成的一种传统信息资源。它是最常用的、传统的文献信息传递的主要载体形式，包括图书、期刊、报纸及各种印刷资料等。印刷型信息资源在人类的阅读、信息的流通中功不可没。

印刷型信息资源的优点是使用方便，便于直接阅读；缺点是存储密度小，容量小，体积庞大，占据存储空间大，不易加工、整理、保存和收藏。

2）缩微型信息资源（miniature information resources）

缩微型信息资源是一种以感光材料为载体，以缩微照相为记录手段，将文献的影像固化在感光材料或其他载体上而形成的一种信息资源。常见的有缩微胶卷、缩微平片、缩微卡片等。

缩微型信息资源的优点是体积小，容量大，存储密度大，价格低，轻便，便于收藏、保存和传递；缺点是不能直接阅读，必须借助缩微阅读设备才能阅读。

3）声像型信息资源（audio-visual information resources）

声像型信息资源也称视听型信息资源，是以磁性材料或感光材料为载体，以磁记录或光学技术为手段直接记录声音、图像，并以声图并茂的方式展现的一种信息资源。常见的文献形式有唱片、录音带、录像带、电影胶片、幻灯片等各种动态的信息资源。

声像型信息资源的优点是体积小，存储密度大，直观，生动，可直接表现难以用文字描述的事物；缺点是制作成本高，需要借助相关设备才能阅读，不易检索和更新。

4）电子型信息资源（electronic information resources）

电子型信息资源也称机读型信息资源，是以磁性材料为载体，以光学技术为记录手段，通过计算机进行存储、检索及阅读的一种信息资源。

电子型信息资源形式多样，包括电子图书，电子期刊，电子会议录，单独发行的磁带、磁盘、光盘，集成电路卡等。

电子型信息资源的优点是体积小，存储密度大，存储速度快，出版周期短，易更新，复制简单，携带便捷，具有电子加工、编辑、出版、传送等多种功能，易于实现资源共享；缺点是不能直接阅读，需要借助计算机或其他设备进行存储与阅读。

5）网络型信息资源（network information resources）

网络型信息资源是以互联网信息资源为主，还包括其他未联入互联网的各类局域网信息资源。它是以电子数据的形式，将文字、图像、动画、音频、视频等多种形式的信息，利用计算机通过互联网进行发布、传递和存储的各类型信息资源的总和。网络型信息资源形式多样，有文本型、声音型和图像型等。

网络型信息资源的优点是信息量巨大、内容丰富、类型多样、时效性强、关联度高、使用方便，内容几乎涉及所有领域，并能实现全球信息资源的共享和交流，它是知识、信息的巨大集合，现已成为人们获取信息的主要方式之一。这些特点是传统文献信息资源所不能比拟的。但同时因其分布广泛，数量巨大，呈分散、无序状态，如果不能对其进行较好的整合以形成有序的信息空间，则无法充分发挥其优势。

3. 按出版形式划分

信息资源按出版形式不同，可划分为图书、期刊、会议文献、科技报告、专利文献、学位论文、标准文献、政府出版物、产品资料、技术档案十种类型。

1）图书（book）

图书是单册出版的正式公开出版物。联合国教科文组织出于在世界范围内进行统计和分类的需要，将图书定义为：凡由出版社或出版商出版的不包括封面和封底在内 49 页以上的印刷品，具有特定的书名和著者名，编有国际标准书号（ISBN），有定价并取得版权保护的出版物，称为图书。

图书的优点是具有独立的内容体系，内容比较可靠、成熟，知识系统全面，出版形式比较固定；缺点是出版周期长，传递报道速度较慢。图书根据功能、性质不同可分为以下两类。

一是阅读类图书（reading book），如论述某学科的专著、教科书、文集、科普读物等，它提供系统、完整的知识，有助于全面、系统地了解某一领域的历史发展与现状，将人们正确地引入自己所不熟悉的领域。

二是参考类图书，也称参考工具书（reference book），主要有字典、词典、百科全书、年鉴、手册、指南和名录等，提供经过验证、浓缩的知识，是信息检索的工具。

识别图书的主要依据有书名、著者、出版地、出版社、出版时间、国际标准书号等。国际标准书号（international standard book number，ISBN）是图书的唯一标识，是国际标准化组织于 1972 年公布的一项国际通用的出版物统一编号方法。目前的 ISBN 由 13 位数字组成，分为 5 段，各段依次是 EAN · UCC 前缀 - 组区号 - 出版者号 - 出版序号 - 校验码。其中，英、美、加、南非等英语区的组区号为 0，其他英语区的组区号为 1，法语区的组区号为 2，德语区的组区号为 3，日本的组区号为 4，俄语区的组区号为 5，中国的组区号为 7，印度的组区号为 8，东南亚地区的组区号为 9。

例如《信息获取与知识创新》的 ISBN 号为 978-7-302-58677-7，前面 3 位数字 978 为 EAN · UCC 前缀，7 表示中国的组区号，302 是出版者号，出版序号为 58677，该书的校验码为 7。

2）期刊（periodical，journal）

期刊是指定期或不定期出版的有固定名称、统一出版形式和一定出版规律的连续出版物。

期刊的特点是出版周期短，报道速度快，信息量大，内容新颖深入且文献类型多样，发行与影响广泛，时效性强，能及时反映国内外科技水平和发展趋势，具有较高的参考、实用价值。据统计，期刊是利用率最高的文献类型，也是十分重要的信息源和检索对象。

识别期刊的主要依据有期刊名称，期刊出版的年、卷、期，国际标准连续出版物编号（international standard serial number，ISSN），等等。国际标准连续出版物编号是期刊的唯一标识，由 8 位数字组成，分两段，每段为 4 位数字，中间用半字线“-”隔开，如 ISSN 2310-9181，前 7 位是顺序号，末位是校验码。

我国正式出版的期刊均有国内统一刊号（CN），由地区代码、地区序号和期刊分类号组成，如 CN 61-1434/N，其中 61 代表陕西省，1434 为顺序号，N 代表自然科学总论。

按刊载内容不同，期刊可分为学术性期刊、快报性期刊、科普性期刊、综述性期刊和检索性期刊等类型。

按照出版周期不同，期刊可分为周刊、旬刊、半月刊、月刊、双月刊、季刊、半年刊、年刊。

按照所属水平、学术层次不同，期刊可分为一般性期刊和学术性期刊。学术性期刊又可分为普通期刊和核心期刊。核心期刊是期刊中学术水平较高的刊物，是我国学术评价体系的一个重要组成部分。其特点是：刊载专业文献密度高，信息含量高；水平较高，代表本学科的最新发展水平；出版相对稳定，所载文献寿命较长；利用率和被引率较高。

（1）以下为目前国内主要核心期刊（或来源期刊）的遴选体系。

① 北京大学的“中文核心期刊”。

② 南京大学的“中文社会科学引文索引（CSSCI）来源期刊”。

③ 中国科学技术信息研究所的“中国科技论文统计源期刊”（又称“中国科技核心期刊”）。

④ 中国社会科学院文献信息中心的“中国人文社会科学核心期刊”。

⑤ 中国科学院文献情报中心的“中国科学引文数据库（CSCD）来源期刊”。

（2）国际主要核心期刊索引包括以下几个。

① 科学引文索引（Science Citation Index Expanded，缩写为 SCIE）。

② 社会科学引文索引（Social Science Citation Index，缩写为 SSCI）。

③ 艺术与人文科学引文索引（Arts & Humanities Citation Index，缩写为 A & HCI）。

④ 工程索引（The Engineering Index，缩写为 EI）。

在期刊的评价体系中，影响因子（impact factor，IF）是国际上通用的一个期刊评价指标，由 E. 加菲尔德于 1972 年提出，目前主要指美国科学信息研究所（Institute for Scientific Information，ISI）的期刊引证报告（journal citation reports，JCR）中的一项数据，即该刊前两年发表的文献在统计当年的平均被引用次数。其具体算法为

$$\text{影响因子} = \frac{\text{该刊前两年发表的文献在统计当年被引用的总次数}}{\text{该刊前两年发表的文献总数}}$$

一种期刊的影响因子越大，表明该期刊刊载的文献被引用率越高。这一方面说明这些文献报道的研究成果影响力大，另一方面也反映出该期刊的学术水平高。

3）会议文献（conference paper）

会议文献是指在学术会议上交流的论文、报告等，并加以编辑出版的文献。会议文献代表某一学科或专业领域的新发现、新课题及最新研究成果，反映了国内外科学技术的发展方向及研究水平，具有较高的参考价值。

会议文献的特点是具有极强的学术性，质量较高，且内容新颖，传递及时，针对性强。对多数学科而言，除科技期刊外，会议文献是获取信息的主要来源。多数学科领域的新进展、新发现、新成就及新设想最先是在学术会议上披露的，因此学术会议是获取学术信息的重要渠道。但会议文献类型较多，层次不一，出版形式多样，入藏分散，检索及获取不如图书、期刊容易。

会议文献主要以会议录的形式出版，也有一些会议文献在期刊上发表。识别会议文献的主要依据有会议名称、会议地址、会议时间、主办单位、会议录的出版单位等。

以下为国际主要会议录索引。

（1）工程索引（engineering index，EI）。

（2）科学会议录引文索引（conference proceedings citation index-science，CPCI-S）。

（3）社会科学与人文会议录引文索引（conference proceedings citation index-social science & humanities，CPCI-SSH）。

4）科技报告（technical report）

科技报告也称技术报告、研究报告，是政府部门、科研单位或生产单位关于某项科研项目技术工作情况或研究成果的正式报告，或是研究过程进展情况的阶段性总结报告。科技报告反映新的研究成果，是一种重要的信息源，尤其在某些发展迅速、激烈竞争的高科技领域，人们对其需求更为迫切。

科技报告的特点是内容新颖、详细、可靠、专业性强，出版周期短，传递信息快，出版形式比较特殊，每份报告自成一册，统一编号，发行不规律。

科技报告可划分为技术报告（technical report）、技术备忘录（technical memorandums）、札记（notes）、通报（bulletins）和其他等几种类型。基于保密性，科技报告按流通范围可分为绝密报告（top secret report）、机密报告（secret report）、秘密报告（confidential report）、非密限制发行报告（restricted report）、公开报告（unclassified report）、解密报告（declassified report）等。

目前，国际上最著名的科技报告是美国政府的四大报告，即 PB（publishing board）报告、AD（ASTIA documents）报告、NASA（national aeronautics and space administration）报告、DOE（department of energy）报告。

PB 报告是美国国家技术信息服务处（National Technical Information Services，NTIS）出版的报告。PB 报告内容广泛，几乎包括自然科学和工程技术的所有学科领域，侧重民用工程，如土木建筑、城市规划、环境保护、生物医学等方面。

AD 报告是美国国防技术信息中心（Defense Technical Information Center，DTIC）出版的报告。AD 报告主要报道美国国防部所属的军事机构与合同单位共同完成的研究成果，主要来源于陆、海、空三军的科研部门、企业、高等院校、国际组织及国外研究机构。AD 报告的内容涉及与国防有关的各个领域，包括空间技术、海洋技术、核科学、自然科学、医学、通信、农业、商业、环境等 38 类。

NASA 报告是美国国家航空航天局出版的报告。NASA 报告的内容侧重于航空和空间科学技术领域，内容涉及空气动力学、飞行器、生物技术、化工、冶金、气象学、天体物理、通信技术、激光、材料等方面。

DOE 报告是美国能源部（department of energy）出版的报告。DOE 报告主要报道美国能源部所属的研究中心、实验室及合同户的研究成果，也包括部分其他国家能源机构的文献。DOE 报告的内容已由核能扩大到整个能源领域，包括能源保护、矿物燃料、化学化工、风能、核能、太阳能与地热、环境与安全、地球科学等。

识别科技报告的主要依据有报告名称、报告号、研究机构、完成时间等，科技报告有专门的编号（即报告号），其通常由报告单位缩写代码 + 流水号 + 年代号构成。

5）专利文献（patent document）

专利文献是根据《中华人民共和国专利法》公开的有关发明创造信息的文献。广义的专利文献包括专利申请书、专利说明书、专利公报、专利检索工具以及与专利有关的一切资料；狭义的专利文献仅指各国（地区）专利局出版的专利说明书或发明说明书。专利文献反映了最新的科技研究成果，是科技人员关注的焦点，也是专利检索的主要对象。

专利文献的特点是集技术、法律和经济情报于一体，从专利文献中可以了解发明技术的实质、专利权的范围和时限，还可以根据专利申请的情况，觉察正在开拓的新技术市场及其对经济发展的影响；内容新颖，可靠详细，出版迅速，格式规范。

6）学位论文（thesis dissertation）

学位论文是指高等院校或研究机构的学生为取得某种学位，在导师的指导下撰写并提交的学术论文。目前，国际上按授予的学位不同普遍采用三级学位制，即学位论文可分为学士论文、硕士论文和博士论文。

学位论文的特点是具有独创性，对问题探讨较深，论述系统详尽，理论与实践并重，有较高的参考价值；但因其未经过严格规范的评审程序，故质量参差不齐。

各国对学位论文的保管与报道方式不尽相同，通常只在学位授予单位的图书馆和按国家规定接受呈缴本的图书馆保存有副本，故学位论文的收集与利用不如其他类型的文献方便。中国科技信息研究所是国家法定的学位论文收藏单位，它集中收藏和报道国内各学位授予单位的自然科学和工程技术领域的博士、硕士学位论文，并可通过数据库进行检索。

7）标准文献（standard document）

标准文献有狭义和广义之分。狭义的标准文献，是指按规定程序制定，经公认权威机构（主管机关）批准的在特定范围（领域）内执行的规格、规则、技术要求等规范性文献。广义的标准文献，是指与标准化工作有关的一切文献，包括标准形成过程中的各种档案、宣传推广标准的手册和其他出版物以及揭示报道标准文献信息的目录、索引等。

标准文献具有如下特点：

（1）每个国家对标准的制定和审批程序均有专门的规定，并有统一的编号体系，格式整齐统一。

(2) 它是从事生产、设计、管理、产品检验、商品流通、科学研究的共同依据，在一定条件下具有法律效力，有一定的法律约束力。

(3) 时效性强。它以某一时间阶段的科技发展水平为基础，具有一定的时效性。随着经济发展和科学技术水平的提高，标准不断地被修订、补充、替代或废止。

(4) 不同种类和级别的标准在不同范围内贯彻执行。

标准按性质可划分为技术标准和管理标准。技术标准按内容又可分为基础标准、产品标准、方法标准、安全和环境保护标准等；管理标准按内容可分为技术管理标准、生产组织标准、经济管理标准、行政管理标准、管理业务标准、工作标准等。

标准按适用范围可划分为国际标准、区域性标准、国家标准、专业（部颁）标准、地方标准和企业标准等。

标准按成熟程度可划分为法定标准、推荐标准、试行标准和标准草案等。

8）政府出版物（government document）

政府出版物又称官方出版物，是指各国政府部门及其所属机构出版的文献，对于了解各国科学技术发展状况具有独特的参考价值。政府出版物具有正式性和权威性的特点，可分为行政性文献和科技性文献两类。

行政性文献（包括立法、司法文献）主要有政府法令、方针政策、规章制度、决议、指示、统计资料等，主要涉及政治、法律、经济等方面。

科技性文献主要有政府部门的研究报告、标准、专利文献、科技政策文件、公开后的科技档案等。有些研究报告在未列入政府出版物之前已经出版过，故与其他类型的文献有重复。政府出版物对于了解各国的方针政策、经济状况及科技水平有较高的参考价值，一般不公开出售。

9）产品资料（product literature）

产品资料是厂商为向客户推销其已定型的产品而印发的有关商业性产品介绍、宣传和使用的资料。它包括产品目录、产品样本和产品说明书、单项产品样本、厂商介绍等。产品资料是介绍产品性能、结构、原理、用途、使用方法、操作规程、产品规格等情况的文献，具有一定的参考价值。

产品资料的特点是：技术成熟，数据可靠，图文并茂，直观性强，通俗易懂，内容全面具体；出版迅速，发行范围广泛；常附外观照片和结构简图，形象直观。缺点是：产品样本的时间性强，使用寿命较短，且多不提供详细数据和理论依据。大多数产品样本以散页形式印发，有些则汇编成产品样本集，还有些散见于企业刊物、外贸刊物中。

10）技术档案（technical record）

技术档案是指在自然科学研究、生产技术、基本建设等活动中所形成的应归档保存的科技文件，是对某一项工程的完整、忠实记录。技术档案包括工程设计图纸、图表、图片，原始记录的原本或其复印件、任务书、协议书、技术合同、审批文件、研究计划、研究方案和实施措施等，它是生产领域、科学实践中用以积累经验、吸取教训和提高质量的重要文献。

技术档案的特点是：内容真实、详尽、具体、准确、可靠，数量庞大，保存价值永久；它是科研和生产建设工作的重要依据，具有较大的参考价值。它通常保存于各类档案部门，一般为内部使用，不公开出版发行，保密性强，借阅手续严格。

技术档案的类型有工程设计档案、基本建设档案、生产技术档案、设备档案、科学研究技术档案等。

4. 按传递范围划分

信息资源按传递范围不同，可划分为公开信息资源、半公开信息资源、非公开信息资源三种类型。

1）公开信息资源（open information resources）

公开信息资源又称白色信息资源，是指通过公开出版发行渠道发行、流通和传递的信息资源，其蕴含的信息对所有人开放，原则上可以被所有人获得。

2）半公开信息资源（semi-public information resources）

半公开信息资源又称灰色信息资源，是指未进入公开出版发行渠道的信息资源。其流通和传递的范围有限，包括内部刊物、技术报告、会议资料等。这类信息资源发行渠道复杂，从常规途径难以获取。

3）非公开信息资源（non-public information resources）

非公开信息资源又称黑色信息资源，是指未被人们破译或辨识的，或出于保密原因而无法公开出版发行的信息资源，如考古发现的古老文字、内部档案、个人日记、私人信件等。它是灰色资源的一种，但由于加诸其上的密级限制，故受到法律保护。

传统形式的科学出版物的评审和出版周期较长，而人们需要更方便、快速的科学交流形式。为此，在网络上产生了另外一种形式的信息资源，即预印本。

预印本（preprint）是指科研工作者的研究成果还未在正式出版物上发表，而出于和同行交流的目的自愿先在学术会议上或通过互联网发布的科研论文、科技报告等文章。

预印本与刊物发表的文章以及网页发布的文章相比，具有交流速度快、利于学术争鸣、可靠性强的特点。常用的国内外预印本服务系统有 arXiv、RePEc、中国预印本服务系统、奇迹文库、中国科学论文在线系统等。

总而言之，信息资源的类型多种多样，用户在进行信息检索时，可根据自己的检索需要选择适合自己需求的文献类型。一方面，因为各类信息资源有不同的特点与适用范围，没有必要对所有的信息资源都进行检索；另一方面，因为个人时间与精力所限，也不可能查遍所有的信息源。想要快速、准确地获取有价值的信息，就需要在信息源的选择上有所取舍。

2.2 信息检索

2.2.1 信息检索概述

随着信息环境的变化、信息技术的进步及用户需求的发展，信息检索的概念也随之发展变化，下面我们从广义和狭义两个方面来学习信息检索的概念。

从广义上讲，信息检索包括信息存储和信息检索两个过程，即将信息按一定的方式进行加工、整理、组织并存储起来，再根据信息用户特定的需要将相关信息准确地查找出来。从这个意义来说，信息检索又称信息存储与检索。

信息存储（information storage）是将收集到的大量无序信息，根据信息源的内容特征和外部特征，经过分类、标引等步骤加以处理使其系统化、有序化，并按一定的技术要求编制检索工具或建立检索系统，以供人们检索和利用。信息存储过程是对信息工作者而言的。

信息检索（information search）是指用户根据需要采用一定的方法，借助检索工具，从信息集合中查找出所需要信息的过程。这个过程主要是对信息用户而言的。

从狭义上讲，信息检索仅指检索过程。在此过程中，用户只需要知道如何能够快捷、准确、高效地获取所需信息，而不必掌握信息的组织管理模式及信息的存储方式。

信息存储与信息检索过程是互逆的。信息存储是为了信息检索，而信息检索的前提是必须先进行信息存储。因此，信息存储与信息检索是信息检索的两个核心，是密不可分的两个过程。本书涉及的信息检索是指狭义的信息检索。

综上所述，信息检索是用户进行信息查询和获取的主要方式，是查找信息的方法和手段，它能使人们在信息海洋中迅速、准确、全面地查找到所需信息。可以说，信息检索对人们的学习、生活和工作等都有非常大的作用。

2.2.2　信息检索的类型

根据检索对象的不同表现形式，信息检索可划分为不同的类型。

1. 按检索内容划分

按检索对象的内容不同，信息检索可划分为文献检索、数据检索、事实检索三种类型。

1）文献检索（document retrieval）

文献检索是以文献为检索对象的信息检索，即利用相应的方式与手段，在存储文献的检索工具或文献数据库中，查找在特定的时间和条件下所需文献的过程。

文献检索是为用户提供与用户信息需求相关的文献信息。诸如查找某一主题、某一时代、某一作者、某一地域、某一机构、某一事物的相关文献，回答这些文献信息的出处和收藏单位等，均属于文献信息检索的范畴。其检索结果有相关程度大小和相关文献数量多少之分，它可以是文献线索，也可以是具体文献。例如，查找关于“新冠疫苗”研发的相关学术文献，选择不同的检索系统，可以得出不同的检索结果。中国知网和万方数据知识服务平台的检索页面如图 2-1、图 2-2 所示。

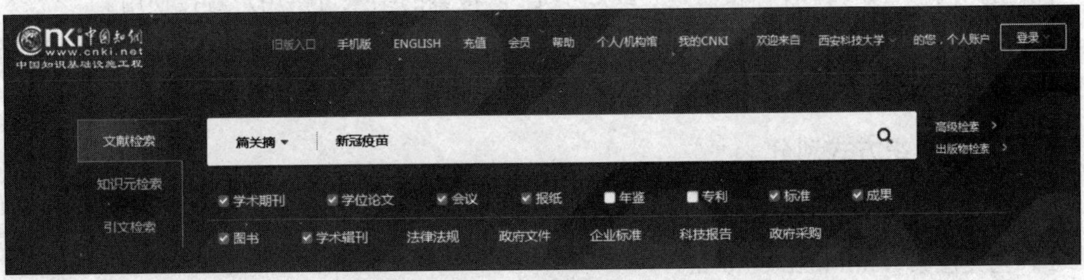

图 2-1　中国知网检索页面

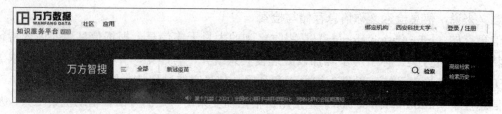

图 2-2　万方数据知识服务平台检索页面

2）数据检索（data retrieval）

数据检索又称数值检索，是以数值或图表形式的数据为检索对象，利用参考工具书、数据库等检索工具，检索物质的各种参数、电话号码、观测数据、统计数据等数字数据，以及图表、图谱、市场行情、化学分子式、物质的各种特性等非数字数据。

数据检索是一种确定性检索，能提供可直接使用的科学数据，检索结果通常具有唯一性。例如，检索“港珠澳大桥的长度和跨度”“我国 2021 年被 SCI、EI、ISTP 收录的文献量是多少”等，其检索结果为具体的数据信息，这些数据无论在何种文献中出现都是相同的。

3）事实检索（fact retrieval）

事实检索又称事项检索，是以某一客观事实为检索对象，利用百科全书等检索工具，从存储事实的信息系统中查找出特定事实的过程，包括事实、数值与全文的检索。事实检索是信息检索中最复杂的一种，要求检索系统必须有一定的逻辑判断能力和自然语言理解功能。它强调具体数据和原始资料的自足性。

事实检索的书本型工具称作参考工具书，包括字典、词典、百科全书、年鉴、手册、名录及书目指南等。用于事实检索的数据库属于源数据库。源数据库类型众多，结构各异，动态性强，检索方便，使用频繁，是目前发展最快的一类数据库。它包括数值数据库、术语数据库、图像数据库、多媒体数据库、全文数据库等。

事实检索结果是客观事实或为说明客观事实而提供的资料和原始信息，并给出直接、确定性的答案。它回答的问题如：“世界上最长的河流是哪条？它位于何处？”“2012 年诺贝尔文学奖获得者是谁？”这些问题的答案是明确、直接和肯定的，能通过事实检索工具一次完成。

由此得出，文献检索是一种相关性检索，检索结果既不能确切地回答检索对象的量，也不能简单地回答检索对象的质，同时还很难明确地回答“有”或“没有”，带有较大的不确定性。数据检索侧重于检索对象量的方面，回答的是一个确定的数据或数据范围。事实检索侧重于检索对象质的方面，回答的是一个确定的事实。数据检索和事实检索是一种确定性检索，能回答“有”或“没有”和“是”或“不是”，检索的结果可供用户直接使用。

总而言之，这三种类型的检索对象不同，检索结果也不同。数据检索与文献检索在检索方法上有许多共同之处。文献检索则是使用最广泛、最重要的一种信息检索类型。

2. 按信息组织方式划分

按信息的组织方式不同，信息检索可划分为全文检索、超文本检索与多媒体检索三种类型。

1）全文检索（full-text retrieval）

全文检索也叫全文数据库检索，它是将存储于数据库中的整本书、整篇文章中的任意内容查找出来的检索方式。检索时以文中任意信息单元（章、节、段、句、词）等信息作为检索点，计算机自动进行高速比对，完成检索过程。

2）超文本检索（hypertext retrieval）

超文本检索是将诸多文本信息通过超链接联系起来而形成的一种非线性的文本结构，是一种具有联想式思维功能的新型检索技术。

从组织结构上看，超文本的基本组成元素是节点（nodes）和节点间的逻辑连接链（links），每个节点中所存储的信息及信息链被联系在一起，构成相互交叉的信息网络。检索时用户能够从任意一个节点开始，从不同角度检索到感兴趣的信息。与传统文本的线性顺序不同，超文本检索强调中心节点之间的语义联结结构，靠系统提供的复杂工具做图示穿行和节点展示，提供浏览式查询，其检索模式是从“哪里”到“什么”。而传统的文本检索系统则强调文本节点的相对自主性，其检索模式是从“什么”到“哪里”。

3）多媒体检索（multimedia retrieval）

多媒体检索是指根据用户的需求，对文字、声音、图像、图形等多媒体信息进行组织、存储，从而识别、查找并获取所需信息的过程，它是对超文本检索的补充。多媒体检索包括两层含义：一是对离散媒体的检索，如查找包含某种颜色或色彩组合的特定图像；二是对连续媒体的检索，如查找包含某一特定场景的视频资料。多媒体检索时不但能够浏览查询对象的文字描述，而且能够做到听其声，观其形。

3. 按信息检索方式划分

根据检索时采用的方式不同，信息检索一般分为手工检索和计算机检索。目前，手工检索是基础，计算机检索是发展方向。

1）手工检索（manual retrieval）

手工检索简称“手检”，是指用人工来处理和查找所需信息的检索方式。使用的检索工具主要以纸质载体为依托，如书本型、卡片式的检索工具，即目录、索引、文摘和各类工具书。手工检索以具体的期刊论文、专著、会议论文、专利文献等文献化的信息资源为检索对象。其优点是方便、灵活、判别直观，可随时修改检索策略；不足是检索速度较慢，漏检现象比较严重，不便于进行复杂概念的检索。

2）计算机检索（computer retrieval）

计算机检索简称“机检”，是指人们利用计算机和一定的通信设备查找所需信息的检索方式。从广义上讲，凡是用计算机来检索信息的活动均称为计算机检索。其特点是检索速度快、效率高、查全率较高。计算机检索的发展由单机检索、联机检索、光盘检索发展到现在的网络检索。

（1）单机检索（single-computer retrieval）。单机检索是用户将检索提问单交给专职检索人员，而不必直接使用计算机。检索人员将一定数量用户的检索提问单按要求一次输入计算机中进行检索，并把检索结果整理出来分发给用户。这种方式适用于大量检索而不必立即获得检索结果的用户。

（2）联机检索（online retrieval）是指用户利用计算机终端设备，通过通信线路，运用一些规定的指令输入检索词和检索策略，从信息中心的计算机（主机）数据库中检索出所需要的信息的过程。它允许用户以人机对话、联机会话这样交互的方式（interactive）直接访问系统和数据库，检索是实时（real time）、在线（online）进行的。用户的提问一旦传到主机被接收后，机器便立刻执行检索运算，很快将检索结果传送到用户终端，用户可反复修改检索式，最后获得较满意的检索结果。

（3）光盘检索（CD-ROM retrieval）。光盘检索用户直接使用带有光盘驱动器的计算机，检索光盘上所记录与存储的信息资源。光盘检索因具有操作方便、不受通信线路影响、检索速度快等特点，在 20 世纪 90 年代中期得到蓬勃发展。

（4）网络检索（internet retrieval）。网络检索是针对互联网上的信息资源进行的计算机检索活动。互联网通过网络连接，汇集了世界各地数量巨大的电子化信息资源，信息资源的种类繁多，形式多样。

网络检索的形式有网络信息检索系统、数据库检索系统、电子出版物软件、官方信息与政府文件、档案和法令法规、电子公告、会议文献、广告、艺术作品、图书馆联机馆藏等。当前针对网络资源的各种检索工具成为互联网信息服务的主流，如 Baidu、Yahoo、Excite、HotBot、Infoseek、Lycos 等。

2.2.3 信息检索技术

计算机信息检索过程实际上就是检索词与标引词相比较的过程。单个检索词的计算机信息检索比较简单，两个或两个以上的检索词则需要先根据检索课题的要求对检索词进行组配再检索。在计算机信息检索系统中，基本的检索技术有逻辑检索和加权检索，辅助的检索技术有词表助检、截词检索等。

1. 布尔逻辑检索

运用布尔逻辑算符表达各检索词之间的逻辑关系，是信息检索中最为常用的一种方法。逻辑检索的基础是逻辑运算，逻辑运算包含布尔逻辑运算的“与”“或”“非”，此外还有大于、小于、等于、不等于等运算。

1）逻辑“与”

这种逻辑运算用“AND”或“*”表示，用来组配不同的检索概念，是具有概念交叉和限定关系的一种逻辑组配，其含义是检出的记录必须同时含有所有用“与”连接的检索词。若两个检索词 A 和 B，以“A AND B”或“A*B”相连，则表示被检中的文献必须同时含有 A 和 B 两个词。

例如，我们要查找有关“计算机在网络检索中应用”的文献，可用逻辑式表示为

计算机 AND 网络检索 或者 计算机 * 网络检索

A= 计算机命中文献篇数; B= 网络检索命中文献篇数。逻辑式: A*B= 命中文献篇数 = 如图 2-3 所示的斜线部分。

逻辑“与”连接的检索词越多，检索范围越小，专指性越强，这种逻辑运算能起到缩小检索主题范围的作用，从而提高检索的准确率。

2）逻辑“或”

这种逻辑运算用“OR”或“+”表示，用来组配同义词、近义词、相关词等，是具有概

念并列关系的一种逻辑组配。它表示被检中的记录只需满足检索词的任何一个或同时包含两词。若两个检索词 A 和 B，以“A OR B”或“A+B”相连，表示被检中的记录有 A 或有 B，或 A、B 两个词都有。

例如，要求查找计算机或机器人方面的文献，可用逻辑式表示为

计算机 OR 机器人 或者 计算机 + 机器人

A= 计算机命中文献篇数; B= 机器人命中文献篇数。逻辑式: A+B= 命中文献篇数 = 如图 2-4 所示的斜线部分。

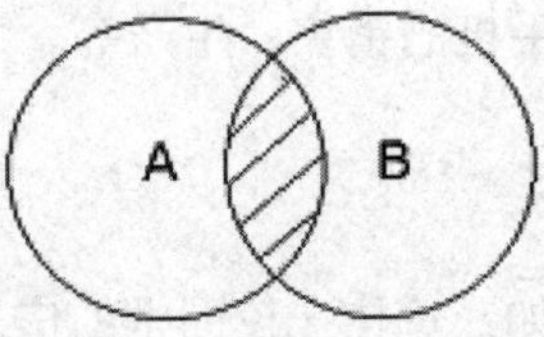

图 2-3　逻辑“与”示意图

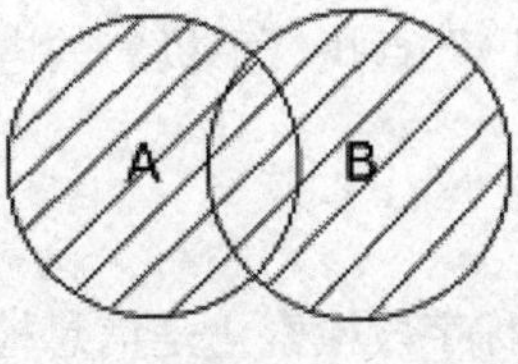

图 2-4　逻辑“或”示意图

在实际检索中，一般逻辑“或”可以扩大检索范围，避免漏检，提高查全率。

3）逻辑“非”

这种逻辑运算用“NOT”或“-”表示，是具有概念删除关系的一种组配，可从原来检索范围中剔除一部分不需要的内容，即检出的记录中只能含有 NOT 算符前的，不同时包含其后的检索词。若两个检索词 A 和 B，用逻辑“非”相连，以“A NOT B”或“A-B”表示，其含义是被检中的记录含有检索词 A 且不含有检索词 B 时才被命中。

例如，要求检索汽车方面的文献，而又不希望文献中出现拖拉机的主题，可用逻辑式表示为

汽车 NOT 拖拉机 或者 汽车 - 拖拉机

A= 汽车命中的文献篇数; B= 拖拉机命中的文献篇数。逻辑式: A-B= 命中的文献篇数 = 如图 2-5 所示的斜线部分。

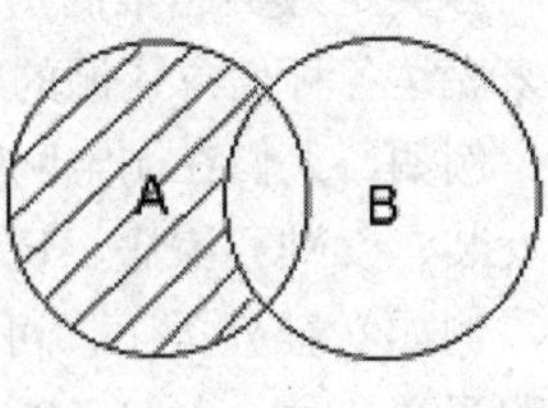

图 2-5　逻辑“非”示意图

逻辑“非”缩小了检索范围，增强了检索的专指度，提高了检索的查准率。

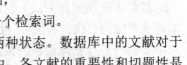

一个复杂的逻辑提问，不仅可以有多个逻辑运算符，也可以使用括号（单层或多层）来指定运算的先后顺序。例如，（A*B+C）*（D+E）+F，其中 A、B、C、D、E、F 各代表一个检索词。

布尔逻辑是二值逻辑，其运算结果只有“真”或“假”两种状态。数据库中的文献对于某个提问来说，也只有相关或不相关两种可能。在相关文献中，各文献的重要性和切题性是完全相等的。布尔逻辑运算的优点是简单、明确、易于理解，符合人们的思维习惯。

实际检索过程，往往需要多个运算符组合使用。一个检索式同时包含 AND、OR、NOT 运算符时，运算符之间会有不同的运算优先级，一般为 NOT >AND>OR，即先执行 NOT，再执行 AND，最后执行 OR。在实际应用过程中，可以通过添加括号的方式改变运算符之间的执行顺序。例如，（A OR B）AND C，也可表达为（A AND C）OR（B AND C）。因此，在检索时，首先需要了解检索系统的规定，避免因逻辑运算次序处理不当而造成错误。因为对

同一个布尔逻辑提问式，不同的运算次序会有不同的检索结果。

2. 精确检索

精确检索也称短语检索，是指在检索词上加“ ”，以提示计算机将“ ”内的词语作为一个整体进行检索的方法。使用精确检索可以提高检索的精准度，过滤掉相似但不相关的结果。

这种检索用“”或《》标注词组。例如，用“北京大学”专指查找北京大学的信息，不包括“位于北京的大学”“北京的清华大学”；用“美的空调”专指查找“美的”品牌空调的信息；用“《手机》”查找《手机》的电影，但不包括手机的销售、生产等。

3. 限定检索

限定检索又称字段检索，是信息检索的入口。例如，每位在校同学的信息中都包含姓名、学号、学院等描述项，若需查找某位同学，姓名、学号、学院都可以作为找到他的线索，即检索字段。与此类似，本书所提到的字段检索是指计算机检索时，为提高检索的查全率或查准率，需要一些缩小或约束检索结果的方法，这种方法可将检索词限定在特定的范围（或字段）中。

在检索系统中，文献书目型数据库的记录基本包括下列字段：篇（题）名字段（Title，TI）、文摘字段（Abstract，AB）、自由词字段（Identified，ID）、著者字段（Author，AU）、著者机构字段（Corporate Source，CS）、刊名字段（Journal，JN）、出版年字段（Publication Year，PY）、文献类型字段（Document Type，DT）、语种字段（Language，LA）、分类号字段（Classification，CC）等。

4. 分类检索

分类是人类思维的基本方式，也是人类认识世界的基本方法。分类检索语言就是用分类法来表达各种信息资源的概念。

例如，人们在淘宝网购物时，可看到主页设置有专门的“主题市场”，根据商品的类型分为女装、女鞋、家居、玩具等数十个类别。每个类别下，根据商品常用的检索方式进一步细分，例如女鞋分类下，可以看到根据女鞋款式划分为女士运动鞋、女士马丁靴等多个类别，在购买商品时，人们可以根据已有的商品分类进行逐级筛选，从而找到心仪的商品。

在学术研究过程中，人们常采用分类的方式对学术信息资源进行组织管理，其中最常用的是《中国图书馆分类法》（以下简称《中图法》），它是国内大多数公共图书馆和高校图书馆对中文图书进行整理编目的依据。作为一部全面细分各学科领域的分类方法，除图书外，期刊论文、学位论文等学术文献也借助《中图法》进行组织管理，中文论文著录项中多含有分类号这一字段。

《中图法》共有五大部类，包括马克思主义、列宁主义、毛泽东思想、邓小平理论；哲学、宗教；社会科学总论；自然科学总论；综合性图书。五大部类下，采用22个大写英文字母代表22个学科大类（见表2-1），每个学科大类又可逐层细分为二级类目、三级类目等，直至不可继续划分为止。如F经济大类，可分为F0经济学，F1世界各国经济概况、经济史、经济地理，F2 经济管理，F3 农业经济，F4 工业经济，F49 信息产业经济，F5 交通运输经济，F59 旅游经济，F6 邮电通信经济，F7 贸易经济，F8 财政、金融共 11 个二级类目。在 F8 财政、金融类目下又可分为 F81 财政、国家财政，F82 货币，F83 金融、银行，F84 保险 4 个三级类目。同理，在 F84 保险类目下可继续划分为 F840 保险理论、F841 世界保险业、F842 中国保险业、F843/847 各国保险业，直至不可继续划分为止，如图 2-6 所示。

表 2–1　《中国图书馆分类法》简表

学 科 大 类	学 科 大 类
A 马克思主义、列宁主义、毛泽东思想、邓小平理论	N 自然科学总论
B 哲学、宗教	O 数理科学和化学
C 社会科学总论	P 天文学、地球科学
D 政治、法律	Q 生物科学
E 军事	R 医药、卫生
F 经济	S 农业科学
G 文化、科学、教育、体育	T 工业技术
H 语言、文字	U 交通运输
I 文学	V 航空、航天
J 艺术	X 环境科学、安全科学
K 历史、地理	Z 综合性图书

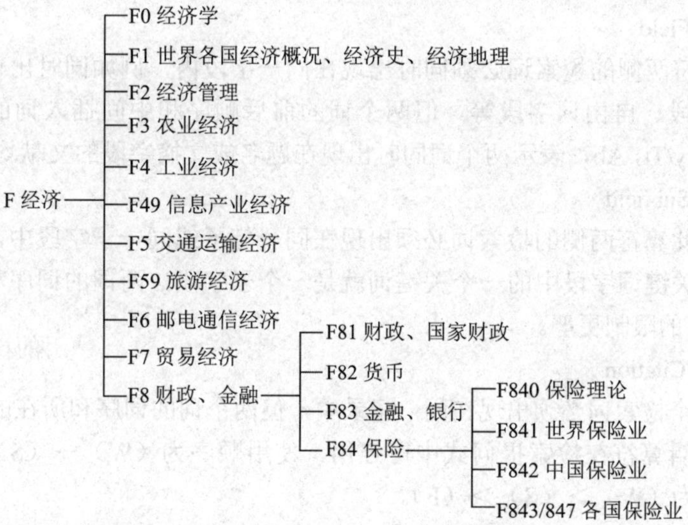

图 2-6　《中图法（第五版）》F 经济大类细分

5. 位置检索

位置检索又称为全文检索、临近检索。使用布尔逻辑检索时，计算机只能判断参加运算的检索词在记录中出现与否，不能确定检索词之间的相对位置关系。

位置算符是表示检索词之间位置关系的运算符，利用位置算符限定检索词在原始文献中的相对位置及检索词之间的顺序关系，可以更精准地表达检索需求，提高检索效果。

不同的联机检索系统所使用的位置算符的种类和功能有所不同，下面以 Dialog 系统为例介绍几种常用的位置算符。

1）（W）——With

（W）表示算符两侧的检索词词序不变，两个检索词中间不得有其他任何的字或词，但允许有空格或标点符号，也可用（）表示。例如 Potential（W）Energy 可检出包含 Potential Energy、Potential-Energy 或 Potential、Energy 等文献信息。

2）（*n*W）——*n*Word

（*n*W）表示算符两侧的检索词词序不变，中间可以插入 *n*（*n*=1, 2, 3, …）个词，两个检索词之间的顺序不能颠倒。例如 Knowledge（1W）Economic，可检出包含 Knowledge Economic 或者 Knowledge-Based Economic 等文献信息。

3）（N）——Near

由（N）连接的检索词在记录中出现的词序可以调换，即查找两个连在一起的单词，中间不可插入其他词，但允许有空格或标点符号。例如 Chemistry（N）Physics，可检出包含 Chemistry Physics 或 Physics Chemistry 的文献信息。

4）（*n*N）——*n*Near

（*n*N）表示算符两侧的检索词位置可以颠倒，两词中间最多可以插入 *n*（*n*=1, 2, 3, …）个词。例如 Economic（2N）Recovery，可检出包含 Economic Recovery 或 Recovery of The Economic 等的文献信息。

5）（F）——Field

（F）表示算符两侧的检索词必须同时出现在同一字段内，例如同时出现在题名字段、文摘字段、叙词字段、自由词字段等。但两个词的前后顺序和中间插入词的个数不限。例如 Digital（F）library/Ti, Ab，表示两个词同时出现在题名或文摘字段的文献均为所需要的文献。

6）（S）——Subfield

（S）表示在此算符两侧的检索词必须出现在同一句子或同一子字段中。子字段是指字段中的一部分，如关键词字段中的一个关键词就是一个子字段，两词的词序和中间插入的词数不限，它比（F）的限制更严。

7）（C）——Citation

（C）表示两个检索词必须出现在同一记录中，但两个词的词序和所在的字段不限。

以上位置逻辑算符在检索提问式中可连用，使用顺序为（W）→（S）→（F），查准率从高到低的顺序为（W）＞（S）＞（F）。

6. 截词检索

截词检索是指在检索过程中，只保留检索词的一部分，剩余部分用相应截词符替代的一种检索方法。采用截词检索，可以在检索时把含有相同部分标识的记录全部检索出来。当检索对象为英文时，采用截词检索可以方便、快捷地找到检索词的所有英文词性及变体表达，避免因词语单复数或英美拼写方式不同，以及词根相同、含义相近而词尾形式不同等产生漏检的情况。采用截词检索，可以在检索时预防漏检、提高查全率，大多数检索系统有截词检索功能。

截词检索的方式有多种，按所截断的字符数可分为有限截词和无限截词两种类型。有限截词是指能够确定具体截断的字符数，而无限截词则不明确具体截取的字符数。

1）有限截词

有限截词是指能够确定具体截断的字符数，常使用截词符（也称通配符）“？”与“$”表示。

？—— 一般表示任意一个字符，包括字母、数字、符号。

$ —— 一般表示 0 或 1 个字符，包括字母、数字、符号。

2）无限截词

无限截词是指不明确具体截断的字符数，常使用截词符“*”表示。

* —— 一般表示任何字符组，包括空字符。

我们在进行数据库检索时，常常会遇到词语单复数或英美拼写方式不同，词根相同、含义相近而词尾形式不同等情况，为了减少检索词的输入，避免漏检，提高检索效率，通常使用截词检索。

按截断的位置，可分为前方截词、中间截词、后方截词三种类型。

（1）前方截词，后方一致。前方截词是将截词符放在词根的前面，后方一致，表示在词根前方有无限个或有限个字符变化。例如“？ computer”，可检索出 Minicomputer、Microcomputer 等词。又如，在 SCI 数据库中选择标题（Title）字段输入“*oxide”，如图 2-7 所示，可检索到包括 hydroperoxide、dioxide、preoxide、nitric oxide、zinc oxide 等检索词的结果，如图 2-8 所示。

（2）中间截词，前、后一致。中间截词是将截断符用在单词中间，而词的前、后方一致。一般对不同拼写方法的词，用通配符“？”插在词的中间，检索出两端一致的词，通常用在英美对同一个单词的不同拼法。例如“Colo？ r”包含 Colour（英）和 Color（美）两种拼写方法。

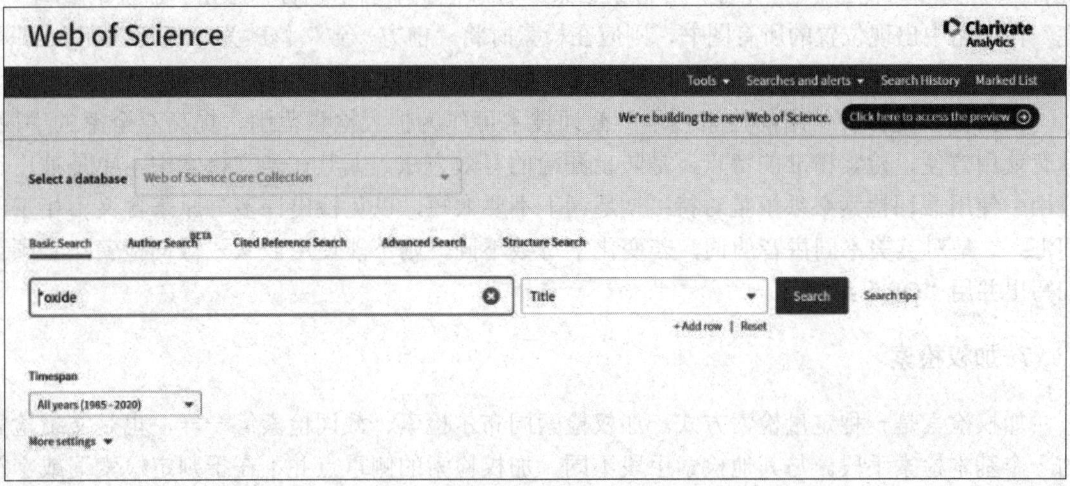

图 2-7　SCI 数据库输入“*oxide”

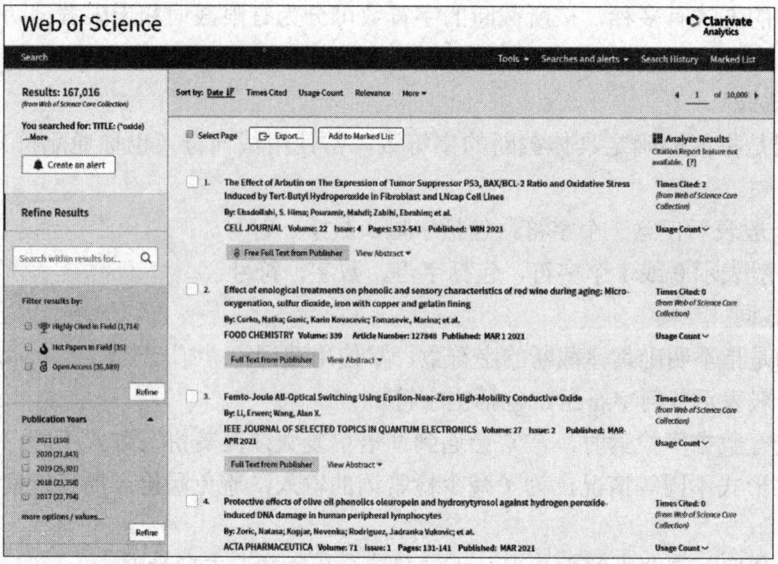

图 2-8　在 SCI 数据库中“*oxide”的检索结果

（3）后方截词，前方一致。将截词符放在词根后面，前方一致。例如，“Comput ? ”表示 Comput 后可带有其他任何字母，且数量不限，检索出包含 compute、Computer、Computerized、Computerization 等记录，为无限截词；而“Plant ? ? ? ”则表示 Plant 后面可加 0 ～ 3 个字母，检索出含 Plant、Plants、Planted 等词，为有限截词。

在中文检索中也会遇到需要截词检索的场景。例如，在书目检索系统中查找图书时，默认的简单检索方式为“题名 - 前方一致”，题名即图书名称，前方一致则指与截词检索中的后方截词意义相同。

例如，检索词为“月亮”，可以找到图书馆中所有书名以“月亮”开头的图书，如《月亮宝石》《月亮和六便士》《月亮谷》等检索结果。若想检索书名中包含“月亮”并且不限制“月亮”在书名中出现位置的所有图书，则应在检索时将“前方一致”修改为“任意匹配”，即可得到诸如《弯月亮，圆月亮》《半个月亮》《纸月亮》等检索结果。

截词检索是一种常用的检索技术。截词技术可作为扩大检索范围、提高查全率的手段，具有使用方便、检索精准的特点，是防止漏检的有效方法，尤其在西文检索中，更是被广泛应用。使用截词检索必须慎重对待：一是词干不要太短，以免检出许多与原来含义不相干的词汇；二是对英美不同拼音的词，若变化字母数不同，则不能使用嵌入式截词检索，必须详细写出并用“OR”组配。

7. 加权检索

加权检索是一种定量检索方式。加权检索同布尔检索、截词检索等一样，也是文献检索的一个基本检索手段。与其他检索手段不同，加权检索的侧重点并不在于判定检索词或字符串在满足检索逻辑后是不是在数据库中存在与别的检索词或字符串的关系，而在于检索词或字符串对文献命中与否的影响程度。运用加权检索可以命中核心概念文献，因此，它是一种缩小检索范围、提高查准率的有效方法。

加权检索的基本方法是在每个检索词的后面加写一个数字，该数字表示检索词的“权”（weight）值，表明该检索词的重要程度。在检索过程中，一篇文献是否被检中，不仅看该文献是否与用户提出的检索词相对应，而且要根据它所含检索词的“权”值之和来决定。如果一篇文献所含检索词“权”值之和大于或等于所指定的权值，则该文献命中；如果小于所指定的权值，则不命中。

例如，Rader（10），Laser（10），Communication（20），指定权值为 30。

检索结果是只有包含上述三个词，或包含 Rader 及 Communication，或包含 Laser 及 Communication 的文献才会被命中。

在加权检索中，计算机边检索边统计被检文献的权值之和，然后将文献按权值大小排列，凡在用户指定的阈值之上者作为检索命中结果输出。阈值可视命中文献量的多寡灵活地进行调整。阈值越高，命中的文献越少。在输出的命中文献中，由于按照权值从大到小排列，所以排列的次序反映了文献切题程度的变化，有利于用户区分阅读次序。凡是布尔逻辑检索能检索到的文献，加权检索也能命中。

采用加权检索方法时，必须将计算“权”的函数作为子程序纳入检索系统中。

8. 二次检索

二次检索是缩小检索范围、提高查准率的检索技术。二次检索是在当前检索结果范围内，再次确定检索词进行查询，缩小检索范围。二次检索可以多次进行，以使检索结果逐渐接近检索的目标。

思考题

1. 简述信息资源的概念及特点。
2. 信息资源有哪些划分方法？
3. 信息检索类型是如何划分的？
4. 常用的信息检索技术有哪些？

第3章 综合网络信息资源及其检索

3.1 图书检索

电子图书（electronic book，又称 e-book，电子书），是指以数字代码方式将图、文、声、像等信息存储在磁、光、电介质上，辅以电子技术手段阅读的图书。电子书是如今印刷型图书的数字化形式。比较著名的电子书有 ADOBE 公司的 Adobe Reader、Glassbook 公司的 Glassbook、微软的 Microsoft Reader、超星公司的 SSReader 等。

电子书的主要格式有 PDF、EXE、CHM、UMD、PDG、JAR、PDB、TXT、BRM 等。电子书不只是传统图书的数字化，它还是图书的一种更新形态。电子书具有制作简便、使用方便、便于阅读的特点。同时，电子书发行成本低，出版周期短，逐渐成为现代图书的主流。

3.1.1 畅想之星电子书

1. 资源地址

https://www.cxstar.com。

2. 资源简介

北京畅想之星信息技术有限公司成立于 2006 年，是一家致力于馆配电子书平台研发、数字资源采购与销售、图书馆信息管理系统软件开发与销售的高科技企业。全库电子书数量超过 60 万品种，包括近 3 年新书 8 万种。畅想之星主推学术类的新书，中文电子书数量达 36 万种，涉及学科包括哲学、经济学、法学、教育学、文学、历史学、理学、工学、农学、医学、军事学、管理学和艺术学 13 大门类和 22 大类中图法详细分类。

3. 检索平台

畅想之星电子书平台首页如图 3-1 所示，提供“数据库”“阅读器”“专题推荐”“纸电同步”“课程”等功能模块，还提供“重磅推荐”“最新上架”“阅读排行”“出版社推荐”等专题模块，以方便读者根据需求选择浏览。

图 3-1　畅想之星电子书平台首页

畅想之星电子书平台支持图书按学科或中图法导航浏览，提供全文检索、简单检索和高级检索等多种检索方式。其中，“简单检索”需先选择电子书或全文，然后在检索框中输入检索词，系统默认题名、ISBN、作者、出版社字段。“高级检索”可通过选择题名、作者、主题、出版社、ISBN 和内容简介等字段进行任意条件组配，以方便读者快速找到知识点，获取检索结果。“全文检索”能帮助读者快速精准发现数据库中有需求的图书，电子书阅读页面也支持全文检索，帮助读者在阅读时快速找到一本书中的目标内容。

检索结果提供在线阅读、下载、手机（Iphone/Android）扫描阅读三种阅读方式，如图 3-2 所示。同时，该平台提供每本电子书的阅读次数、下载次数、收藏次数、简介、目录、评论等内容，以便为读者全方位地了解每一本电子书提供参考依据。

图 3-2　畅想之星电子书检索结果界面

3.1.2 超星汇雅电子图书数据库

1. 资源地址

http://www.sslibrary.com。

2. 资源简介

超星公司成立于 1993 年，通过 20 多年的不断积累，建立了拥有海量资源的电子图书数字图书馆，目前馆藏电子图书总量达 130 多万种，涵盖中图法 22 个大类。每年新增图书超过 10 万种。同时，其拥有来自全国 1000 多家专业图书馆的大量珍本、善本、民国图书等稀缺文献资源。其内容涵盖经典理论，哲学宗教，政治法律，社会科学总论，军事，经济，数理科学和化学，语言、文字，文学，历史地理，艺术，自然科学总论，天文学、地球科学，综合性图书，环境科学、安全科学，工业技术等各学科领域。

3. 检索平台

超星汇雅电子图书数据库首页如图 3-3 所示，提供“图书分类”“特色专题库”“新书推荐”“分类推荐”“客户端下载”等功能模块，其中客户端下载支持“扫描下载手机客户端”和“PC 版”。

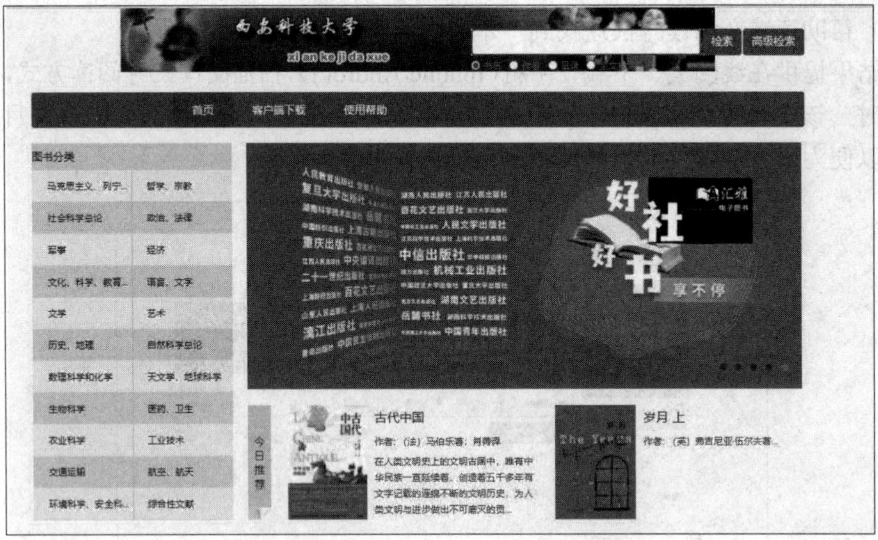

图 3-3 超星汇雅电子图书数据库首页

超星汇雅电子图书平台提供对图书资源的普通检索、高级检索和分类检索。“普通检索”是在搜索框中直接输入检索词，选择检索词在书名、作者、目录或全文中出现的范围，系统将在海量的图书数据资源中进行查找。“高级检索”可在书名、作者、主题词、分类、中图分类号等不同文本框中输入图书的任意信息及选择年代限定的范围等，精准定位到需要的图书。“分类检索”是通过列表逐级对图书进行浏览。

在检索结果页面，还提供 EPUB 阅读和 PDF 阅读等在线阅读方式（见图 3-4），供读者自由选择。同时，该平台还提供图书简介、作者、出版社、中图分类号等图书信息，以满足读者对数字图书多元化信息的需求。

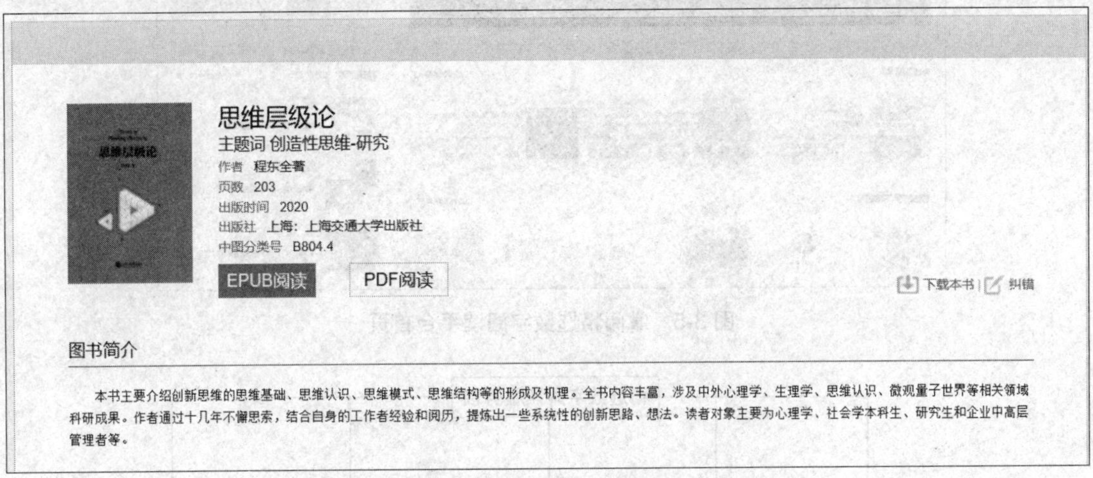

图 3-4　超星汇雅电子图书数据库检索结果界面

3.1.3　掌阅精选数字阅读平台

1. 资源地址

https://se.zhangyue.com/channel/index?appId=210e76cc（针对每个用户单位定制，此处显示西安科技大学使用地址）。

2. 资源简介

掌阅科技股份有限公司成立于 2008 年，是中国最大的移动阅读分发平台之一，目前也是迈向世界的首个中国阅读品牌，电子书资源内容丰富多样，涵盖各学科领域，包含科技、新技术、国际、互联网、教育、经济、管理、法律、通信、计算机等 60 个图书类别。现收录有声图书 3 万集，包含经典名著解读书、知识课程、人文社科、经管、文学、励志、英语学习、国学、评书、广播剧等优质有声资源，还有 400 余本名家解读书、50 种大咖课程，可以满足不同客户的需求。

3. 检索平台

掌阅精选数字阅读平台首页如图 3-5 所示，支持对电子图书和有声图书的分类浏览及书名 / 作者名的简单检索，提供“书籍分类”“热门推荐”“热读榜”“党史学习教育”“大奖书系”“主题书单 - 心灵的慰藉”“每月新书”“学习与考试”“小说文艺”“历史故事”“励志成功”“精品有声”等十余种功能模块。读者可根据需求，选择浏览相应模块。

检索结果界面提供书籍简介、目录、扫码听书等功能，同时支持 App、H5、SDK、PC 站、小程序、借阅机共 6 种接入方式，如图 3-6 所示，能够满足群体中不同用户的阅读需求。

图 3-5　掌阅精选数字阅读平台首页

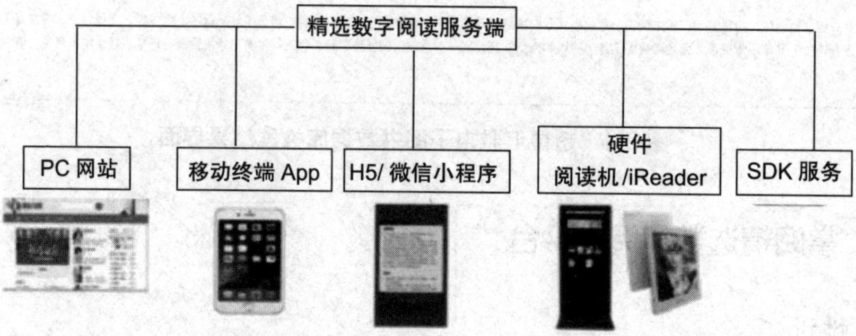

图 3-6　掌阅精选数字阅读服务方式

3.1.4　科学文库

1. 资源地址

http:/ book.sciencereading.cn。

2. 资源简介

科学文库是国内首创的、以自主知识产权高端科技学术专著为主要内容的、全学科在线阅读平台，内含众多获奖的院士著作、重点丛书，一大半的国家最高科学技术奖得主、院士都是科学出版社的作者（见图 3-7）。科学文库是优秀科学家的群体智慧宝库，代表着当代国内最高学术水平，曾获中国出版界最高奖——“中国出版政府奖”。

科学文库以服务于教育科研机构的专业人员为宗旨，提供专业优质的数字图书资源、高效便捷的知识服务，满足各个层次专业人士和广大用户对权威、经典、实用科技知识的需求，有效支撑科学知识水平的提高和相关学科的发展。所有内容均未授权第三方，保证资源独有性。科学文库具有如下几个特点。

（1）质量高：收入科学出版社 60 余年来所有获奖作品、知名专家著作、重点丛书、各学科必备经典专著和教材等精品名作。

图 3-7　科学文库的优秀科学家

（2）容量大：截至 2022 年总品种数近 60 000 种，每年更新约 3000 种。

（3）学科全：15 个学科覆盖自然科学、工程与技术科学、人文与社会科学、医药科学、农业科学五大门类的所有一级学科，按中图法和学科领域进行双重分类。

（4）种类多：包括专著、教材、图集、报告、工具书、科普等，满足科研、教学、管理、大众等各个系列的专业用户。

（5）文件优质：原版高清 PDF 格式，准确无误地保留专业文字、图形、符号、公式等。

3. 检索平台

科学文库平台首页如图 3-8 所示，支持简单搜索、高级搜索、分类浏览三种方式。“简单搜索”支持关键字、全文字段在全库中搜索。“高级搜索”输入一个或多个检索词，任意选择图书名称、作者、ISBN、简介、附注、丛书等检索字段，使检索结果更加精准快捷。“分类浏览”提供中图分类和 15 个学科领域的双重分类浏览。分类浏览辅有二次筛选，以便客户快速发现所需资源。

图 3-8　科学文库平台首页

检索结果界面提供图书目录、图书简介、中图分类号、学科分类等相关图书信息以及阅读、下载等功能，如图 3-9 所示。

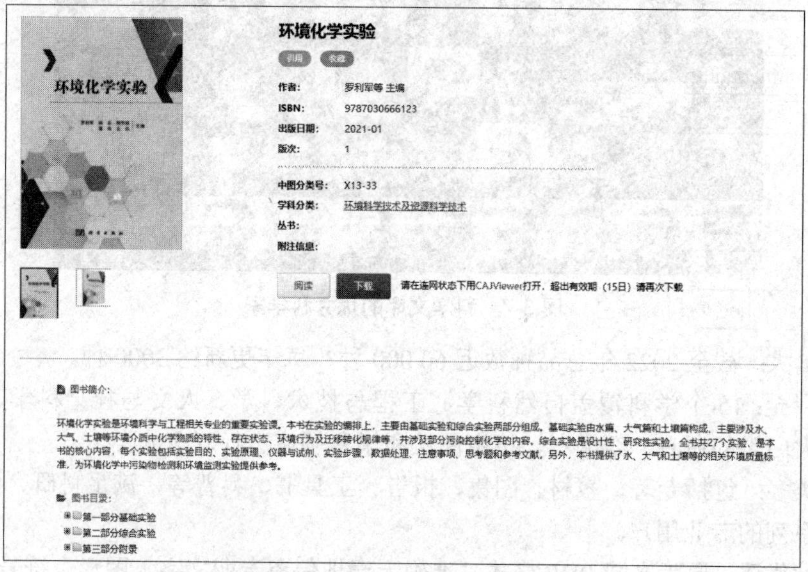

图 3-9　科学文库检索结果界面

3.1.5　Springer Nature 电子图书数据库

1. 资源地址

https://link.springer.com。

2. 资源简介

Springer Nature 在 2015 年由自然出版集团、帕尔格雷夫・麦克米伦出版社、麦克米伦教育、施普林格科学与商业媒体合并而成，是全球领先的从事科研、教育和专业出版的机构，是世界上最大的科学、技术、医学和人文社科学术图书出版公司，是开放获取领域的先行者。

Springer Nature 电子图书产品于 2005 年推出，是 Springer 和 Palgrave 高品质纸本图书的电子版。图书作者大部分来自各个领域非常有影响力的学者和科学家。例如，诺贝尔奖、菲尔兹奖、图灵奖的获得者以及区域性奖项的获得者。Springer Nature 电子书每年出版超过 1 万种学术图书以及其他学术产品。

Springer Nature 针对各个层次的学习和研究，提供面向所有用户群体的图书类型，收录 26 万余种不同类型的出版物，收录 Springer 和 Palgrave 出版的所有英文电子版专著、丛书、会议录、教材、手册、图集、参考工具书。其中包括享有盛誉的计算机科学讲义（LNCS）、物理学讲义（LNP）和数学讲义（LNM），以及《新帕尔格雷夫经济学大辞典》等著名参考书，涵盖所有主题领域。Springer Nature 电子书产品现有 21 个学科（含参考工具书和手册），参见表 3-1。Springer Nature 电子参考工具书和手册现有 5 个学科，参见表 3-2。

表 3–1　Springer Nature 学科电子书产品

Subject Area	学科名称	2022版权年预计出版量
Chemistry and Materials Science	化学与材料科学	302
Computer Science	计算机科学	1170
Earth and Environmental Sciences	地球与环境科学	566
Energy	能源	158
Engineering	工程学	956
Intelligent Technologies and Robotics	智能技术与机器人	650
Mathematics and Statistics	数学与统计学	553
Physics and Astronomy	物理与天文学	392
Professional and applied Computing	专业计算与应用技术	270
Biomedical and Life Sciences	生物医学与生命科学	695
Medicine	医学	850
Behavioral Science and Psychology	行为科学与心理学	223
Business and Management	商业与管理	505
Economics and Finance	经济与金融	448
Social Sciences	社会科学	656
Education	教育	481
Law and Criminology	法律与犯罪学	258
Political Science and International Studies	政治学与国际研究	523
History	历史	231
Literature, Media and Culture	文学、文化与传媒研究	436
Religion and Philosophy	宗教与哲学	301
合计		10 624

表 3–2　Springer Nature 学科电子参考工具书和手册

Subject Area	学科名称	2022版权年预计出版量
Biomedical and Life Sciences	生物医学与生命科学	15
Physical Sciences	自然科学	23
Humanities and Social Sciences	人文社会科学	38
Medicine	医学	8
Computer Science and Engineering	计算机科学和工程学	11
合计		95

Springer Nature 电子图书与 Springer 电子期刊共同整合在 Springer Link 平台上，所有 Springer Nature 电子图书均可通过界面友好的 Springer Link 平台获取；无 DRM（digtal rights management，数字版权管理）限制，允许用户任意下载、复制和打印内容；允许不受限制的用户同时访问，有助于远程学习。

3. 检索平台

Springer Link 平台首页如图 3-10 所示，提供“新书、刊推荐”“特色期刊”“精选书籍”

等功能模块，支持简单检索、高级检索、按学科和文献类型浏览。Springer Link 内容丰富、功能强大，已成为全球最具综合性的在线数字出版物平台。

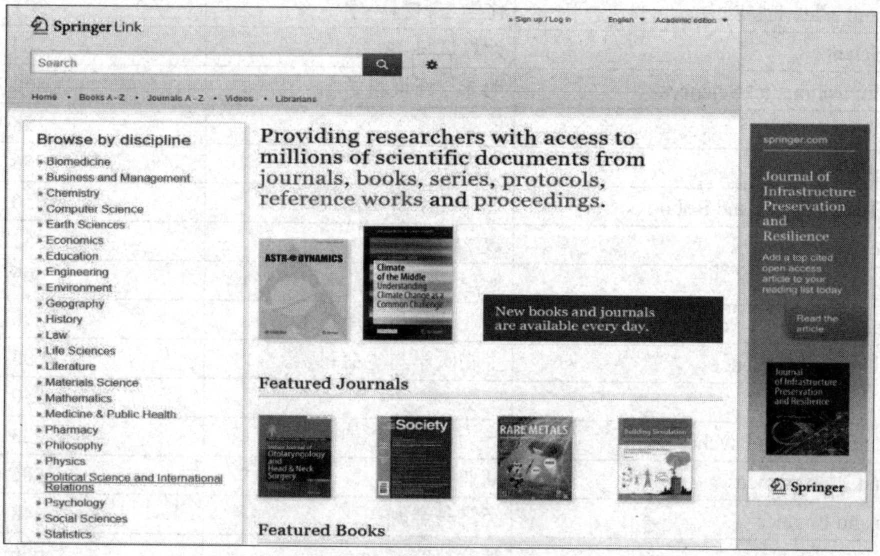

图 3-10 Springer Link 平台首页

数据库检索结果界面如图 3-11 所示。

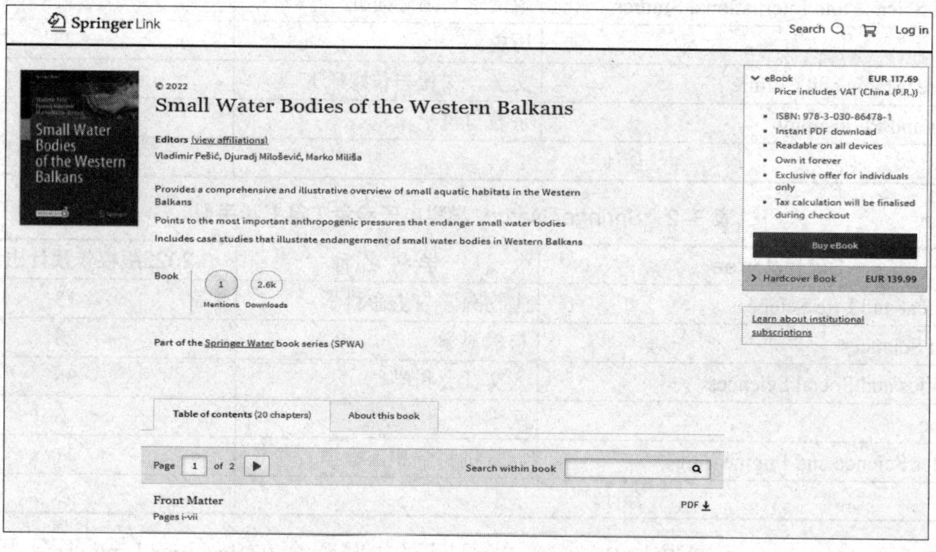

图 3-11 Springer Link 平台图书检索结果界面

该平台具有以下几种功能。

（1）检索结果可以列表查看，亦可以全文预览，email 发送，以 CSV 格式导出，以及 RSS 推送，支持屏蔽未订购资源的功能。

（2）主要浏览方式为 PDF 全文下载、EPUB 格式下载、HTML 在线浏览和在线预览，其中大幅优化了 HTML 在线浏览页面，Springer 根据全球读者的需求，提供整本书下载功能（计算机应用学科、大型参考电子图书不适用此功能）。

（3）部分电子书提供 A-Z 目录导航功能和书内全文检索功能。

（4）Springer 电子期刊与 Springer Nature 电子书等同在 Springer Link 平台上的产品互相链接，并且可以提供 OPEN URL，进而和图书馆的自有馆藏进行链接；同时提供 CrossRef 功能，方便用户链接参考文献。

（5）读者可以对 Springer 电子图书进行个性化设置，保存检索结果、数目和关键词等，设置电子邮件提醒，提供文献导出功能，支持大部分文献管理软件，如 Papers、Endnote 等。

3.1.6 Worldlib-Ebook 电子图书数据库

1. 资源地址

http://ebook.worldlib.com.cn。

2. 资源简介

World Library 即原 WEL（全称 World eBook Library）数据库，是目前世界上收录电子图书和电子文档资源最多的数据库之一，拥有超过 40 万册电子图书资源，覆盖 22 个学科大类，152 个学科种类（如文学、历史、政治、社会学、教育、经济、法律等学科）。其收录的文献资源主要来自美洲、亚洲、非洲和欧洲等大洲的国家，语种以英语为主。平台专注于科学研究，工业技术和医学生物学（STM），在工业技术、经济管理、医疗卫生、航空航天、交通运输等学科领域具有明显优势。

3. 检索平台

Worldlib-Ebook 数据库平台首页如图 3-12 所示，提供“普通检索”“分类导航”“推荐书籍”三个功能模块。

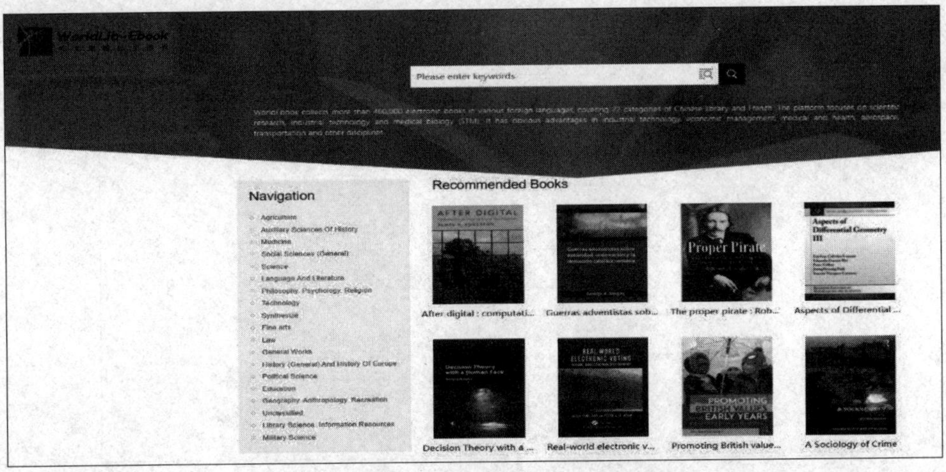

图 3-12　Worldlib-Ebook 数据库平台首页

在检索结果页面（见图 3-13），支持按字段、主题、语言、出版时间、相关度和时间排序。单击题名或扫描二维码，即可阅读或下载全文。

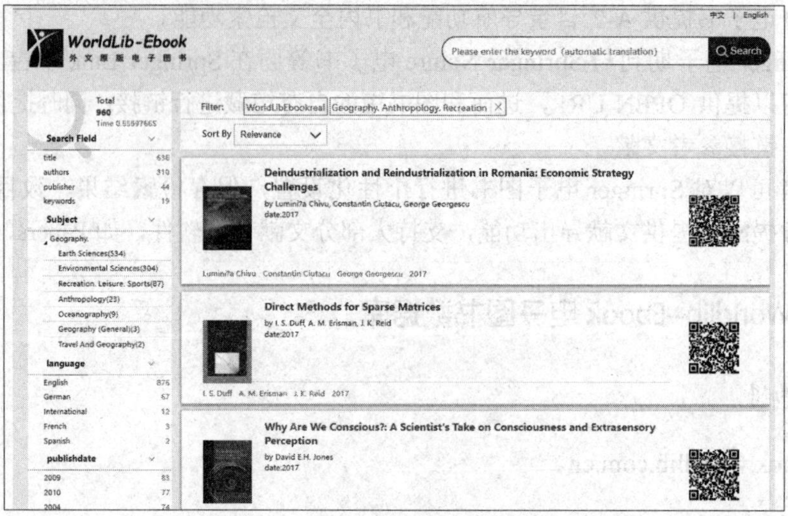

图 3-13　Worldlib-Ebook 数据库检索结果页面

3.1.7　检索实例

【实例 1】在畅想之星电子书数据库中，检索近 5 年清华大学出版社出版的有关 Dreamweaver 网页制作方面的书籍。

以下为具体检索步骤。

（1）输入网址 https://www.cxstar.com，登录畅想之星电子书数据库主页。单击搜索框右侧的“高级检索”按钮。

（2）确定检索词和检索字段之间的关系。输入题名 =Dreamweaver，出版社 = 清华大学出版社，二者之间的逻辑关系选择“与”，出版时间 =2017—2022，单击“搜索”按钮，如图 3-14 所示。

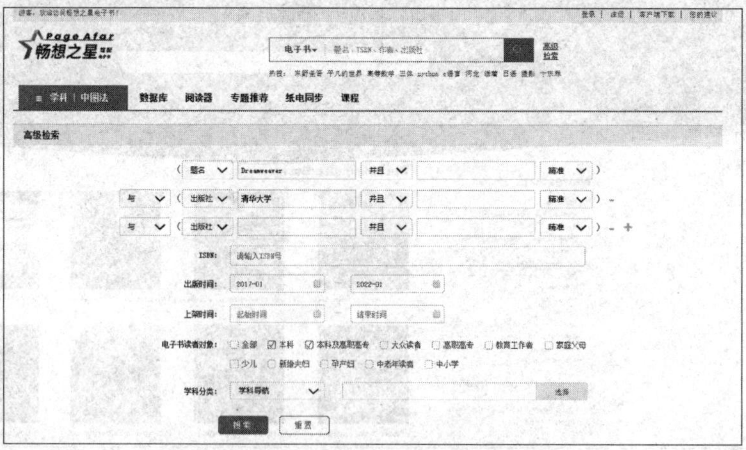

图 3-14　畅想之星电子书高级检索界面

（3）检索结果如图 3-15 所示。单击所需图书的书名，便可通过在线试读、下载、手机扫描等方式阅读此书。

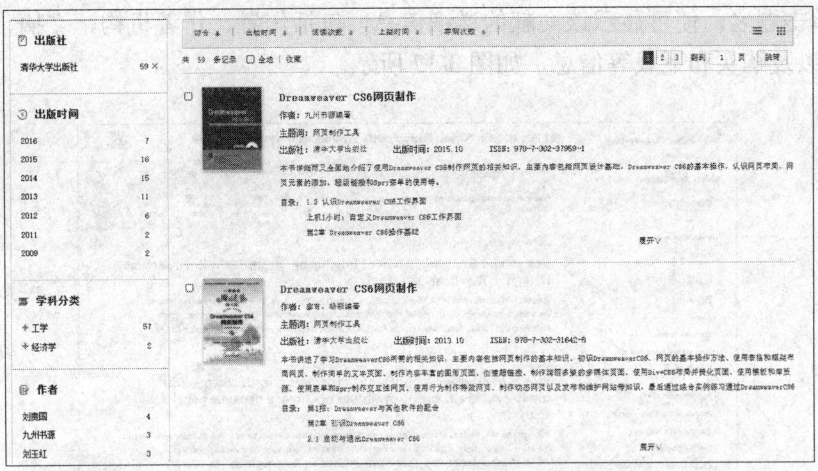

图 3-15　畅想之星电子书检索结果界面

【实例 2】在 Springer Link 数据库中，检索 2018 年至今绿色能源汽车与环境方面的相关文献。

以下为具体检索步骤。

（1）输入网址 https://link.springer.com，打开 Springer Link 主页。

（2）单击主页检索框右侧的“Advanced Search”按钮，进入高级检索。

（3）确定英文检索词：Green Energy（绿色能源）、Car（汽车）、Environment（环境）。

（4）确定检索字段：with the exact phrase=Green Energy，with at least one of the words=Environment，where the title contains=Car。

（5）确定检索策略：with the exact phrase=Green Energy AND with at least one of the words=Environment AND where the title contains=Car。年代限定为 2018—2022。

（6）单击“Search”按钮，检索页面如图 3-16 所示。

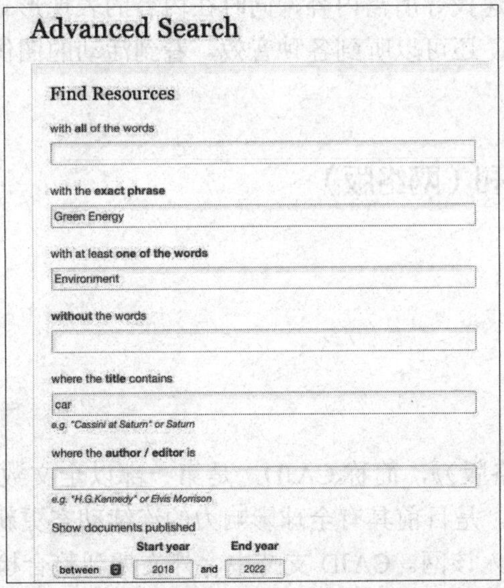

图 3-16　Springer Link 高级检索页面

（7）单击题名，便可显示该文献的详细信息，包括作者、作者机构、文摘、关键词、参考文献等，以及购买和下载等信息，如图3-17所示。

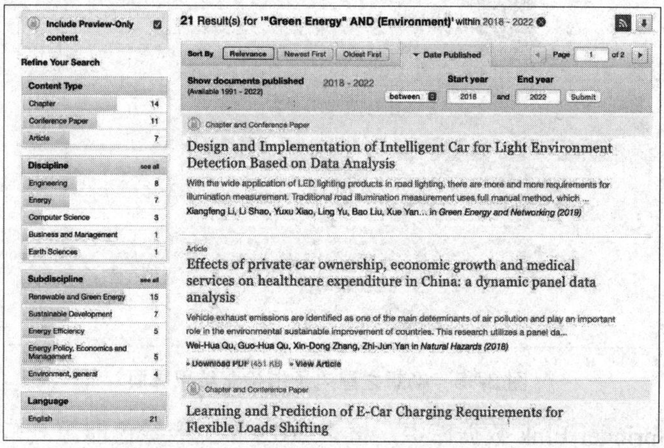

图3-17 Springer Link检索结果页面

3.2 期刊检索

期刊（periodical）又名杂志，是一种定期或不定期的连续出版物，有统一的名称和固定版式、开本、篇幅、页码，汇集若干作者撰写的多篇文章或资料。

电子期刊（electronic journal）又称为电子出版物。广义而言，任何以电子形式存在的期刊皆可称为电子期刊，涵盖通过联机网络可检索到的期刊和以CD-ROM形式发行的期刊。电子期刊是一种非常好的媒体表现形式，它可以借助计算机惊人的运算速度和海量存储能力，使人们在信息的海洋中快速找寻所需内容，同时在内容的表现形式上声、图、像并茂。人们不仅可以看到文字、图片，还可以听到各种音效，看到活动的图像。电子期刊延展性强，支持多种个人终端进行阅读。

3.2.1 中国学术期刊（网络版）

1. 资源地址

https://www.cnki.net。

2. 资源简介

《中国学术期刊（网络版）》，简称CAJD，是第一部以全文数据库形式大规模集成出版学术期刊文献的电子期刊，是目前具有全球影响力的连续动态更新的中文学术期刊全文数据库，登录中国知网即可进入该网。CAJD支持中、外文期刊整合检索。其中，中文学术期刊8560余种，含北大核心期刊1970余种，网络首发期刊2240余种，最早可回溯至1915年，部分期刊可回溯至创刊年。外文学术期刊包括来自 80 个国家及地区 900 余家出版社的期刊 7.5 万余种，覆盖 JCR 期刊的 96%、Scopus 期刊 90%，最早回溯至 19 世纪，可链接全文。

CAJD 以学术、工程技术、政策指导、高级科普、行业指导及教育类期刊为主，内容覆盖自然科学、工程技术、农业、哲学、医学、人文社会科学等各个领域。产品分为十大专辑：基础科学、工程科技Ⅰ、工程科技Ⅱ、农业科技、医药卫生科技、哲学与人文科学、社会科学Ⅰ、社会科学Ⅱ、信息科技、经济与管理科学。十大专辑下分为 168 个专题。

3. 检索平台

登录中国知识资源总库平台，单击首页中的“学术期刊”，进入学术期刊数据库，如图 3-18 所示。提供一框式检索、高级检索、出版物检索、期刊导航、网络首发期刊 / 文献和 CNKI Scholar 外文期刊等功能模块，方便用户根据需求浏览检索。同时，提供主题、篇关摘、篇名、关键词、摘要、小标题、全文、参考文献、中图分类号、基金、作者、第一作者、通讯作者、作者单位、第一单位、期刊名称、年、期、ISSN 等检索字段。

图 3-18　中国学术期刊数据库首页

（1）一框式检索：又称基本检索，是将检索功能浓缩至“一框”中，根据不同检索项的需求特点采用不同的检索机制和匹配方式，体现智能检索优势，操作便捷，检索结果兼顾检全和检准，即在一框式检索界面，下拉选择检索字段，在检索框内输入检索词，单击 按钮或按 Enter 键执行检索。一框式检索如图 3-19 所示。

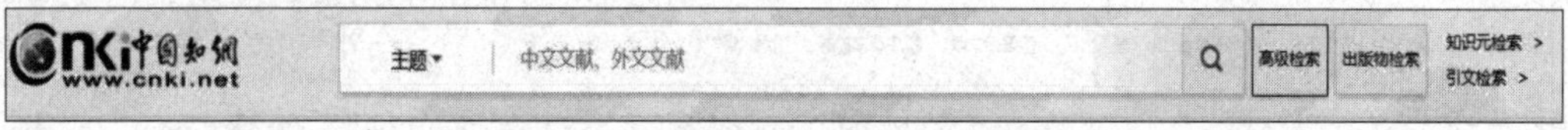

图 3-19　中国学术期刊一框式检索界面

（2）高级检索：为用户提供一种更精确、更灵活的检索方式。支持多字段逻辑组合，还可通过选择“精确”或“模糊”的匹配方式等方法完成较复杂的检索，得到符合需求的检索结果。多字段组合检索的运算优先级按从上到下的顺序依次进行，还可利用“+”和“-”增加或减少检索条件。单击图 3-19 搜索框右侧的“高级检索”按钮即可进入高级检索。高级检索包括专业检索、作者发文检索和句子检索，如图 3-20 所示。

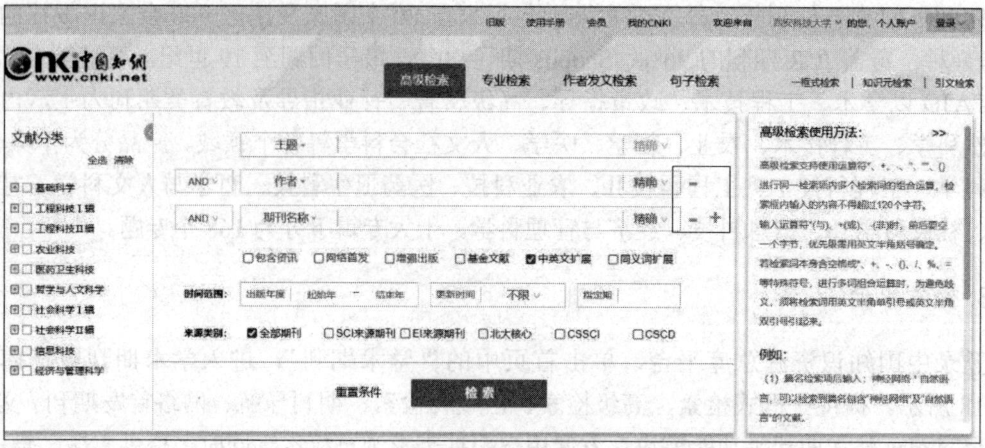

图 3-20　中国学术期刊高级检索界面

① 专业检索：这是使用运算符和检索词构造检索式进行的检索，是所有检索方式中比较复杂的一种检索方法。该方法适用于图书情报专业人员查新、信息分析等工作。在高级检索页面单击“专业检索”标签，可进行专业检索。

专业检索一般流程：确定检索字段构造一般检索式，借助字段间关系运算符和检索值，限定运算符可以构造复杂的检索式。专业检索的一般表达式为: < 字段代码 >< 匹配运算符 > < 检索值 >。如 SU= 主题，TKA= 篇关摘，KY= 关键词，TI= 篇名，FT= 全文，AU= 作者，FI= 第一作者，RP= 通讯作者，AF= 作者单位，FU= 基金，AB= 摘要，CO= 小标题，RF= 参考文献，CLC= 分类号，LY= 文献来源，DOI=DOI，CF= 被引频次。

例如，检索主题包括“北京”、题名中含有“冬奥会”，或关键词中包括“冰雪运动”的信息，如图 3-21 所示。

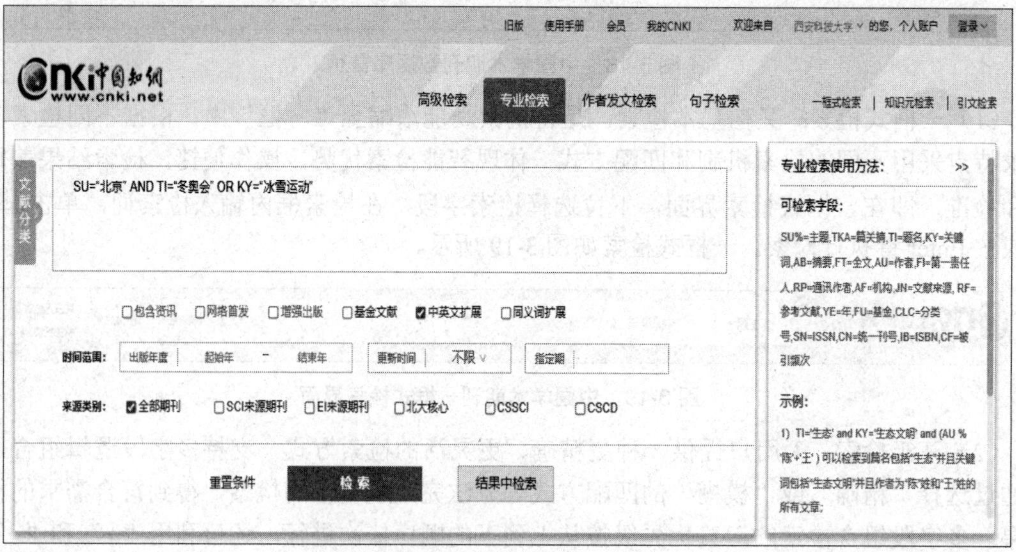

图 3-21　中国学术期刊专业检索界面

② 作者发文检索：通过输入作者姓名（中文名 / 英文名 / 拼音）及单位信息，检索某作

者发表的全部文献及被下载的情况。功能及操作与高级检索基本相同。在高级检索页面单击“作者发文检索”标签，可进行作者发文检索，如图 3-22 所示。

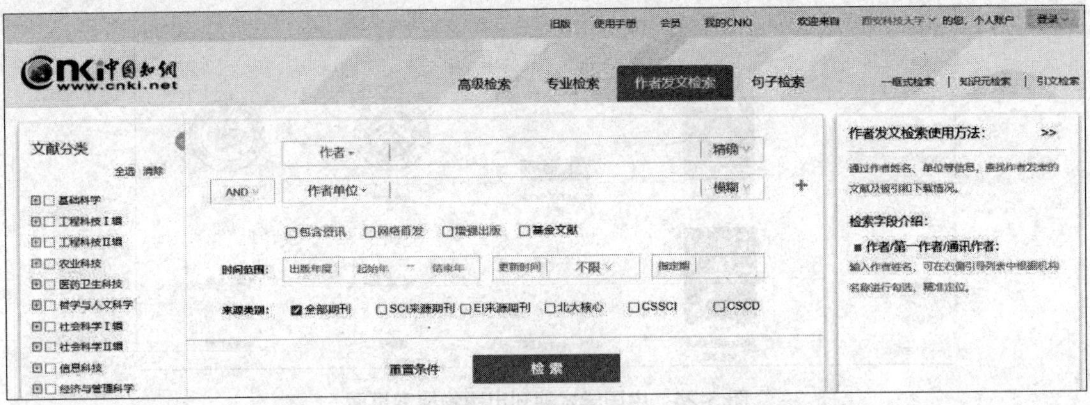

图 3-22　中国学术期刊作者发文检索界面

③ 句子检索：通过输入的两个检索词，在全文范围内查找同时包含这两个检索词的句子，找到有关事实的问题答案。句子检索的检索结果是以摘要的形式展示，便于读者浏览。在高级检索页面单击“句子检索”标签，可进行句子检索。例如，检索同一句中包含“人工智能”和“神经网络”的文献，如图 3-23 所示。

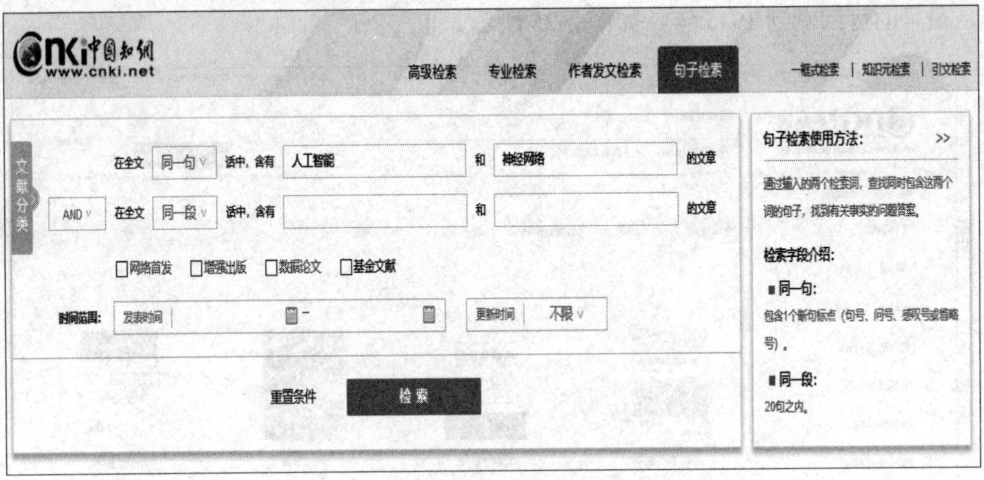

图 3-23　中国学术期刊句子检索页面

（3）出版物检索：指通过检索出版物名称方式查找。在“一框式检索”窗口右侧，单击“出版物检索”标签进入。“出版物检索”包含学科导航、出版来源导航、出版来源检索及推荐等功能模块。学科导航按照学科类别进行浏览，左侧文献分类目录可以帮助用户快速定位导航的类目。出版来源导航主要包括期刊导航、学术期刊导航、学位授予单位、会议导航、报纸导航、年鉴导航和工具书导航系统。每个产品的导航体系根据各产品独有的特色设置不同的导航系统。每个产品的导航内容基本覆盖自然科学、工程技术、农业、哲学、医学、人文社会科学等多个领域，除此之外，导航首页有“推荐”栏目，是当前热门的期刊论文等文献，如图 3-24 所示。

图 3-24　中国学术期刊出版物检索页面

（4）期刊导航：读者可直接浏览期刊基本信息，按期查找期刊文章。期刊导航提供学科导航、卓越期刊导航、数据库刊源导航、主办单位导航、出版周期导航、出版地导航、核心期刊导航和出版来源检索等多种功能模块。导航内容覆盖自然科学、工程技术、农业、哲学、医学、人文社会科学等多个领域。截至 2022 年共收录 11 376 种期刊，包括学术期刊、网络首发期刊、独家授权期刊、世纪期刊和个发期刊等各种层次的期刊。大部分可回溯至创刊年，最早的可回溯到 1915 年，如图 3-25 所示。

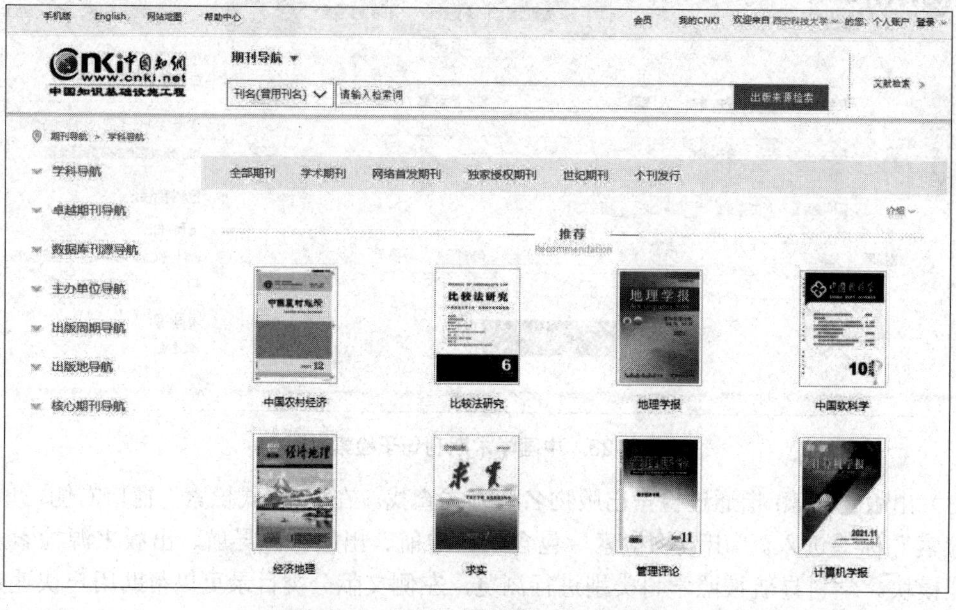

图 3-25　中国学术期刊期刊导航页面

（5）CNKI Scholar 外文期刊：收录国际期刊 7.3 万余种，覆盖 JCR 期刊 94%、Scopus 期刊的 80%。期刊资源分为自然科学、工程技术、医学、农业科学、社会科学、人文学科、哲学七大专辑，如图 3-26 所示。读者可查阅每本期刊的概况（刊名、刊号、出版周期、创刊年 / 收录年限、出版社 / 合作商、学科主题、出版地、语种等），并进入文献页面获取题录摘要信息。部分文章提供参考文献引文信息。期刊最早可回溯至 1665 年。

图 3-26　CNKI Scholar 外文期刊首页

检索结果提供分组和排序，方便读者快速找到最需要的文章。九种分组方式，即主题、学科、发表年度、研究层次、期刊、来源类别、作者、机构、基金，可分组进行浏览。四种排序方式即相关度、发表时间、被引频次、下载频次。例如，检索结果按作者单位或作者排序，有助于查找在某领域具有优势的研究机构和作者，从而跟踪本领域重要研究机构和学者的学术成果，如图 3-27 所示。

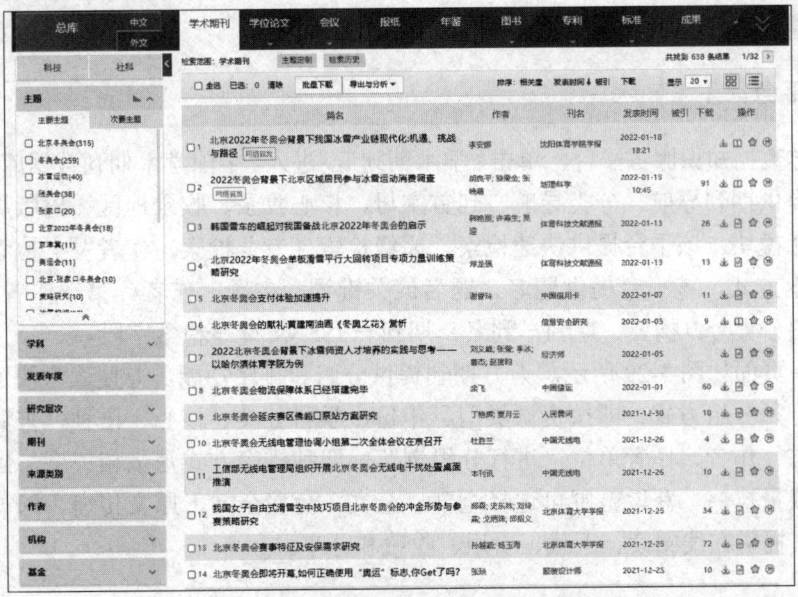

图 3-27　中国学术期刊检索结果页面

CNKI 检索结果有三种显示形式，即题录、文摘和全文。获取文献的权限有非订购单位用户和订购单位用户之分。对于非订购单位用户，知网仅提供免费检索，且可以获取数据库中的题录、文摘等内容，但要获取全文，需要通过机构订购或者个人购买。对于订购单位用户，知网除提供题录、文摘外，还可直接阅读和下载全文。阅读格式有手机阅读、HTML 阅读、PDF 下载和 CAJ 下载。CAJ 格式全文使用 CAJViewer 阅读器打开，可在知网首页下载。

3.2.2　中国学术期刊数据库

1. 资源地址

https://www.wanfangdata.com.cn。

2. 资源简介

中国学术期刊数据库（China Online Journals，COJ）又名“万方数据”，收录始于 1998 年，包括国内期刊和国外期刊。其中，国内期刊共 8000 余种，包含北京大学、中国科学技术信息研究所、中国科学院文献情报中心、南京大学、中国社会科学院历年收录的核心期刊 3300 余种，涵盖自然科学、工程技术、医药卫生、农业科学、哲学政法、社会科学、科教文艺等学科领域。国外期刊共包含 40 000 余种世界各国出版的重要学术期刊，主要来源于 NSTL 外文文献数据库以及数十家著名学术出版机构和 DOAJ、PubMed 等知名开放获取平台。

医学库是万方期刊数据库的特色资源。它独家收录中华医学会、中国医师协会等权威机构主办的220余种中外文医学期刊及全文。“万方医学网”汇集了1100余种中文生物医学期刊、26 000 余种外文医学期刊、930 余部医学视频等高品质医学资源，并对医学期刊文献进行专业标引，提供 MeSH 主题检索功能。

3. 检索平台

登录万方数据知识服务平台，单击“学术期刊”，进入“中国学术期刊数据库”，如图 3-28 所示。平台提供期刊导航、分类导航、刊首字母、核心收录、收录地区、出版周期、优先出版等导航功能模块。该平台提供快速检索、高级检索（专业检索、作者发文检索）及分类导航等多种检索方式。该平台提供题名、题名或关键词、主题、作者、第一作者、作者单位、关键词、中图分类号、摘要、期刊一刊名、期刊一 ISSN/CN 等检索字段。

检索结果页面如图 3-29 所示。万方期刊提供分组和排序功能，方便读者快速定位到最需要的文章。十种分组方式，即按资源类型、年份、学科分类、核心、语种、来源数据库、刊名、出版状态、作者、作者单位，进行分组浏览。四种排序方式是按相关度、出版时间、被引频次、下载量排序。获取范围可选择全部、全文、免费全文、原文传递、国外出版物等方式。阅读方式提供在线阅读、下载、引用、收藏和分享。

图 3-28　中国学术期刊数据库首页

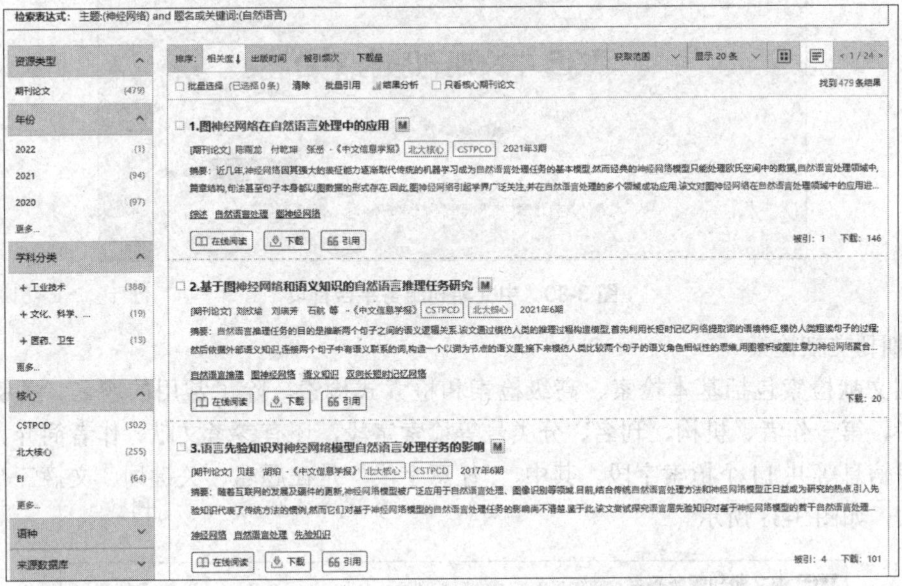

图 3-29　万方数据知识服务平台检索结果页面

3.2.3　中文期刊服务平台

1. 资源地址

http://qikan.cqvip.com。

2. 资源简介

中文期刊服务平台是由维普资讯有限公司推出的中文学术期刊大数据服务平台。它依托

《中文科技期刊数据库》数据支撑，现已成为中文学术期刊最重要的传播与服务平台之一，是我国数字图书馆建设的核心资源之一，是高校图书馆文献保障系统的重要组成部分，也是科研工作者进行科技查证和科技查新的必备数据库。

中文期刊服务平台专注于期刊文献的收录与检索，期刊收录比较齐全，且只收录期刊的单一文献类型数据库。现收录中文期刊 15 200 余种，现刊 9000 余种，其中独有收录期刊 3900 余种，内刊达 1000 余种，最早可回溯至 1989 年，部分期刊可回溯至创刊年。

3. 检索平台

输入网址，登录中文期刊服务平台，如图 3-30 所示。平台提供“期刊文献检索”“期刊导航”“期刊评价报告”“期刊开放获取”等功能模块。它采用先进的大数据构架与云端服务模式，准确、完整的数据索引和知识本体分析，为读者及信息服务机构提供优质的知识服务解决方案和良好的使用体验。

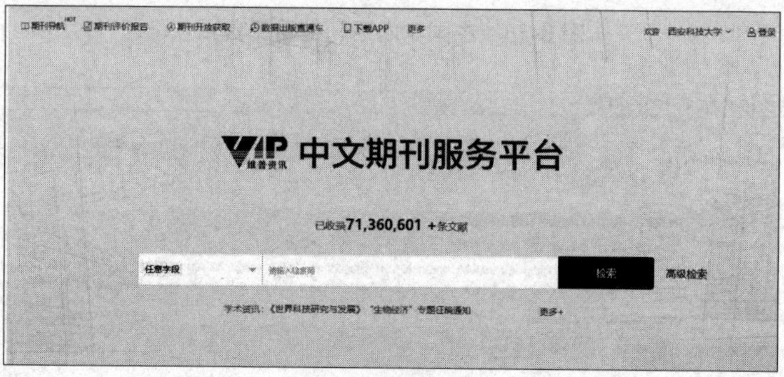

图 3-30　中文期刊服务平台首页

1）期刊文献检索

期刊文献检索包括基本检索、高级检索和检索式检索。除了常用的题名、关键词、文摘、作者、第一作者、机构、刊名、分类号等检索字段，还有参考文献、作者简介、基金资助、栏目信息等共 14 个检索字段。其中，“任意字段”是在题名、关键词、文摘三个字段中进行检索，如图 3-31 所示。

图 3-31　维普中文期刊服务平台高级检索页面

2）期刊导航

期刊导航模块包括首字母、学科分类、核心期刊（北大核心期刊、中国人文社科核心期刊、CSCD 核心、CSSCI）、国内外数据库收录（Web of Science 数据库、科学引文索引 SCIE、工程索引、化学文摘、EBSCO 学术数据库等）、地区、主题等多种导航方式，如图 3-32 所示。

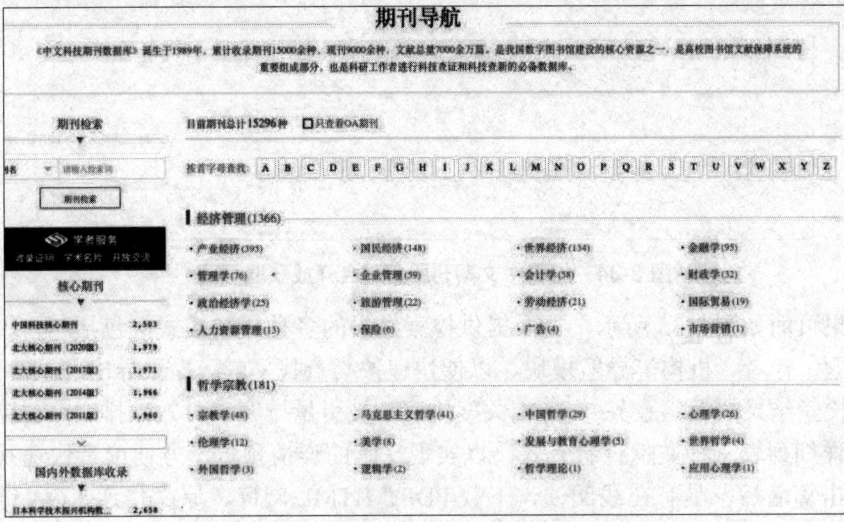

图 3-32　维普中文期刊服务平台导航页面

3）期刊评价报告

期刊评价报告支持按学科、地区、刊名、ISSN、CN 等方式查找，可以查找到不同学科、地区、刊名的 ISSN、被引次数、影响因子、立即指数、发文量、被引半衰期、引用半衰期、期刊他引率、平均引文率，如图 3-33 所示。

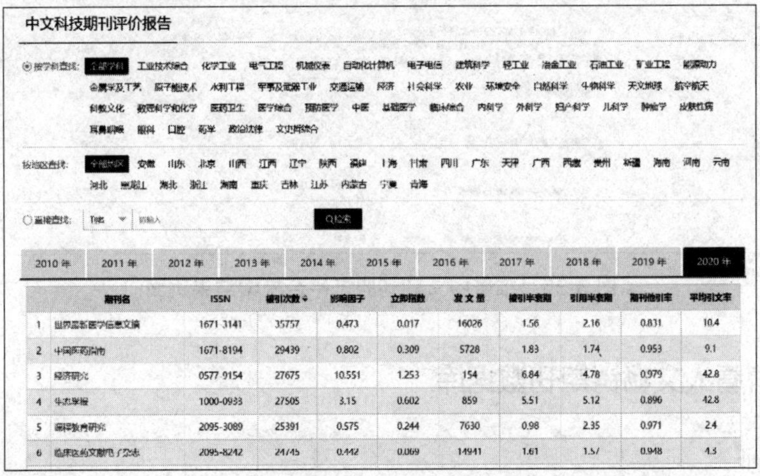

图 3-33　维普中文期刊服务平台评价报告页面

4）期刊开放获取

该平台提供开放获取（OA）期刊和期刊开放获取平台，包括美国科研出版社、中国科技论文在线、中国高校知识库联盟等平台提供的期刊论文，如图 3-34 所示。

图 3-34　维普中文期刊服务平台开放获取页面

检索结果页面如图 3-35 所示，页面提供检索结果的多种导航模式，包括年份、学科、期刊收录、主题、作者、机构等导航模块，以便快速按类查找文献；提供导出题录、引用分析、统计分析等检索结果的优化服务；支持相关度排序、被引量排序、时效性排序；支持文摘列表、标题列表和详细列表三种文献查看方式，以实现文献的详情预览，方便读者快速找到所需期刊文献。单击篇名后，具有在线阅读、下载 PDF、HTML 阅读、原文传递、OA 链接等多种全文获取方式，以满足读者的不同需求。

图 3-35　维普中文期刊服务平台检索结果页面

3.2.4　博看人文畅销期刊数据库

1. 资源地址

http://new.bookan.com.cn。

2. 资源简介

博看人文畅销期刊数据库收录了 4000 多种畅销期刊，占国内发行的人文畅销期刊的 95%

以上。除此之外，收录畅销新书 40 000 余种、有声资源 60 000 余集、主流报纸 300 多种，是目前全国最大、最全的人文期刊数据库。

3. 检索平台

输入网址，登录数据库主页，如图 3-36 所示。首页提供“轮播图”可进行广告播放；“今日新刊”可展示最新期刊内容；“新书推荐”推荐最优质的图书等资源，提供首字母、中图法、关键字三种搜索方式，其中，“中图法”搜索是按照中图法的 22 个大类即学科主题查找。“关键字”搜索是选择期刊或图书的名称、标题、内容、作者等任意字段进行检索。选择主题搜索，可移动鼠标到导航栏上，会显示期刊、图书、报纸等各种资源下的分类。选择主题，可迅速找到目标图书。

图 3-36　博看人文畅销期刊数据库首页

检索结果页面如图 3-37 所示。“加入收藏”，即收藏的资源在“我的”里面可以快速找到；“分享”，可以把感兴趣的资源分享给身边的朋友。阅读方式支持“文本版”和“原貌版”两种，两种阅读模式在阅读过程中可随意切换，且支持翻页操作、目录查询和快速跳转。每个资源都支持双扫码功能，即“微信扫码 在线阅读”和“App 扫码下载”离线阅读，还可以看到资源内容介绍和目录内容，如果是期刊资源，还提供往期回顾，可以查到历史期刊。

图 3-37　博看人文畅销期刊检索结果页面

3.2.5 Elsevier ScienceDirect 数据库

1. 访问地址

https://www.sciencedirect.com。

2. 数据库简介

荷兰爱思唯尔（Elsevier）公司的 ScienceDirect（缩写为 SD）数据库是世界著名的科学文献全文数据库之一。它秉承严格的出版标准，遵循国际同行评议制度，提供全球顶尖的学术研究文章，包括全球影响力极高的 *Cell*（《细胞》杂志）、*The Lancet*（《柳叶刀》杂志）等，还可以浏览 100 余位诺贝尔奖获得者的学术研究成果。该数据库内容覆盖自然物理科学与工程 、生命科学、健康科学、社会科学与人文科学 4 大领域 24 个学科的优质学术内容，涉及化学工程、化学、计算机科学、地球与行星学、工程、能源、材料科学、数学、物理学与天文学、农业与生物学、生物化学、遗传学和分子生物学、环境科学、免疫学和微生物学、神经系统科学、医学与口腔学、护理与健康、药理学、毒理学和药物学、兽医科学、艺术与人文科学、商业、管理和财会、决策科学、经济学、计量经济学和金融、心理学、社会科学，以及交叉研究领域。它可为全球研究人员提供 3800 多种同行评审期刊和 37 000 余种图书及 1120 种开放存取期刊。

3. 检索平台

ScienceDirect 数据库平台首页如图 3-38 所示，提供期刊/图书导航、出版物标题浏览、Open Access 浏览、四个领域的学科浏览及热门文章、近期出版物等功能模块，可以帮助科研工作者轻松地找到所需内容，提供快速检索、高级检索和出版物名称浏览的检索功能。

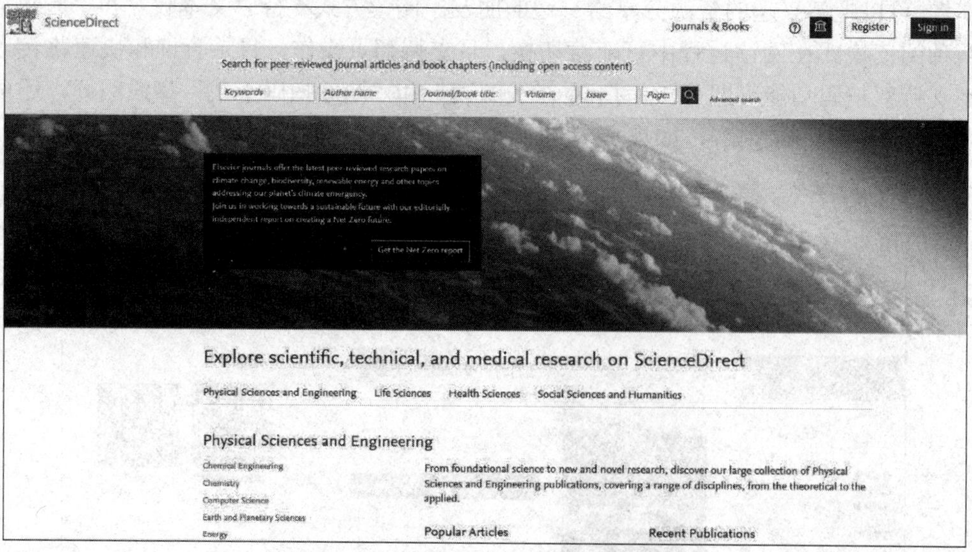

图 3-38 ScienceDirect 数据库平台主页

1）快速检索（quick search）

快速检索是 SD 默认的检索方式，固定在主页的上方。快速检索可选择图书、期刊、丛书、手册和参考工具书等文献类型进行检索，也可输入关键词（keywords）、作者（author name）、期刊 / 书名（journal/book title）以及卷（volume）、期（issue）、页码（pages）等进行检索。另外，它还可以对文章中的图表、视频等进行检索，使用非常方便。快速检索支持布尔逻辑（与、或、非）、截词检索、短语检索，检索词不区分大小写。输入单数形式，可查找出单数、复数和多种形式。例如，检索关键词为“food safety”的文献，如图 3-39 所示。

图 3-39　ScienceDirect 数据库快速检索页面

2）高级检索（advanced search）

在平台首页检索框的右侧单击“Advanced Search”，便可进入高级检索页面，如图 3-40 所示。它具有更加灵活的检索方式，可以对期刊、图书、图像等进行单独检索，也可以统一检索，还可以限定个人喜好 / 来源 / 本馆订购 /Open Access 文章，以及限定学科和时间等。它提供各种检索方式的检索提示（search tips），同时支持用户自定义的布尔逻辑（AND/OR/NOT）检索式。输入检索词可以用摘要、标题、关键词、作者、第一作者、来源刊、参考文献、ISSN、ISBN、作者单位等检索字段进行限定。无论是快速检索还是高级检索，都可采用截词检索，可以使用“*”作为截词符，截词符不能用在词的前方。

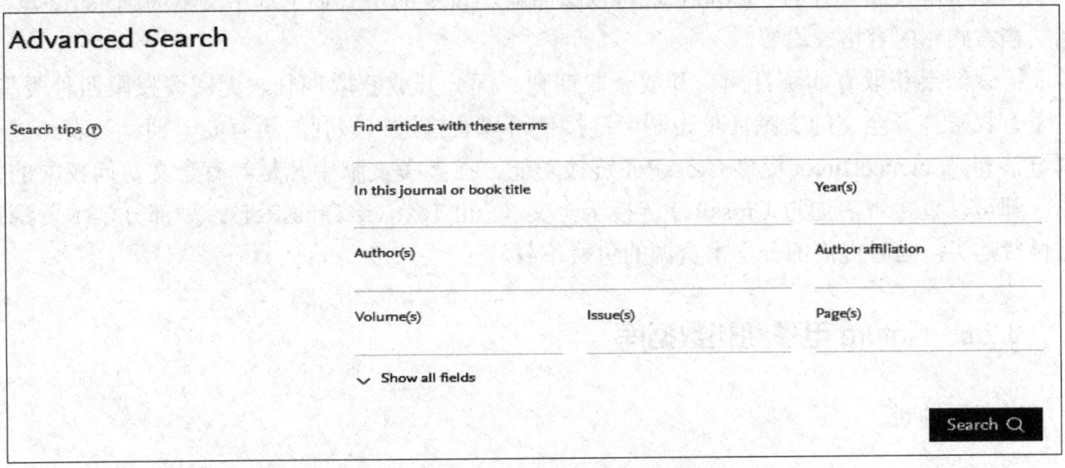

图 3-40　ScienceDirect 数据库高级检索页面

3）出版物名称浏览（browse by publication title）

依据期刊首字母，在 A-Z 字母中选择相对于字母进行查找，如图 3-41 所示。例如，单击 ScienceDirect 主页上方的“Journals & Books”按钮，浏览时可对文献类型、文献级别和文献存取方式等加以选择，也可浏览机构没有订购的内容，但没有全文链接，只能看到摘要。

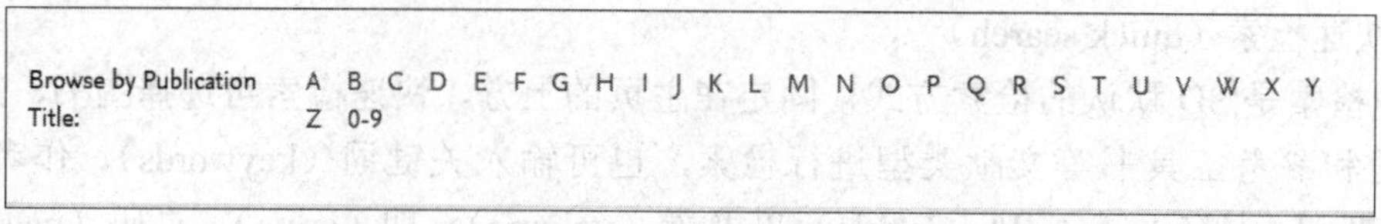

图 3-41　ScienceDirect 出版物名称浏览页面

ScienceDirect 的检索结果可以按出版时间、论文类型、出版物题名、主题领域、访问类型等方式排序，如图 3-42 所示。

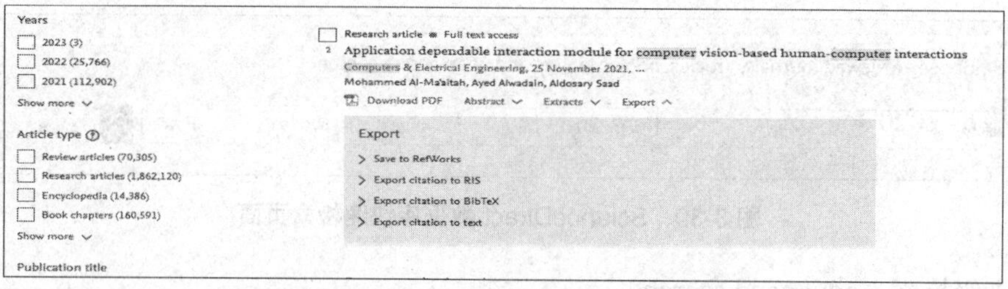

图 3-42　ScienceDirect 检索结果页面

检索结果的输出形式包括以下几种。

（1）单击每条记录的题名，可以查看该文章的 HTML 格式的全文信息，以及该篇论文的引文信息、文章内容纲要信息及图表链接、相关论文推荐等，并可在此页面内对该文章进行 PDF 格式全文下载。

（2）单击文章篇名下的“Download PDF”，可以下载和浏览 PDF 格式全文。

（3）单击“Abstract”，可以快速浏览摘要。

（4）单击页面上方的“Export”，可以按照自己设置的格式输出选中文献的题录信息，包括文档格式和内容格式设置。

检索结果获取有购买订阅、开放获取期刊、部分开放获取期刊、无阅读权限四种类型。对于有权限打开全文的文献，单击刊名链接便可以直接进入该刊的所有卷、期、列表，进而浏览该刊。ScienceDirect 提供 CrossRef 链接功能，在参考文献中凡是具有全文访问权限的文章，都可以直接或者通过 CrossRef 链接至全文（Full Text via CrossRef）。大部分学术资源都是付费购买，同时提供部分学术资源的免费下载。

3.2.6　Nature 电子期刊数据库

1. 资源地址

https://www.nature.com。

2. 资源简介

Springer Nature 是一家全球领先的从事科研、教育和专业出版的机构，是世界上最大的学术图书出版公司，同时出版全球最具影响力的期刊，也是开放获取领域的先行者。2015 年，出版业两大巨头 Springer 和 Nature 完成合并，合并后新公司名为“Springer Nature”。

《自然》(*Nature*) 创刊于 1869 年，是全球最知名的科学期刊之一，涵盖各学科领域，已连续 10 年名列多学科领域影响因子第一。《自然》期刊一直致力于出版最优质的、在科学技术各领域经同行评审的研究成果，贯彻并坚持其原创性、重大性、跨学科影响力、时效性、读者亲和力，发表全球最前沿的学术成果。

截至 2021 年，该平台已出版了 54 种“自然”系列期刊（不包括开放获取期刊——Nature Communications），以满足特定领域科研人员的需求。根据出版内容，“自然”系列期刊分为“自然”系列研究期刊和“自然综述”系列期刊，截至 2021 年，“自然”系列研究期刊有 34 种（包括 *Nature*），以发表原创性研究文章为主;“自然综述”研究期刊有 21 种，针对重要的研究工作进行综述评论。每一种“自然”系列期刊，自创刊之日起，就具有巨大的影响力。根据 2020 Journal Citation Report，有 25 种“自然”系列期刊在一个或多个学科分类中排名第一；在影响因子排名最高的前 20 种期刊中，有 11 种来自“自然”系列期刊。

3. 检索平台

输入网址，登录 Nature 电子期刊数据库平台首页，如图 3-43 所示。单击首页右上角的“Search”按钮进入 Nature 电子期刊数据库的检索界面，如图 3-44 所示。

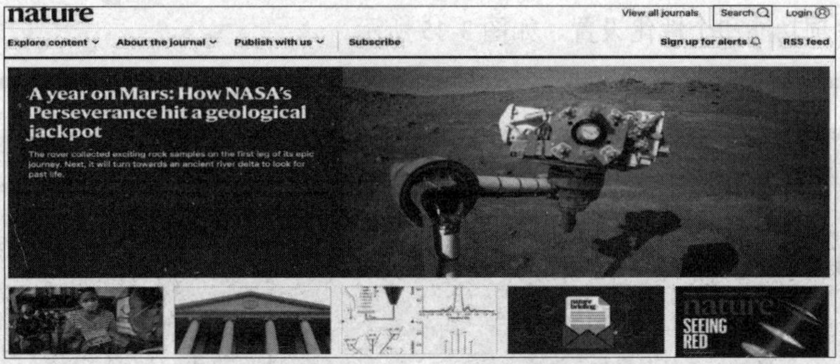

图 3-43　Nature 电子期刊数据库平台首页

图 3-44　Nature 电子期刊数据库检索页面

检索界面提供简单检索和高级检索，支持按论文题名、主题、关键词、作者、刊名和时间等进行字段限定。检索结果提供 Abstract、Download PDF 等显示形式。

3.2.7　Wiley 电子期刊数据库

1. 资源地址

https://onlinelibrary.wiley.com。

2. 资源简介

约翰威立国际出版公司（John Wiley & Sons Inc）于 1807 年创建于美国，是全球历史最悠久、最知名的学术出版商之一，享有“世界第一大独立的学术图书出版商”和“世界第三大学术期刊出版商”的美誉。它是有近 200 年历史的国际知名的专业出版机构，在化学、生命科学、医学以及工程技术等领域的学术文献出版方面颇具权威性。

2010 年，Wiley 正式向全球推出了新一代在线资源平台“Wiley Online Library”，平台收录 1600 余种经同行评审的学术期刊、2.4 万余种电子书、250 多种参考工具书。Wiley 平台收录的期刊学科范围广，包括化学、高分子与材料科学、物理学、工程学、农业、兽医学、食品科学、医学、护理学、口腔医学、生命科学、心理学、商业、经济学、语言学、新闻传播学、历史学、政治学、社会学、艺术类、人类学等学科。同时，该平台还收录了很多其他重要的跨学科领域出版的期刊。

3. 检索平台

Wiley 在线资源平台的检索方式有快速检索、高级检索、引文检索，同时提供主题浏览、出版物名称浏览及在线图书馆等功能模块。该平台提供直观的网页导航，以提高内容的可发现性，增强各项功能和个性化设置，如图 3-45 所示。

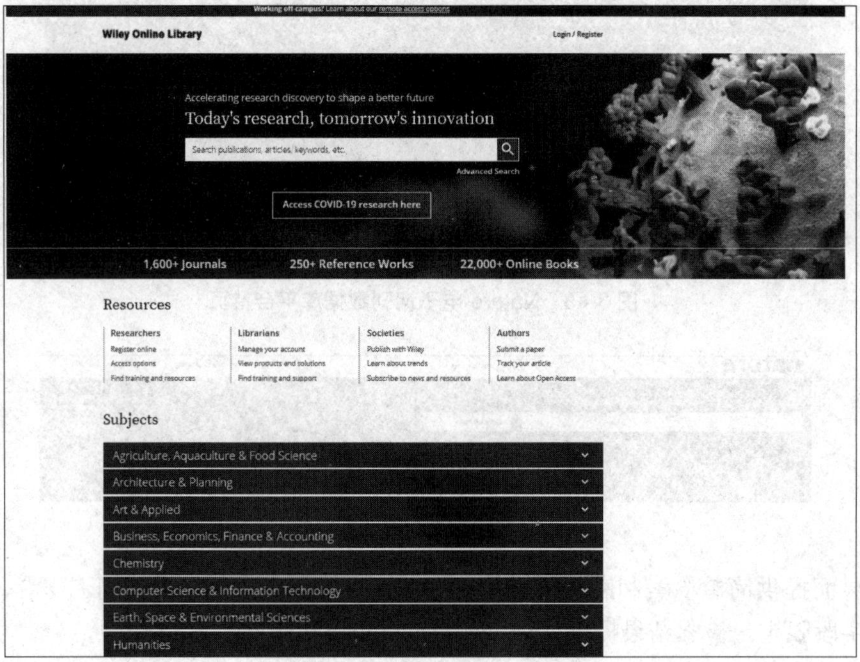

图 3-45　Wiley 数据库首页

在 Wiley Online Library 的检索结果中，任何用户都可以浏览其首页中的各项功能，用户所属机构未购买该资源时，只能浏览和查看其摘要，用户反之，则用户可以下载并打印全文文献，还可以保存常用出版物名称及检索结果，设置电子邮件提醒，管理“我的档案”账户等。该平台的功能具体体现在以下几个方面。

（1）在检索结果页面上方显示完整的检索式和检索命中记录数。文章列表前面的“挂锁”图标表明文章或章节的访问权限，如图 3-46 所示。

Open Access
A Pretext for Regression? The Gendered Institutional Response to COVID-19 in the Country of Football
Mark D. Biram, Silvana Vilodre Goellner
Bulletin of Latin American Research | Pages: 112-116 | First Published: 27 December 2020
Abstract | Full text | PDF | References | Request permissions

图 3-46　Wiley 访问权限页面

（2）检索结果排序。可以按相关度（relevance）、出版日期（date）两种方式排序，可以按文献类型、年份、访问权限和学科等筛选检索结果。

（3）记录格式。在检索结果列表中，单击文章题名进入详细记录页面，包括题名、作者、刊名、卷期、出版日期、页数、DOI，同时提供文摘、参考文献、全文、引文信息等链接标签。

（4）检索结果输出。将选定文章存入我的文档（save to profile）或者导出题录信息（export citation），题录信息支持纯文本、EndNote、Reference Manager 及 RefWorks 格式。

（5）个性化功能。单击页面右上角的“My Profile”，进入个人定制信息管理页面，可以通过页面左上方的链接区查看保存的个性化信息。个性化信息主要包括两部分内容：一是个人登录信息的编辑和订单信息的跟踪（account information）；二是所保存的文章 / 章节，出版物和检索结果的管理，电子邮件提醒和最新目录（e-toc）通报管理，提前阅读（early view）和已接收文章（accepted article）通知、引文数据通知等。

3.2.8　Taylor & Francis 期刊数据库

1. 资源地址

https://www.tandfonline.com。

2. 资源简介

Taylor & Francis 出版集团于 1798 年创建于英国伦敦，拥有长达两个世纪的丰富出版经验，是世界领先的学术性期刊、图书、电子书及参考工具书出版社之一。出版内容涵盖理论经济学、应用经济学、法学、政治学、社会学、马克思主义理论、公安学、教育学、中国语言文学、新闻传播学、考古学、中国史、世界史、数学、物理学、地理学、地球物理学、生物学、生态学、计算机科学与技术、建筑学、化学工程与技术、农业工程、环境科学与工程、食品科学与工程、城乡规划学、生物工程、基础医学、临床医学、口腔医学、公共卫生与预防医学、中医学、中西医结合、药学、中药学、特种医学、医学技术、护理学、军队指挥学、工商管理、艺术学理论、音乐与舞蹈学、戏剧与影视学、美术学、设计学等数十个专业领域。目前，Taylor & Francis 期刊数据库汇集本公司在全球范围内出版 2700 余种期刊，纸本书每年出版量 7200 种，出版的电子图书近 70 000 册，享有良好的声誉。

3. 检索平台

输入网址，登录 Taylor & Francis 期刊数据库，如图 3-47 所示。该数据库提供同行评审期刊和论文检索，提供快速检索、高级检索和按主题浏览期刊 / 文章三种检索方式。

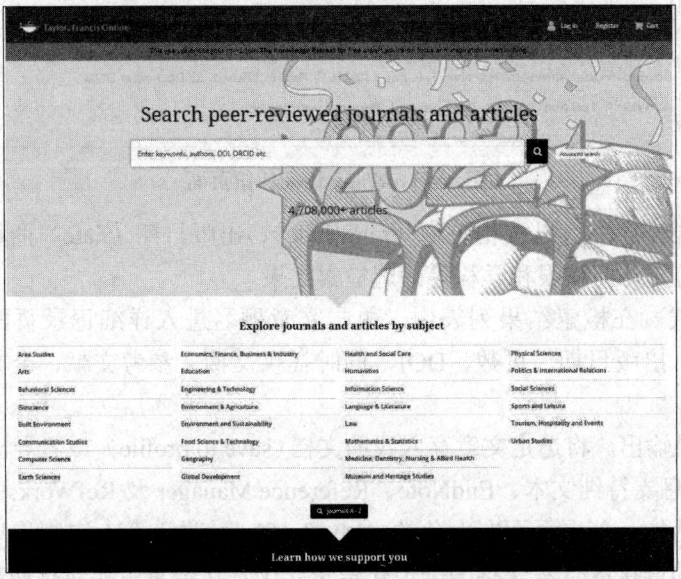

图 3-47　Taylor & Francis 期刊数据库首页

检索结果页面系统提供存取类型、主题、刊名、出版时间的排序。单击篇名便可获取该篇文章的详细信息，如全文、数字和数据、引文、指标以及下载和电子书，同时还可看到该本期刊主页。在文章右侧，显示与文章相关的可阅读的文献、推荐文章和引用者，如图 3-48 所示。

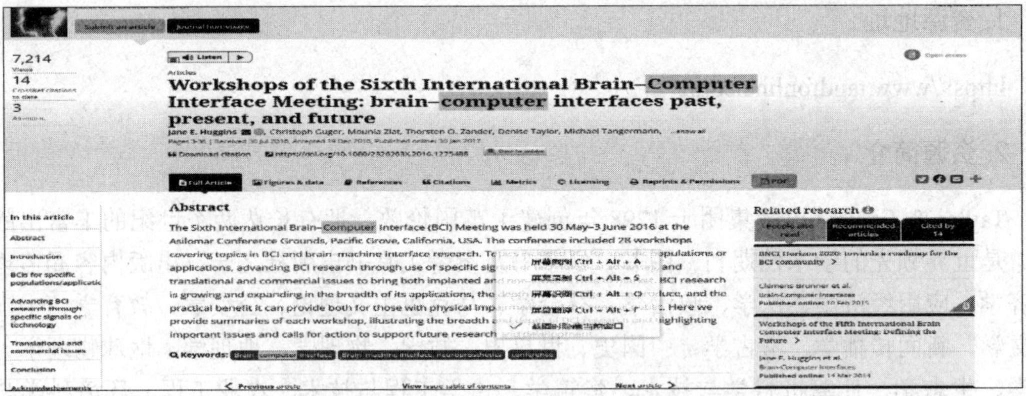

图 3-48　Taylor & Francis 检索结果页面

3.2.9　检索实例

【实例 1】检索国内研究治疗滑膜肉瘤病的专家和机构。

以下为具体检索步骤。

（1）输入网址 https://www.cnki.net，登录“中国知网总库平台”。单击“学术期刊”进入学术期刊数据库主页。

（2）单击学术期刊数据库主页检索框右侧的“高级检索”按钮，进入“高级检索”界面。

（3）依据主题内容确定检索词：滑膜肉瘤、滑膜组织、滑膜细胞。

（4）确定检索字段和字段之间的逻辑关系：主题 = 滑膜肉瘤“与”篇关摘 = 滑膜组织“或”关键词 = 滑膜细胞，时间范围 =2012—2022。为使检索结果更加精准，检索词均选择“精确”匹配模式，最后单击“检索”按钮。检索过程如图 3-49 所示。

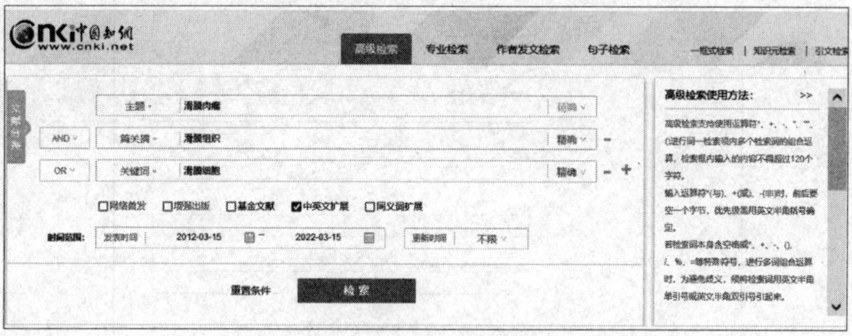

图 3-49　中国知网期刊数据库高级检索页面

（5）检索结果。在检索结果中，全选或选择部分结果记录，单击“检索结果分析”功能模块，便可看到研究治疗滑膜肉瘤病的专家和机构。检索结果如图 3-50 所示。

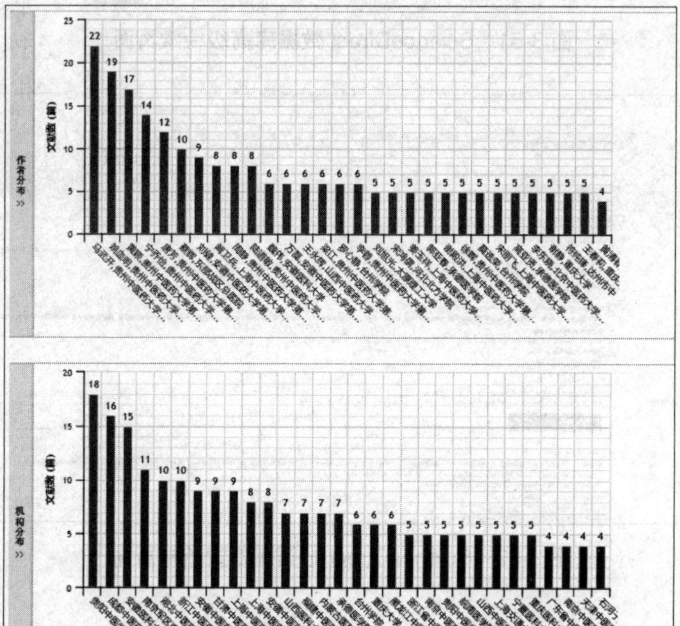

图 3-50　中国知网期刊数据库检索结果页面

【实例 2】检索有关城市轨道交通网络方面的外文期刊文献。

以下为具体检索步骤。

（1）输入网址 https://www.sciencedirect.com，打开 ScienceDirect 主页。在主页“快速检索框”右侧，单击“Advanced Search”，进入高级检索页面。

（2）确定英文检索词：城市轨道 =urban rail，交通网络 =traffic network。

（3）确定检索字段和检索词之间的逻辑关系：Title, abstract or author-specified keywords=urban raill，Title=transportation network，两个检索词之间的逻辑关系是“与”。

（4）单击“Search”按钮。检索过程及结果如图 3-51、图 3-52 所示。

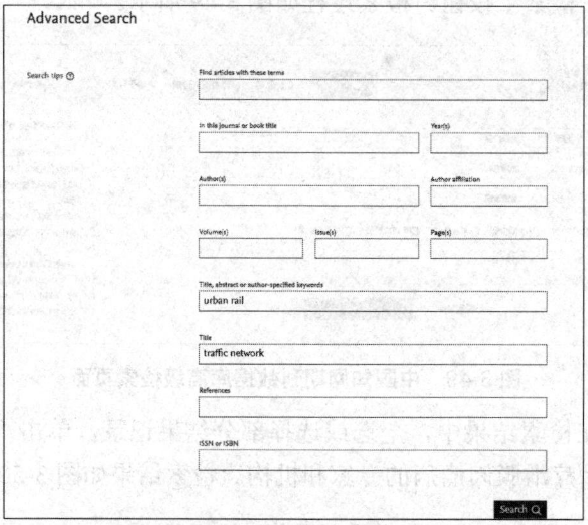

图 3-51　ScienceDirect 数据库高级检索页面

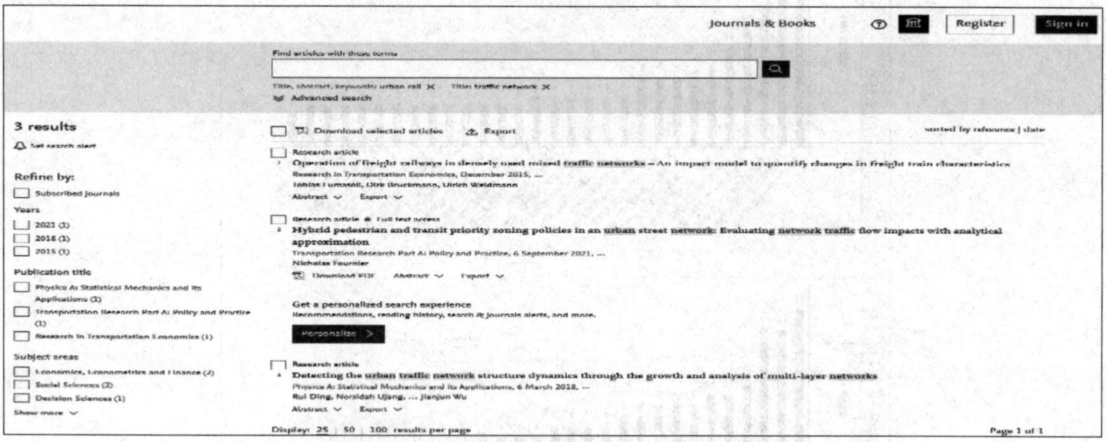

图 3-52　ScienceDirect 数据库检索结果页面

3.3　学位论文检索

学位论文（thesis，dissertation）是指高等院校或科研机构的学生为获得学位资格而提交，并通过答辩委员会认可的学术性研究论文。它包括学士（bachelor）学位论文、硕士（master）学位论文和博士（doctor）学位论文三种类型。硕士、博士学位论文因其新颖、独创、系统、专一等特性越来越受到教学、科学研究等众多领域研究人员的极大关注。因此，通常情况下所谓的学位论文仅限于硕士、博士学位论文。

学位论文不公开出版，一般以打印本的形式存储在规定的收藏地点，因此收藏、查阅学位论文原文比较困难。电子版的学位论文数据库给学位论文的查找和获取带来了便利。

3.3.1　中国博硕士学位论文全文数据库（中国知网）

1. 资源地址

https://www.cnki.net。

2. 资源简介

《中国博士学位论文全文数据库》和《中国优秀硕士学位论文全文数据库》是目前国内资源完备、质量上乘、连续动态更新的中国博硕士学位论文全文数据库，收录 510 余家博士培养单位的博士学位论文和 780 余家硕士培养单位的硕士学位论文，最早可回溯至 1984 年。该数据库的产品分为十大专辑：基础科学、工程科技Ⅰ、工程科技Ⅱ、农业科技、医药卫生科技、哲学与人文科学、社会科学Ⅰ、社会科学Ⅱ、信息科技、经济与管理科学。十大专辑下分为 168 个专题。覆盖基础科学、工程技术、农业、医学、哲学、人文、社会科学等各个领域。

3. 检索平台

输入网址，登录中国知网。单击首页中的“学位论文”，进入“学位论文库”，如图 3-53 所示。提供初级检索、高级检索和出版物检索三种检索方式。初级检索用户可利用检索框、检索控制项等完成简单检索和一般的逻辑组合检索，但要进行更为复杂的检索，可单击页面右上方的“高级检索”按钮。同时，平台首页设有学位授予单位导航、博士电子期刊、硕士电子期刊多项链接功能，选择单击便可以快速地进入相关页面。其中，学位授予单位导航包括地域导航和学科专业导航，可以方便地从地域和学科两种途径浏览相关学位论文。

图 3-53　中国博硕士学位论文全文数据库首页

数据库提供主题、篇关摘、篇名、关键词、题名、全文、作者、作者单位、导师、第一导师、学位授予单位、基金、摘要、目录、参考文献、中图分类号、学科专业名称等检索字段。学位论文数据库的检索方法与中国知网其他数据库的检索方法基本相同，此处不再赘述。

3.3.2　中国学位论文全文数据库（万方）

1. 资源地址

https://www.wanfangdata.com.cn。

2. 资源简介

中国学位论文全文数据库（China dissertations database）由国家法定学位论文收藏机构——中国科技信息研究所提供，并委托万方数据股份有限公司加工建库。该数据库收录自1980年以来高校及科研院所的博硕士论文全文，内容涵盖基础科学、理学、工业技术、人文科学、社会科学、医药卫生、农业科学、交通运输、航空航天和环境科学等各学科领域。

3. 检索平台

登录万方数据知识服务平台首页，单击“学位论文”，进入学位论文数据库主页，如图3-54所示。系统提供检索和导航两种方式查找论文，检索分为简单检索和高级检索。提供主题、题名或关键词、题名、作者、作者单位、专业、导师、学位授予单位等检索字段。导航包括学科、专业和授予单位三种导航模式。

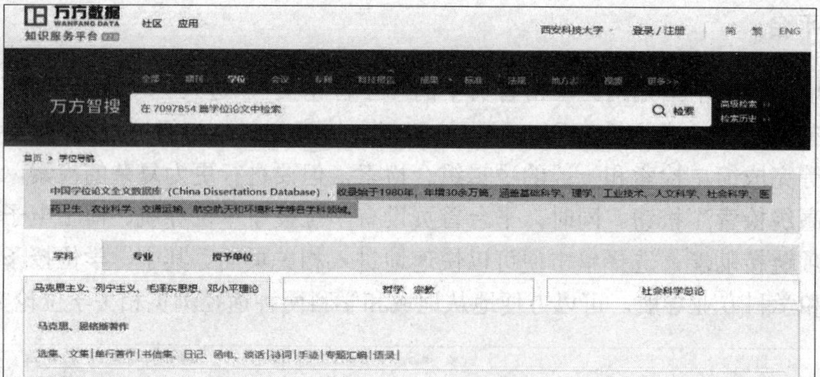

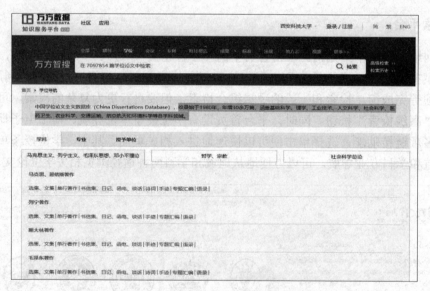

图 3-54　中国学位论文全文数据库首页

简单检索是在检索框中输入检索词，单击“检索”按钮即可。高级检索是在指定范围内，通过增加检索条件，优化检索结果，满足用户更加复杂的要求。高级检索又分为专业检索和作者发文检索。专业检索比普通检索功能更强大，但需要检索人员根据系统的检索语法编制检索式进行检索。作者发文检索是查找某作者发文量的检索。

学科、专业导航是将学位论文按照学科和专业进行分类，选择某一分类后，系统自动列出该分类下的学位论文。查找论文时，在学科、专业目录中选择论文相关学科，通过逐级缩小范围浏览相关论文。同时，也可以在学科基础上通过二次检索、分类查询继续缩小范围，找到相关论文。

授予单位导航是将学位论文按照学校所在地进行分类，选择某一地区后，系统自动列出该地区的学校，单击某一学校，则系统自动检索出属于该学校的学位论文。

数据库检索是免费的，对一般用户只提供题录和文摘信息，获取全文需通过注册付费。它的全文信息绝大部分是 PDF 格式的文件，系统提供在线阅读、下载、导出、原文传递、收藏、分享等多种形式的信息获取服务，用户可根据需要选择使用。

3.3.3　PQDT 国外学位论文中国集团全文检索平台

1. 资源地址

https://www.pqdtcn.com。

2. 资源简介

ProQuest Dissertations & Theses（缩写为 PQDT）博硕士学位论文全文数据库是美国 ProQuest 公司旗下的大型商业性博硕士论文数据库，是目前世界上最大、收录最广的学位论文数据库，主要收录 1861 年以来北美地区大部分及世界其他地区 1700 余所知名大学的优秀博硕士论文，内容涵盖文、理、工、农、医等高质量的学术研究领域，收录 270 多万篇博硕士论文。

3. 检索平台

PQDT 数据库平台首页如图 3-55 所示。平台提供基本检索、高级检索、分类导航三种检索方式，支持简体中文、繁体中文及英文检索。此外，ProQuest 检索平台增加了个性化服务功能，用户通过免费注册获取账号，登录即可；还可根据个人需要和爱好，设置和定制个性化服务，包括设置和订阅兴趣学科、管理收藏夹、保存检索历史等。

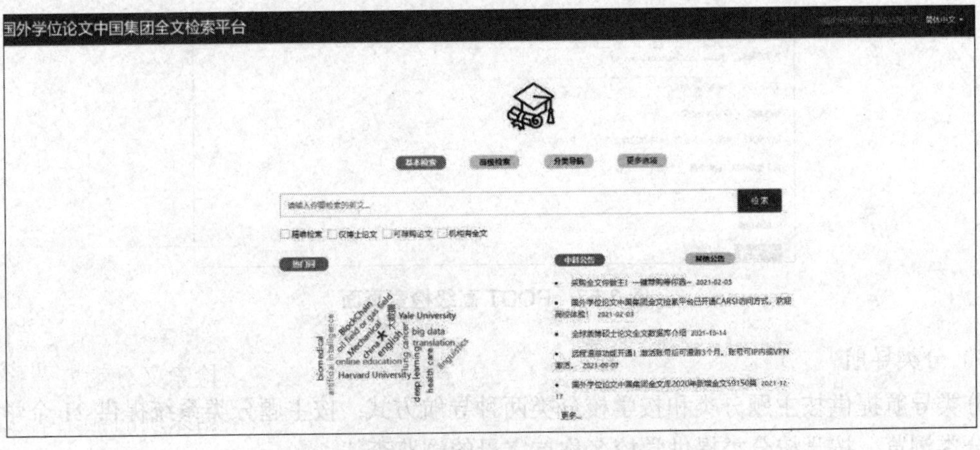

图 3-55　PQDT 学位论文全文检索平台首页

1）基本检索

基本检索是 PQDT 默认的检索页面，只有一个检索词输入框，但可输入一个或多个检索词，若输入多个检索词，可用空格分隔，系统默认为逻辑“与”检索，还可以用 AND、OR、NOT 分别表示这些词之间的逻辑与、或、非的关系；短语 / 词组的两端用双引号。如需进一步优化检索结果，可在检索框下方中的“精确检索”“仅博士论文”“可荐购论文”“机构有全文”勾选其中的任意一个或几个，以达到缩小检索范围的目的。例如，输入检索词“Information systems quality”，如图 3-56 所示。

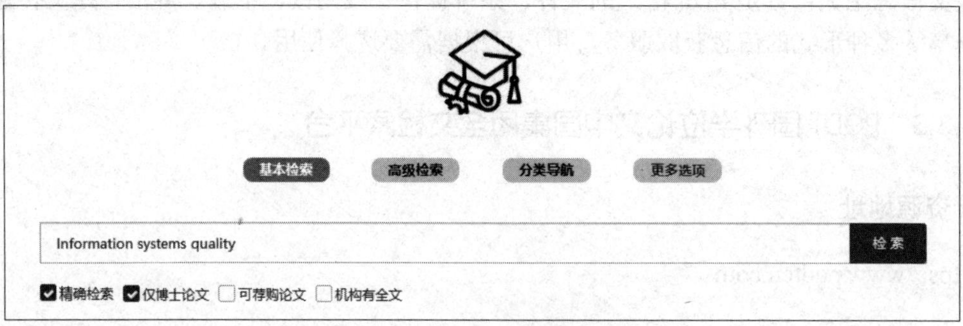

图 3-56　PQDT 基本检索页面

2）高级检索

高级检索支持多个检索框的组合检索（最多可以添加 7 行检索框），检索框之间可选择布尔逻辑（与、或、非）的关系组配，即可以同时输入多个检索词，选择多个检索字段，如标题、摘要、作者、导师、学校、学科等字段，检索更加灵活、准确、方便，如图 3-57 所示。

图 3-57　PQDT 高级检索页面

3）分类导航

分类导航提供按主题分类和按学校分类两种导航方式：按主题分类系统提供 21 个学科主题的分类浏览，按学校分类提供学校名称首字母的浏览查找。

在检索结果页面，系统支持二次检索，提供全文文献、发表年度、学科、学校 / 机构、语言等导航模块，以进一步缩小检索范围。每条命中记录除显示标题、摘要、作者、学位、学校、出版年、全文链接等内容，还提供该篇学位论文荐购、查看详情、查看 PDF、收藏、引文导出、引文格式、电子邮件等内容。检索结果可以按发表年度、相关性和全文上传时间三种方式排序。全文有文本格式、图像格式、PDF 格式。用户可直接下载 PDF 格式文档，或勾选所需论文进行订购；也可以在检索结果中选择所需的记录，对所选记录的题录及摘要信息可以存盘、发送 E-mail。检索结果页面如图 3-58 所示。

图 3-58 PQDT 检索结果页面

3.3.4 DDS 学位论文集成发现系统

1. 资源地址

http://www.oadds.cn。

2. 资源简介

DDS（Dissertation Discovery System）即学位论文集成发现系统，是专业提供学位论文的数据集成与知识发现系统。DDS 是学术研究中十分重要的信息资源，语种为英文，主要收录了来自欧美国家 2500 多所知名大学的优秀博硕士学位论文，其中 70% 是美国之外的世界名校。DDS 涉及指导老师 137 万余名，专业方向 97.9 万多个，涉及理、工、农、医、管、经、法、教、文、史、哲、军、艺等 15 大学科门类，内容涵盖哲学、理论经济学、应用经济学、法学、政治学、社会学、民族学、马克思主义理论、公安学、教育学、心理学、体育学、中国语言文学、外国语言文学、新闻传播学、考古学、中国史、世界史、数学、物理学、化学、天文学、地理学、大气科学、海洋科学、地球物理学、地质学、生物学、系统科学、科学技术史、生态学、统计学、力学等各学科领域。

3. 检索平台

DDS 数据库平台首页如图 3-59 所示。平台提供快速检索、高级检索两种检索方式，提供院校导航（地域导航、世界名校、美国名校和“一带一路”名校）和学科导航两种导航方式，以实现最优检索效果。

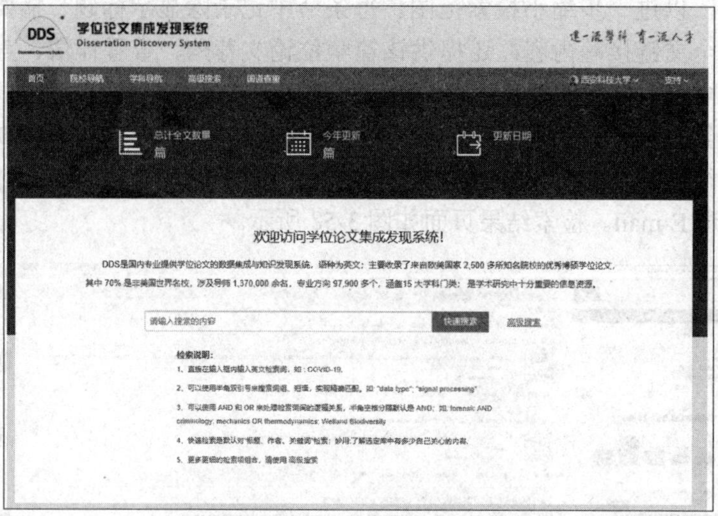

图 3-59　DDS 数据库平台首页

在检索结果页面，DDS 可实现基于检索结果的多项发现功能，如发现相似论文，发现同导师论文及导师指导的学生论文，发现同专业方向论文等，便于读者使用。DDS 有独特的导师检索功能及院校优选功能，如 QSTop100 等。DDS 提供英文助读功能，包括论文标题、词语、句子级的翻译。DDS 检索结果页面如图 3-60 所示。

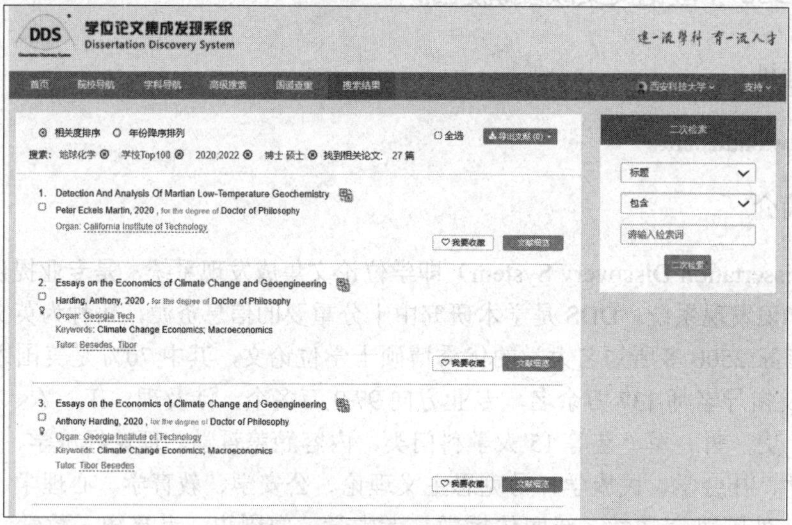

图 3-60　DDS 检索结果页面

DDS 是一个全文数据库，通过网络镜像定位技术，提供全文下载，保障 100% 的全文镜像服务；对部分题录数据提供增值全文传递服务，满足用户文献需求。

3.3.5　检索实例

【实例 1】在中国学位论文全文数据库中，查找 2012—2022 年中国矿业大学缪 ×× 教授指导的采矿工程专业博硕士论文。

以下为具体检索步骤。

（1）输入网址 https://wanfangdata.com.cn，登录万方数据知识服务平台首页，单击“学位论文”。进入学位论文数据库首页，选择高级检索。

（2）确定检索词和检索字段之间的逻辑关系，即导师 =“缪 ××”，学位授予单位 =“中国矿业大学”，专业 =“采矿工程”，发表时间 =2012—2022，它们之间的关系设置为“与”，检索过程如图 3-61 所示，检索结果页面如图 3-62 所示。

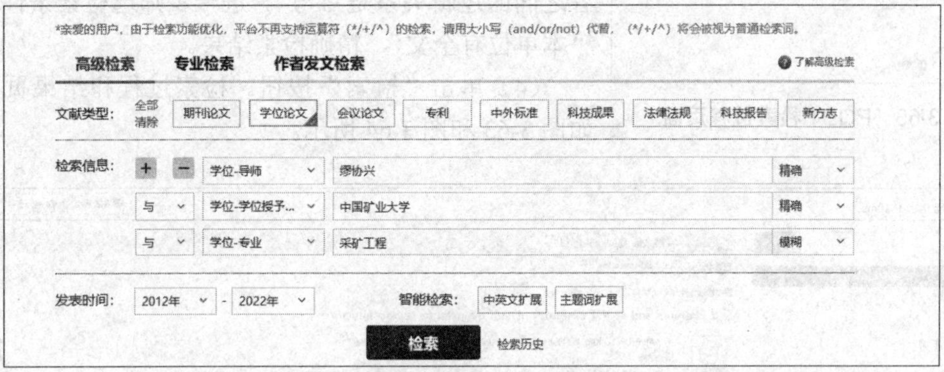

图 3-61　中国学位论文全文数据库检索页面

图 3-62　中国学位论文全文数据库检索结果页面

经检索得知，共有 9 条记录。在检索结果左面的导航栏可以对检索结果进行快速浏览。每条记录系统还支持在线阅读、下载、引用、收藏和分享。

【实例 2】在 PQDT 中查找美国斯坦福大学（Stanford University）发表的有关“高温超导体”的学位论文。

以下为具体检索步骤。

（1）输入网址 https://www.pqdtcn.com 登录网站，打开 PQDT 首页。单击 PQDT 首页中

图 3-63　PQDT 检索过程页面

的“高级检索”按钮，进入高级检索界面。

（2）确定检索词：斯坦福大学 Stanford University，超导体 superconductors，高温有 high-temperature 和 high temperature 两种写法，在输入时用截词符代替，即输入“high*temperature superconductors”（高温超导体）。

（3）确定检索字段：机构 / 大学 =Stanford University，所有字段 =high*temperature superconductors。系统默认二者之间的逻辑关系是“与”。进一步筛选检索条件，选择“本单位有全文”，精确检索结果。

（4）单击“检索”按钮。检索过程和结果页面分别如图 3-63 和图 3-64 所示。

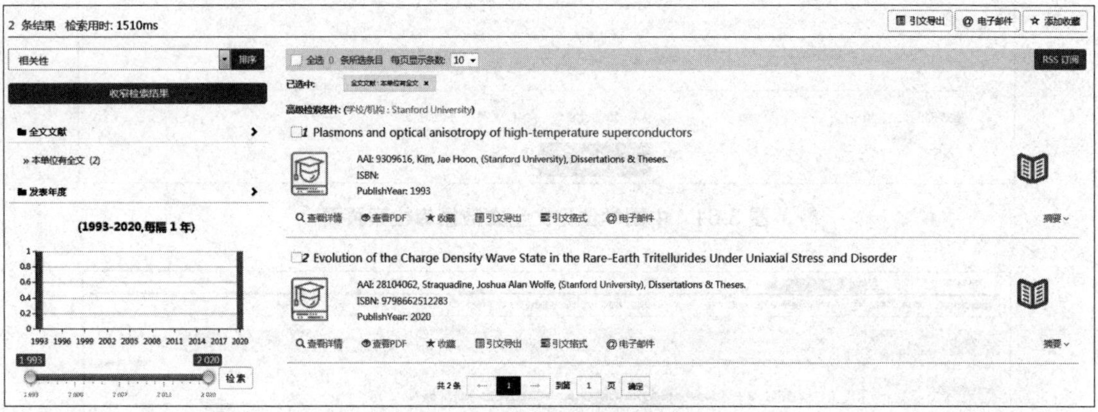

图 3-64　PQDT 检索结果页面

检索完成后，可对所选择文献以查看详情、查看 PDF、添加收藏、引文导出、电子邮件等方式浏览、打印或下载。

3.4　会议文献检索

会议文献是指各国在国际学术会议上发表的学术论文或科研报告。会议文献一般是围绕会议主题由专家提供或从大量会议征文中挑选出来的质量较高的文献，是科技文献的重要组成部分。随着越来越多的专家和学者喜欢通过学术会议发布自己的最新研究成果，会议文献可代表本学科领域的学术水平，在一定程度上反映了国际上或某个国家某些专业研究的最新动向，是一种重要的情报源。

为了更好地利用会议文献，一些国家出版了各种会议文献检索工具或建立了数据库，如美国的《世界会议》《在版会议录》《科技会议录索引》，英国的《近期国际会议》，中国的《国内学术会议文献通报》及其数据库等。通过这些检索工具或数据库，各国专家和学者相互学习、共同研究，有力地促进了科学技术的发展。

3.4.1　中国会议论文库

1. 资源地址

https://www.cnki.net。

2. 资源简介

会议论文全文数据库由中国重要会议论文全文数据库和国际会议论文全文数据库两个数据库组成。

（1）中国重要会议论文全文数据库（China Proceeding of Conference Full-text Database，CPCD）重点收录自 1999 年以来，中国科协、社科联系统及省级以上的学会、协会，高校、科研机构、政府机关等举办的重要会议上发表的文献。其中，全国性会议文献超过总量的 80%，部分连续召开的重要会议论文可回溯至 1953 年。

（2）国际会议论文全文数据库（International Proceedings of Conference Full-text Database，IPCD）重点收录自 1999 年以来，中国科协系统及其他重要会议主办单位举办的，在国内或国外召开的国际会议上发表的文献，部分重点会议文献回溯至 1981 年。

3. 检索平台

登录中国知识资源总库，单击“会议”按钮，进入会议论文库首页，如图 3-65 所示。

图 3-65　中国知网会议论文库首页

会议论文库提供初级检索、高级检索、会议导航等多种检索方式。会议导航包括学科导航、行业导航和党政导航。系统提供主题、篇关摘、关键词、篇名、全文、作者、第一作者、单位、会议名称、主办单位、基金、摘要、小标题、论文集名称、参考文献、中图分类号等检索字段。中国知识资源总库有统一的检索平台，可以免费检索，免费浏览题录、摘要和知网节，全文下载须付费。会议论文数据库的检索方法与中国知网其他数据库的检索方法基本相同，此处不再赘述。

3.4.2 中国学术会议文献数据库

1. 资源地址

https://wanfangdata.com.cn。

2. 资源简介

中国学术会议文献数据库（China Conference Proceedings Database，CCPD）是目前国内收集学科最全、数量最多的会议论文数据库。

会议资源包括中文会议和外文会议。中文会议收录始于 1982 年，年收集约 3000 个重要学术会议。外文会议主要来源于 NSTL 外文文献数据库，收录 1985 年以来世界各主要学会 / 协会、出版机构出版的学术会议论文（部分文献有少量回溯）。

3. 检索平台

登录万方数据知识服务平台首页，单击“会议论文”链接，进入中国学术会议文献数据库平台首页，如图 3-66 所示。

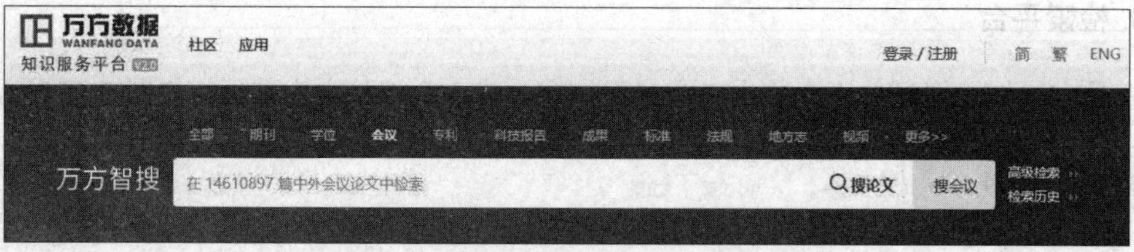

图 3-66 中国学术会议文献数据库平台首页

学术会议文献数据库提供检索和导航两种文献获取方式。检索分为简单检索和高级检索。高级检索又包括专业检索和作者发文检索。导航提供学科分类导航、首字母筛选（会议名称首字母）、单位类型（学会、协会、高等院校、党政机关、科研机构、出版机构、企业、科协系统等）、主办地（北京、上海、杭州、广州等）、会议级别（国内会议、国际会议），如图 3-67 所示。检索字段有会议名称、主办单位、题名、题名或关键词、主题、作者、第一作者、作者单位、关键词等。

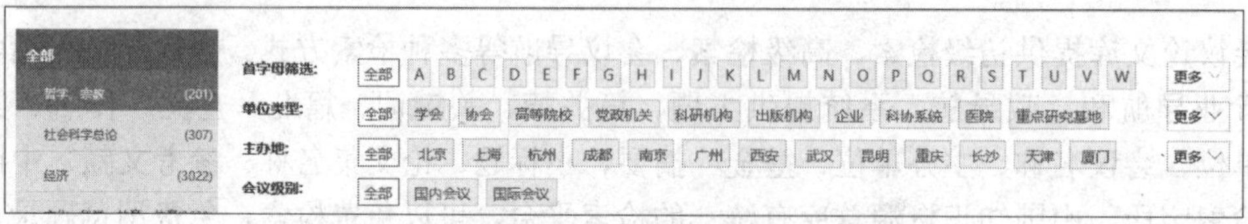

图 3-67 中国学术会议文献数据库导航页面

万方数据知识服务平台有统一的检索界面，可以免费检索，免费浏览题录、摘要，全文下载须付费。检索方法与万方的其他数据库基本相同，在此不再赘述。

3.4.3　中国学术会议在线

1. 资源地址

https://www.meeting.edu.cn。

2. 资源简介

中国学术会议在线是经教育部批准，面向广大科技人员的科学研究与学术交流信息服务平台，旨在开展学术会议网上预报及在线服务、学术会议交互式直播（多路广播）和会议资料点播，发布国内外学术会议主承办单位、时间、地点、主题、演讲嘉宾等相关信息，为用户提供包括会议预报、会议通知、精品会议、会议新闻、会议回顾和全文搜索等在内的服务。用户还可以通过免费注册来定制会议信息。

中国学术会议在线涵盖的学科包括化工、经济与管理科学、环境科学与工程、土木、水利与建筑、能源与资源工程、电气工程、机械、自动化与仪器仪表、材料学、电子与通信、计算机科学与技术、人文社科类、中医学与中药学、临床医学、基础医学、农林牧渔、生物科学与技术、地学、化学、物理天文、数学力学等。

3. 检索平台

中国学术会议在线平台主页如图 3-68 所示。平台提供按学科检索、按收录论文的核心期刊名称检索和条件检索三种检索方式。在条件检索中，可选择输入会议名称、会议主办方或会议举办城市进行检索。可按分类浏览，还可以选择栏目模块直接浏览获取。

图 3-68　中国学术会议在线平台主页

3.4.4　国外特种文献发现系统

1. 资源地址

http://report.faclib.com。

2. 资源简介

AFDS 外文文献集成发现系统是由海量外文文献与特种文献索引数据资料基本信息组成的超大型数据库系统。该系统汇集了外文电子书、科技报告、博硕士学位论文及会议文献的科技索引文献，内容丰富，涵盖学科全面，是学术科研中重要的科研文献组成部分。系统还提供在线或原文传递服务平台，从而全面提高图书馆对国外特种文献信息获取的保障率。

会议文献包括 AAAI、AHS、ICA 等 100 余家学会 / 协会近 10 年的会议文献。科技报告包括 AD、PB、NASA、DOE、RAND、NATO、DSTO、GYO 科研文献。电子书涵盖语言、经济、数学、医学、物理、工程、计算机等多个学科专题。硕士学位论文涉及 200 多个学科。

3. 检索平台

登录国外特种文献发现系统，再进入国外科技会议发现系统高级检索页面，如图 3-69 所示。

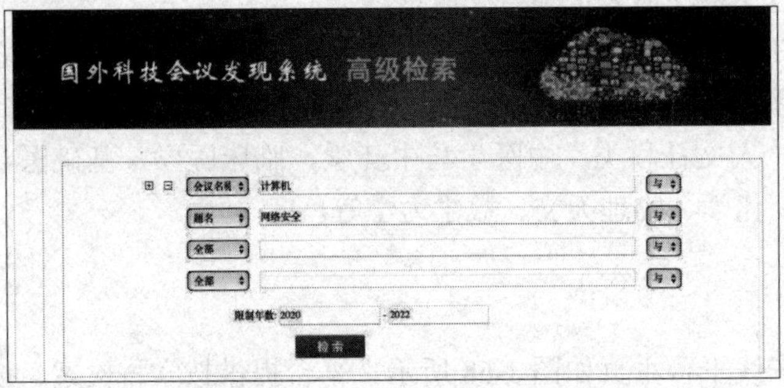

图 3-69　国外科技会议发现系统高级检索页面

3.4.5　IEEE/IET Electronic Library

1. 资源地址

https://ieeexplore.ieee.org。

2. 资源简介

电气和电子工程师协会（Institute of Electrical and Electronics Engineers，IEEE）是一个国际性的电子技术与信息科学工程师协会，也是世界上最大的非营利性专业技术组织之一。总部位于美国纽约，拥有全球近 175 个国家 43 万多名会员。IEEE 出版多种期刊、学报和书籍，在电气电子、计算机、半导体、通信、电力能源、生物医学工程等领域具有技术权威性。另外，IEEE 还制定超过 1000 个国际和行业技术标准，其制定的标准在工业界有极大的影响力。

工程技术学会（The Institution of Engineering and Technology，IET）是电子电气领域的国际知名专业学术团体，IET 总部设在英国伦敦，每年在全球各地举办国际会议和其他国际交流活动，出版 500 多种出版物。IET 出版大量报道研究和技术发展的专业技术期刊，拥有的 Inspec 全球工程技术文献索引，资讯涵盖全球范围内 1000 万篇科技论文、专业技术杂志以及其他多种语言的出版物，内容涉及电子、电气、制造、生物、物理、电信、资讯技术等多个工程技术领域。

IEL（IEEE/IET Electronic Library）是电气电子工程师学会和工程技术学会编辑出版的电子版全文数据库，是 IEEE 旗下最完整的在线数据资源，收录了当今世界技术领域权威的科研信息。文献类型包括期刊、会议录和标准等。IEL 收录了电气电子工程、通信工程和计算机科学领域中近 30% 的文献，电气电子工程、通信、计算机、自动化控制、遥感、交通运输、生物医学工程、航空航天等领域的期刊影响因子和被引用量都名列前茅。IEL 数据库的内容包含以下几方面。

（1）190 种 IEEE 的期刊、会刊（最早可回溯到 1893 年）。

（2）30 多种 IET 期刊。

（3）1 种 BLTJ 期刊（贝尔实验室期刊）。

（4）每年超过 1800 种 IEEE 会议录。

（5）每年 20 多种 IET/VDE 会议录。

（6）4600 余份 IEEE 标准文档。

3. 检索平台

IEL 数据库全新的检索平台 IEEE Xplore 如图 3-70 所示。IEEE Xplore 提供简单检索（research）、作者检索（author research）和高级检索（advanced research）等检索方式，同时增加学科主题浏览及热点浏览等功能。该平台还采用智能检索工具，提供新的个性化服务功能，可全方位聚类检索结果，为用户提供在线帮助。

图 3-70　IEEE Xplore 数据库首页

IEEE Xplore 可以浏览、下载或打印与原出版物版面完全相同的文字、图表、图像和照片的全文信息，提供文摘、PDF、网页、多媒体等多种形式的文献获取服务。它对购买的用户提供获取全文服务。没有购买的用户只能享有免费检索服务，无法查看全文。

3.4.6　检索实例

【实例 1】在中国重要会议论文全文数据库中，查找 2021—2022 年有关“新能源汽车电池”方面的会议文献。

以下为具体检索步骤。

（1）输入网址 www.cnki.net，打开中国知网首页，单击首页中的“会议”，进入“会议论文”数据库。

（2）单击“高级检索”按钮，在检索框中输入“新能源汽车”选择主题，再输入“电池”选择“篇关摘”，二者之间逻辑关系选择“与”。会议时间范围选择“2021-01-01 到 2022-12-31”，单击“检索”按钮。

（3）检索结果页面如图 3-71 所示。

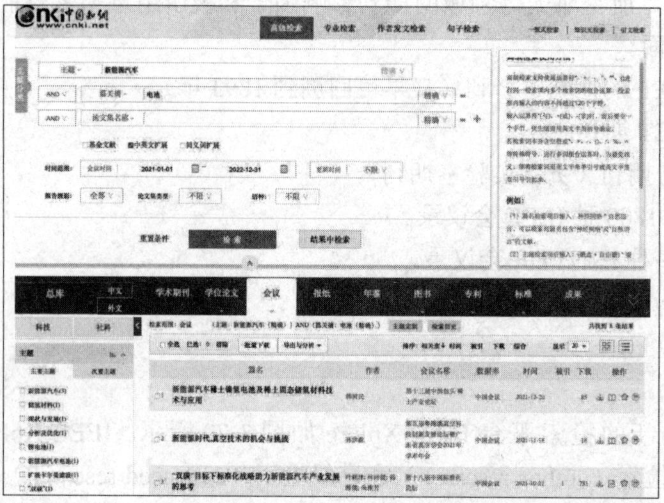

图 3-71　中国重要会议论文全文数据库检索结果页面

【实例 2】在 IEEE Xplore 中查找神经网络自适应在飞机检测方面的文献。

以下为具体检索步骤。

（1）输入网址 https://ieeexplore.ieee.org，进入 IEEE Xplore 平台。单击“Advanced Search”，如图 3-70 所示，进入高级检索页面。

（2）确定检索词及字段：Full Text Only=Adaptive Neural Networks，Abstract=aircraft detection。

（3）确定检索策略：Full Text Only=Adaptive Neural Networks AND Abstract=aircraft detection。

（4）单击 Search。检索过程如图 3-72 所示。

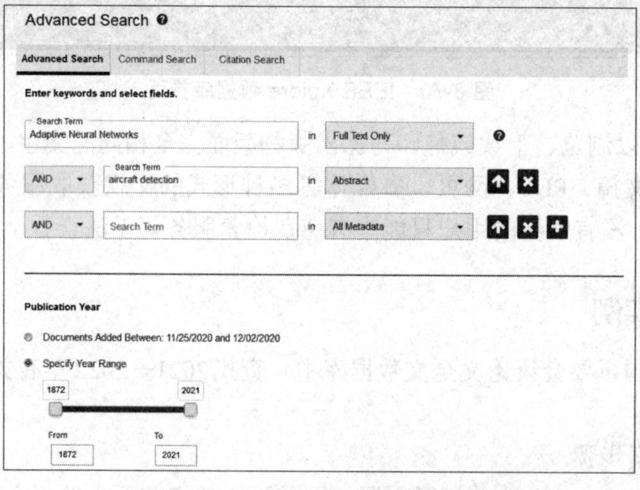

图 3-72　IEEE Xplore 高级检索页面

（5）在检索结果页面左侧，系统提供按作者、机构、出版物名称等浏览方式；在检索结果页面右侧，呈现检索结果列表和检索结果的排序方式，如图 3-73 所示。系统默认按相关性排序，同时还提供按时间、出版物名称、字顺等排序方式。

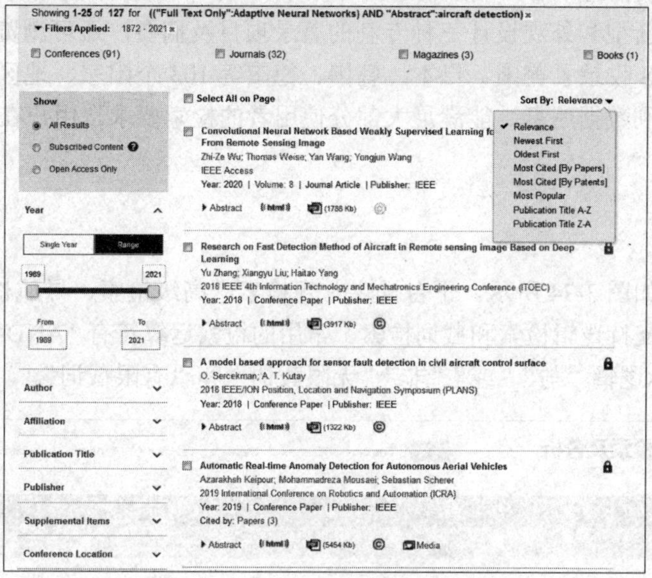

图 3-73　IEEE Xplore 检索结果页面

3.5　专利文献检索

专利文献是记载专利申请、审查、批准过程中所产生的各种文件资料。专利文献具有内容新颖、广泛、系统、详尽，实用性强，可靠性强，质量高，出版迅速等特点。

专利文献可分为发明专利说明书、实用新型专利说明书和外观设计专利说明书三大类。根据其法律性，专利文献可分为专利申请公开说明书和专利授权公告说明书两大类。其载体形式一般为印刷型、缩微型、磁带型、光盘型、网络型等。

现有专利检索资源可分为各国（地区、国际组织）专利局提供的专利数据库和商业机构提供的专利检索系统两大类。由于专利具有“以公开换保护”的特点，前者所提供的专利数据库都是免费的，检索分析功能相对较弱；而后者提供更为强大的检索手段和分析方式，其中有些功能是免费的，但大部分高级功能是收费的。

3.5.1　中国国家知识产权局专利检索及分析系统

1. 资源地址

http://pss-system.cnipa.gov.cn/sipopublicsearch/portal/uiIndex.shtml。

2. 资源简介

中国国家知识产权局专利检索及分析系统（Patent Search and Analysis，PSS）由国家知识产权局和中国专利信息中心开发，收录自 1985 年 9 月 10 日以来公布的中国全部专利信息。它包括发明、实用新型和外观设计三种专利的著录项目及摘要，还可浏览各种说明书全文及外观设计图形。PSS 收录了美国、日本、韩国、德国等 103 个国家、地区和组织的引文、同族、法律状态等专利数据信息，能满足大部分使用者的检索要求。用户在 PSS 平台免费注册后即可使用。

3. 检索平台

PSS 平台首页如图 3-74 所示。平台提供常规检索、高级检索、导航检索、命令行检索 4 种检索方式。系统支持逻辑检索和截词检索。常用的检索运算符有“AND”“OR”“NOT”“%”和“？”，分别表示逻辑“与”“或”“非”“无限截词”和“有限截词”。

图 3-74　专利检索及分析系统首页

1）常规检索

用户无须选择数据库或检索字段，直接输入检索词即可，其使用方法与百度类似。常规检索不能使用逻辑运算符，但可以使用截词符，这样可以快速定位检索对象。

2）高级检索

PSS 的高级检索页面主要由范围筛选、高级检索、检索式编辑区三部分构成。页面下可针对专利类型、国别等进行限定，同时可选的检索字段也更加丰富，使用体验更好。

3）导航检索

导航检索以《国际专利分类表》为基础设计，帮助用户快捷、全面地找到某一分类下的所有专利信息，支持 IPC 分类号查询、中文含义查询、英文含义查询三种检索方式。

4）命令行检索

命令行检索支持以命令的方式进行检索、浏览等操作功能，是面向行业用户提供的专业化的检索模式。

在检索结果页面，单击结果下方的“详览”按钮，即可进入专利文献浏览页面，如图 3-75 所示。

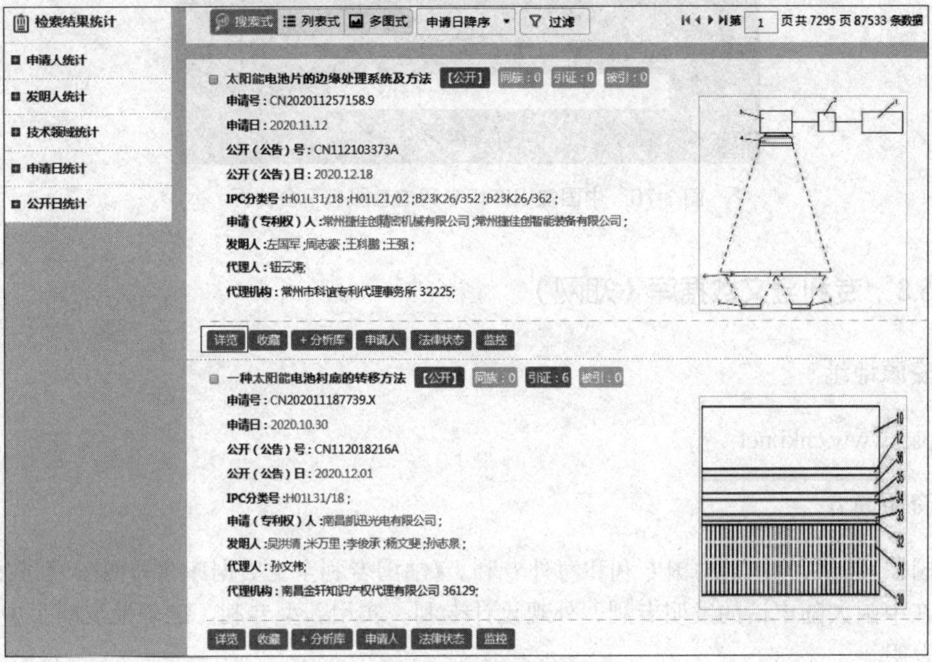

图 3-75　PSS 检索结果页面

3.5.2　中国知识产权专利信息服务平台

1. 资源地址

http://search.cnipr.com。

2. 资源简介

中国知识产权专利信息服务平台是由知识产权出版社开发的专利文献检索服务系统，提供对中国专利（发明、实用新型、外观设计、发明授权、失效专利及香港专利、台湾专利）和国外及国际组织（美国、日本、英国、德国、法国、加拿大、EPO、WIPO 等 98 个国家和组织）专利的检索。该系统既有免费检索又有付费检索，用户进行免费注册后，可以进行免费检索和专利数量在 10 000 以内的免费分析。

3. 检索平台

中国知识产权专利信息服务平台首页如图 3-76 所示。作为半公益性平台，除了提供法律状态检索、时效专利检索、运营信息检索，还设置“热点专题”包括高分子材料、航空发动机、集成电路、生物芯片、先进装备制造、新能源汽车、原料药、智能电网、智能机器人 9 大热门领域，供相关行业直接使用。平台提供简单检索和高级检索两种检索方式。

图 3-76　中国知识产权专利信息服务平台首页

3.5.3　专利全文数据库（知网）

1. 资源地址

https://www.cnki.net。

2. 资源简介

中国知网专利库包括中国专利和海外专利。《中国专利全文数据库（知网版）》收录 1985 年以来在中国大陆申请的发明专利、外观设计专利、实用新型专利，准确地反映了中国最新的专利发明。

《海外专利摘要数据库（知网版）》收录从 1970 年至今，包含美国、日本、英国、德国、法国、瑞士、俄罗斯、韩国、加拿大、澳大利亚、世界知识产权组织、欧洲专利局十国两组织的专利和中国香港、台湾两地区的专利。

3. 检索平台

登录中国知网，单击“专利”，进入“专利库”检索界面，如图 3-77 所示。专利库提供简单检索、高级检索和专业检索。初级检索和高级检索，可以输入检索词，通过选择申请号、申请日、公开号、公开日、专利名称、关键词、分类号、申请人、发明人、优先权等字段进行检索。中国专利可一次性下载专利说明书全文，海外专利说明书可全文链接到欧洲专利局网站。

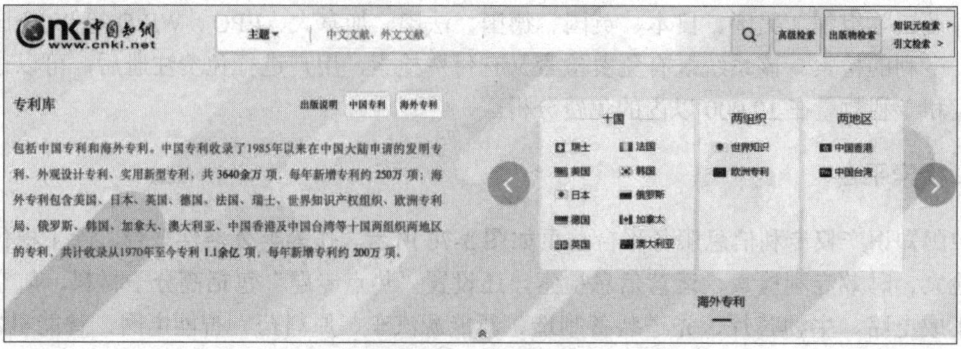

图 3-77　专利库主页面

3.5.4　中外专利数据库（万方）

1. 资源地址

https://wanfangdata.com.cn。

2. 资源简介

中外专利数据库（Wanfang Patent Database，WFPD）涵盖 1.3 亿余条国内外专利数据。其中，中国专利收录始于 1985 年，可本地下载专利说明书，数据与国家知识产权局保持同步，包含发明专利、外观设计和实用新型三种类型，准确地反映中国最新的专利申请和授权状况。国外专利提供欧洲专利局网站的专利说明书全文链接，收录范围涉及中国、美国、日本、英国、德国、法国、瑞士、俄罗斯、韩国、加拿大、澳大利亚、世界知识产权组织、欧洲专利局十一国两组织的数据。

3. 检索平台

登录“万方数据知识服务平台”主页，单击“专利”按钮，进入“中外专利数据库”，如图 3-78 所示。平台支持简单检索、高级检索、IPC 国际专利分类浏览三种文献获取方式。初级检索和高级检索均提供主题、题名、摘要以及发明/设计人、申请/专利号、申请/专利权人、公开/公告号、优先权、申请日、公开日等检索字段。高级检索可实现“与”“或”“非”逻辑运算，可提高检索效率，优化检索结果。检索结果支持“在线阅读”、“下载”和“引用”。

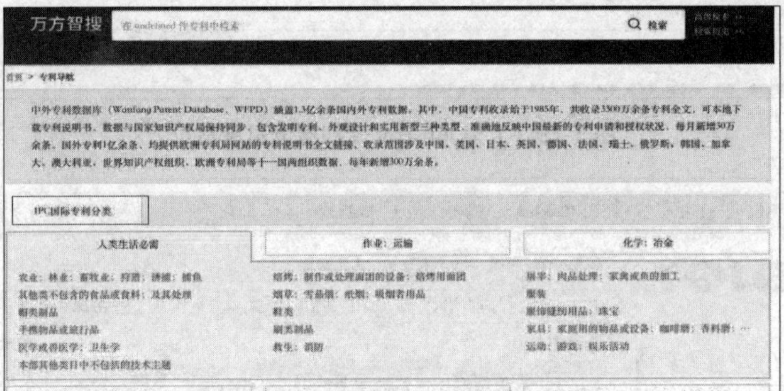

图 3-78　中外专利数据库主页面

3.5.5　大为 innojoy 专利搜索引擎

1. 资源地址

http://www.innojoy.com。

2. 资源简介

大为 innojoy 专利搜索引擎是一款集全球专利数据检索、分析、下载、管理、转化、自主建库等功能于一体的专利情报综合应用平台，可一站式实现专利数据信息资源的有效利用和管理。大为 innojoy 专利搜索引擎提供方便快捷的全球数据获取通道，高度整合专利文献资源，收录全球 105 个国家和地区超全专利数据、60 个国家和地区的法律状态、45 个国家和地区的代码化全文、38 个国家和地区的小语种优质英文翻译；独有的美国增值数据，对超过 85% 的公开专利提供预测专利权人等信息；可自动计算续展天数，明确公知技术，INPADOC 同族专利数据，DOCDB 引证数据；具备英国、美国、加拿大、瑞士、德国、日本、欧洲 7 个国家和地区的期限延长 PTE 数据，以及美国期限调整 PTA 数据。

3. 检索平台

大为 innojoy 专利搜索引擎首页如图 3-79 所示，有热门搜索、发明大师、超级专利、热点技术、最新资讯、检索课堂等功能模块；支持简单检索、表格检索、DPI 检索、AI 智能检索、STEP 检索、批量检索、表达式检索、逻辑检索、复审无效检索、法律检索（法律状态、转让信息、许可信息、质押信息）、图片检索等 10 余种检索方式；可根据需求选择中国大陆、中国港澳台或国外。检索结果可下载、保存、监控、分享，如图 3-80 所示。

图 3-79　大为 innojoy 专利搜索引擎首页

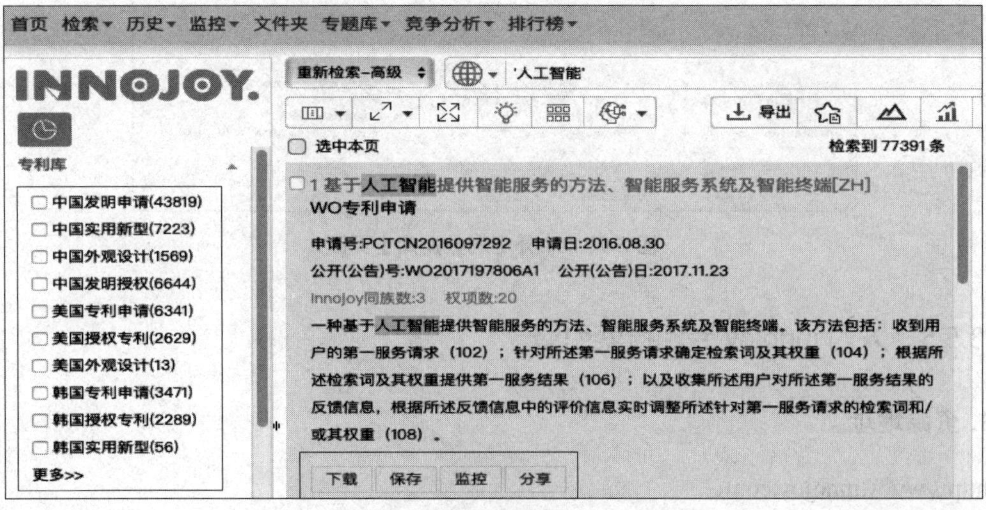

图 3-80　大为 innojoy 专利搜索引擎检索结果页面

3.5.6　美国专利商标局（USPTO）

1. 资源地址

https://www.uspto.gov。

2. 资源简介

美国专利商标局（United States Patent and Trademark Office，USPTO）是美国管理专利的专门机构，是美国商务部的下属机构，为发明者及其发明提供专利保护、商品商标注册和知识产权证明。USPTO 专利数据库分为授权专利数据库和申请专利数据库两部分。授权专利数据库提供自 1790 年至今各类已授权的美国专利，其中 1790—1975 年的数据只有图像型全文（full-image）数据，只能通过专利号、美国专利分类号和授权日期三个字段进行检索。1976 年 1 月 1 日以后的数据除了图像型全文，还包括可检索的授权专利基本著录项目、文摘和文本型的专利全文（full-text）数据，可通过 31 个字段进行检索。申请专利数据库只能提供 2001 年 3 月 15 日起的申请说明书的文本和图像。

3. 检索平台

美国专利商标局首页如图 3-81 所示。在 USPTO 进行检索时，单击“Patents”按钮选择 Search for Patents—Patent Full- Text Databases（PatFT&AppFT），即可进入专利数据库检索页面。

图 3-81　美国专利商标局首页

检索方法有快速检索（quick search）、高级检索（advanced search）、专利号检索（patent number search）和公开号检索（publication number search）等方式。USPTO 系统支持布尔逻辑、

截词和短语检索，不区分查询词的大小写。

USPTO 专利检索系统输出功能比较单一，检索结果是按申请日期从新到旧排序，不能选择其他方式，没有检索结果统计与分析功能。在检索结果详览界面可获取文本格式和 PDF 格式两种单行本全文。

3.5.7 欧洲专利局 Espacenet 数据库

1. 资源地址

https://worldwide.espacenet.com。

2. 资源简介

欧洲专利局拥有世界上最庞大的专利文献库，于 1998 年联合各成员国的国家专利局在网上设立 Espacenet 网站，供用户订阅和检索欧洲专利信息，现已成为进行世界范围内专利检索，特别是查阅欧洲各国专利说明书的最佳工具。

Espacenet 包括全世界 100 多个国家超过 1.2 亿份已公开专利申请，提供著录项目、摘要、全文引文和专利族信息；提供说明书的英语、法语、德语、西班牙语、波兰语、瑞典语等多文种互译；提供专利的法律状态、引文及被引情况，以及同族专利等信息。

3. 检索平台

Espacenet 数据库检索平台首页如图 3-82 所示。平台支持布尔逻辑检索、位置检索、比较算符检索、时间算符检索、截词符检索、词组检索及字段限定检索，同时支持以下检索方式。

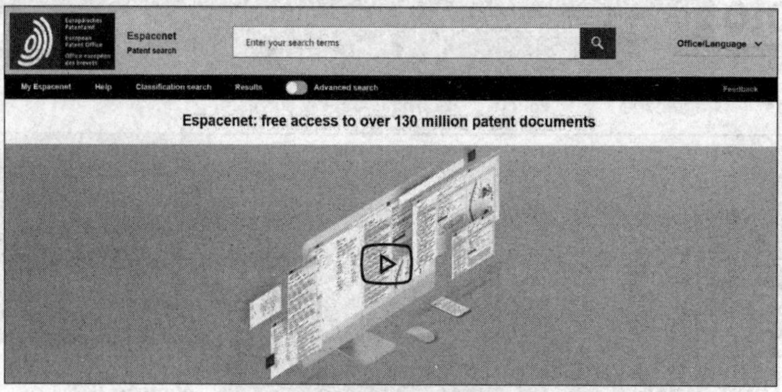

图 3-82　Espacenet 数据库首页

1）smart search（智能检索）

此方式可以输入发明人或申请人的名称、号码、日期、关键字等，而无须指定字段，系统默认在 worldwide 数据库中进行检索。直接在 Espacenet 简单查询首页搜索框中输入检索词（不区分大小写），单击图标即可。

2）advanced search（高级检索）

高级检索提供英、德、法三种检索语言，可通过检索界面顶部的 **+ Field** 增加检索框，或通过→Group构建嵌套检索式。高级检索默认字段为“全文检索（all text fields or names）”。此外，可以根据需要替换为Title（标题）、Description（说明书）、Claim（权利要求书）、Publication Date（公开日期）、Application Number（申请号）、Priority Number（优先权号）、Publication Date（公开日）、Applicant（申请人）、Inventor（发明人）、International Patent Classification（国际专利分类号 IPC）等其他检索字段。用户可以只在一个字段中检索，也可以在多个字段中进行组配检索。

3）classification search（分类检索）

在分类检索中可用关键词检索专利分类号（ECLA），也可用符号查询部或类的描述情况。

4）quick search（快速检索）

在专利标题及摘要中通过关键词进行检索，或者通过人员姓名或机构名称在专利发明人或申请人字段进行检索。

5）number search（号码检索）

通过专利申请号、公布号、优先权号等进行检索。

Espacenet 数据库提供检索结果多种专利单行本全文获取形式，即 Download（下载显示页所有专利单行本全文及目录）、Description（获取说明书全文）、Claims（获取文本格式权利要求书全文，并提供多文种互译）、Mosaics（PDF 格式的附图）、Original Document（PDF 格式专利单行本全文），支持 Compact（精简）和 Extented（详细）两种格式，也可把检索结果输出为表格文件或收藏检索结果; Espacenet 还可获取 Cited Documents（被引文献）、Citing Documents（引用文献）、INPADOC Legal Status（法律状态信息）和 INPADOC patent family（同族专利信息）等信息。检索结果排序是按记录导入数据日期排序。

3.5.8　检索实例

【实例 1】利用中国国家知识产权局专利检索及分析系统，检索有关太阳能电池方面的中国专利。

以下为具体检索步骤。

（1）输入网址，进入中华人民共和国国家知识产权局专利检索系统。

（2）输入检索词“太阳能 电池”，单击“检索”按钮，检索过程如图 3-83 所示。

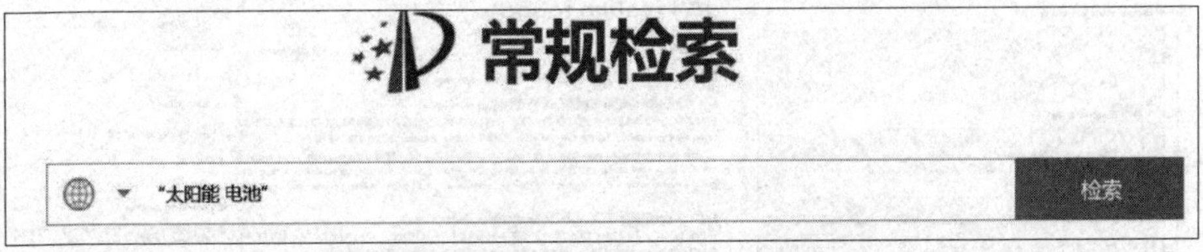

图 3-83　中国国家知识产权局检索过程页面

（3）单击任一检索结果下方的“详览”按钮，即可进入相应专利的“文献浏览”页面，可以通过上方的“全文文本”和“全文图像”在线浏览专利说明书的全文内容，也可以通过单击左侧的“下载”按钮，将专利说明书的全文文本和全文图像下载下来，如图 3-84 所示。解压后可直接打开阅读。

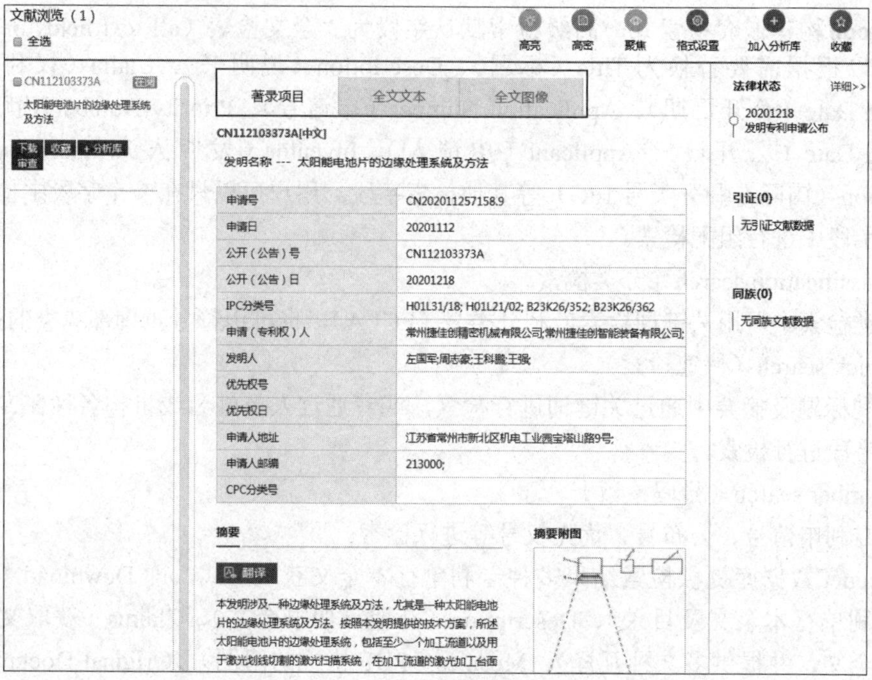

图 3-84　中国国家知识产权局文献浏览页面

【实例 2】在欧洲专利局专利检索系统中，检索 2020 年有关“汽车尾气排放”方面的专利信息。

以下为具体检索步骤。

（1）输入网址 http://worldwide.espacenet.com，进入欧洲专利局 Espacenet 数据库。单击“Advanced Search”进入高级检索界面。

（2）确定检索词及检索策略：Title=automobile；Title or abstract=exhaust；Title, abstract or claims=emission；Publication date=2020；检索词之间的逻辑关系为“与”。

（3）检索结果可根据自己需求选择打印、下载或分享。检索过程如图 3-85 所示。

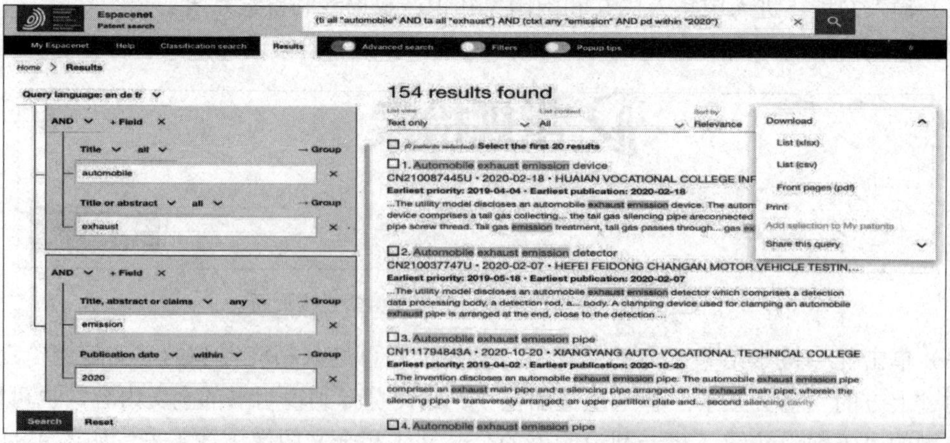

图 3-85　Espacenet 数据库检索界面

3.6　标准文献检索

标准是对重复性事物和概念所做的统一规定，它以科学技术和实践经验的综合成果为基础，经有关方面共同协商，由主管机构批准，以特定形式发布，作为共同遵守的准则和依据。标准是标准化活动的产物，标准化程度的高低代表着一个国家经济发展和技术成就的高低。

标准文献是按照规定程序编制并经过一个公认的权威机构批准的，在一定范围内广泛而多次使用，包括一整套在特定活动领域必须执行的规格、定额、规划、要求的技术文件。标准涉及工农业、工程建设、交通运输、对外贸易和文化教育等领域，包括质量、安全、卫生、环境保护、包装储运等多种类型。

3.6.1　国家标准全文公开系统

1. 资源地址

http://openstd.samr.gov.cn。

2. 资源简介

国家标准全文公开系统于2017年3月16日正式上线运行。目前，该系统公开了国家市场监督管理总局、国家标准委2017年1月1日前已批准发布的所有强制性国家标准、推荐性国家标准（非采标）。对国家市场监督管理总局、国家标准委自2017年1月1日后发布的国家标准，会在《国家标准批准发布公告》发布后20个工作日内公开标准文本，其中涉及采标的推荐性国家标准的公开，将在遵守国际版权政策的前提下进行。有关食品安全、环境保护、工程建设方面的国家标准未被纳入该系统。

3. 检索平台

国家标准全文公开系统支持普通检索、高级检索、标准分类三种检索方式，如图3-86所示。检索结果提供国家标准的题录信息和全文在线阅读。

1）普通检索

在首页检索框内输入要查询的标准号或标准名称，单击“检索”按钮即可，也可通过页面导航条选择“强制性国家标准”或“推荐性国家标准”进行相应查询。

2）高级检索

高级检索可以同时就标准类别（强制 / 推荐）、关键词、标准状态（全部 / 现行 / 即将实施 / 废止）、发布日期、ICS分类等条件进行组合检索，检索效果优良。

3）标准分类

平台采用国际标准化组织编制的《国际标准分类法》作为分类依据。检索时在首页右侧选择“标准分类”标签，单击相应标准分类，然后单击相应的分类图标查看该分类包含的标准即可。

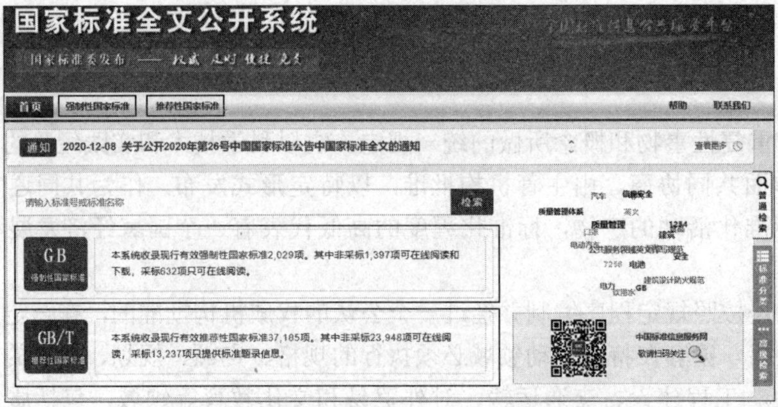

图 3-86　国家标准全文公开系统普通检索页面

3.6.2　全国标准信息公共服务平台

1. 资源地址

http://std.samr.gov.cn。

2. 资源简介

全国标准信息公共服务平台是国家标准技术审评中心具体承担建设的公益类国家级标准信息公共服务平台，于 2017 年 12 月 28 日上线运行，用户可以查询并第一时间获取国家标准、行业标准、地方标准、企业标准、团体标准、国际标准和国外标准等标准信息及资讯，如已经发布的国家标准的全文信息、制订 / 修订中的行业标准过程信息、国家标准意见反馈信息、技术委员会及委员信息等。

3. 检索平台

全国标准信息公共服务平台提供简单检索和高级检索两种检索方式，如图 3-87 所示。

图 3-87　全国标准信息公共服务平台首页

1）简单检索

简单检索可以直接在标准、机构、专家、指标、国际国外五个部分直接进行检索。

2）高级检索

此方式可通过标准类别（国家标准 / 国家标准计划 / 行业标准 / 地方标准）、标准属性、国家标准号、计划编号、标准状态（全部现行 / 即将实施 / 废止）、被代替国标号、主管部门、归口单位、中文标准名称、英文标准名称、发布日期、实施日期、国际标准分类号、中国标准分类号、起草单位、采用国际标准等条件进行组合检索。

3.6.3　中国标准服务网

1. 资源地址

http://www.cssn.net.cn。

2. 资源简介

中国标准服务网（China standard service network，CSSN），创建于 1998 年，是由中国标准化研究院主办的国家级标准信息服务网站。

中国标准服务网由国内标准和国际国外标准组成。国内标准包括国家标准、行业标准、地方标准和团体标准。国际国外标准包括 ISO 标准、IEC 标准、ASTM 标准和韩国标准。中国标准化研究院标准信息研究所负责运营。

3. 检索平台

中国标准服务网支持简单检索、高级检索和浏览三种检索方式，通过标准状态、发布机构、国际标准分类、中国标准分类、起草单位等字段进行限定。检索是免费的，获取标准全文则需要付费。中国标准服务网检索首页如图 3-88 所示。

图 3-88　中国标准服务网检索首页

3.6.4 标准数据总库（知网）

1. 资源地址

https://www.cnki.net。

2. 资源简介

知网的标准数据总库包括国家标准全文、行业标准全文以及国内外标准题录数据库。

《国家标准全文数据库》收录了由中国标准出版社出版的、国家标准化管理委员会发布的所有国家标准，占国家标准总量的90%以上。标准的内容来源于中国标准出版社，相关的文献、专利、科技成果等信息来源于CNKI各大数据库。用户可以通过标准号、标准名称、发布单位、起草人、发布日期、实施日期、中国标准分类号、国际标准分类号等检索项进行检索。收录年限为1950年至今。

《中国行业标准全文数据库》收录了现行、废止、被代替以及即将实施的行业标准，全部标准均获得权利人的合法授权。相关的链接文献、专利、科技成果等信息来源于CNKI各大数据库。用户可以通过全文、标准号、标准名称、起草单位、起草人、发布单位、发布日期、中国标准分类号、国际标准分类号等检索项进行检索。收录年限为1950年至今。

《国内外标准题录数据库》是国内数据量较大、收录相对完整的标准数据库，分为《中国标准题录数据库》（SCSD）和《国外标准题录数据库》（SOSD）。《中国标准题录数据库》（SCSD）收录了所有中国国家标准（GB）、国家建设标准（GBJ）、中国行业标准的题录摘要数据；《国外标准题录数据库》（SOSD）收录了世界范围内的重要标准，包括国际标准（ISO）、国际电工标准（IEC）、欧洲标准（EN）、德国标准（DIN）、英国标准（BS）、法国标准（NF）、日本工业标准（JIS）、美国标准（ANSI）、美国部分学协会标准（如ASTM、IEEE、UL、ASME）等18个国家的标准题录摘要数据。收录年限为1919年至今。

标准数据总库均采用中国标准分类法（CCS分类）、国际标准分类法（ICS分类）和CNKI 168学科分类法。

3. 检索平台

登录“中国知网”平台，单击首页中的“标准”，进入标准数据总库，如图3-89所示。平台提供分类导航浏览、初级检索、高级检索和专业检索。用户可通过标准号、标准名称、关键词、发布单位、起草单位、发布日期等检索项进行检索。标准数据总库可以免费检索，免费浏览题录、摘要和知网节，全文下载须付费。标准数据总库的检索方法与中国知网其他数据库基本相同，此处不再赘述。

图3-89 中国知网标准数据总库检索页面

3.6.5　万方中外标准数据库

1. 资源地址

https://wanfangdata.com.cn。

2. 资源简介

中外标准数据库收录了所有中国国家标准、中国行业标准以及中外标准题录摘要数据。

3. 检索平台

登录万方数据知识服务平台，单击“标准”，进入“中外标准数据库”主页。平台提供简单检索、高级检索和标准导航三种检索方式。简单检索方式简单易用，高级检索方式专业且功能强大，通过题名、关键词、题名或关键词、标准编号、发布单位、中国标准分类号、国际标准分类号等检索项进行检索。高级检索页面如图 3-90 所示。

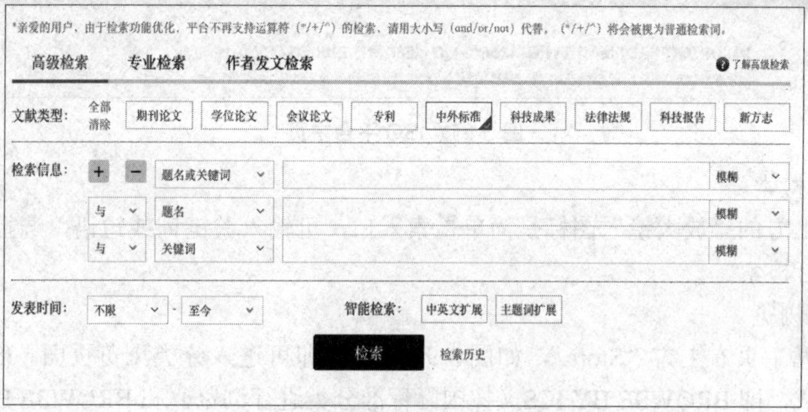

图 3-90　万方中外标准数据库高级检索页面

检索结果按中国标准分类（CCS 分类）以及标准的类型、标准发布的日期进行分类，能从众多的检索结果中快速筛选出所需的标准。

3.6.6　ISO（国际标准化组织）标准网站

1. 资源地址

https://www.iso.org。

2. 资源简介

国际标准是由国际标准化组织（International Organization for Standard）制定或认可的标准。ISO 是世界上最大的非政府标准化机构，成立于 1947 年，现有 160 多个成员国，我国也是成员国之一。它在国际标准化活动中占主导地位，其主要任务是制定除电工电子领域外的一切国际标准和协调国际标准化工作及成员国之间的信息交流等。国际标准的类型有正式标准（ISO）、推荐标准（ISO/R）等。ISO 标准号的结构形式为标准代号（ISO）+ 顺序号 + 制定或修订年份，如 ISO 13461：2000，表示国际标准化组织 2000 年颁布的 13461 号标准。ISO 标准每 5 年修订一次。

3. 检索平台

登录 ISO 平台主页，如图 3-91 所示。ISO 网站提供简单检索、分类浏览两种检索方式。

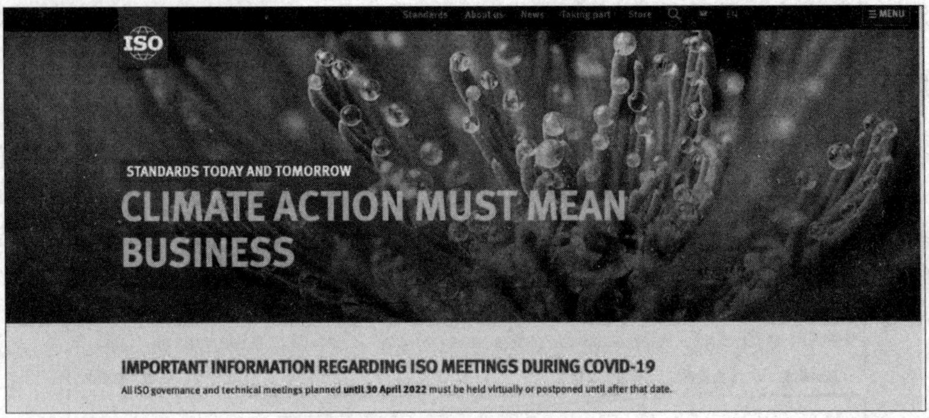

图 3-91　ISO 平台主页

1）简单检索

页面右上方的“放大镜”图标是简单检索入口，可输入关键词或短语，选择标准名称或摘要字段进行检索。

2）分类浏览

单击网站主页右上方“Store”，如图 3-91 所示，即可进入分类浏览页面。ISO 提供两种分类浏览方式，即 BROWSE BY ICS（按国际标准分类进行浏览）和 BROWSE BY TC（按技术委员会进行浏览），如图 3-92 所示。

BROWSE BY ICS　**BROWSE BY TC**

ICS ↓	FIELD
01	Generalities. Terminology. Standardization. Documentation
03	Services. Company organization, management and quality. Administration. Transport. Sociology
07	Natural and applied sciences
11	Health care technology
13	Environment. Health protection. Safety
17	Metrology and measurement. Physical phenomena
19	Testing
21	Mechanical systems and components for general use
23	Fluid systems and components for general use
25	Manufacturing engineering
27	Energy and heat transfer engineering
29	Electrical engineering
31	Electronics

图 3-92　ISO 分类浏览页面

3.6.7　国际电工委员会标准

1. 资源地址

https://www.iec.ch。

2. 资源简介

国际电工委员会（International Electrotechnical Commission，IEC）是世界上成立最早的非政府性国际电工标准化机构，成立于 1906 年，主要负责研究、制定、批准电工和电子技术方面的标准，促进电工、电子和相关技术领域有关电工标准化等问题的国际合作。该组织现有 172 个成员国，我国于 1957 年正式加入该组织。IEC 标准号由 IEC 代号 + 标准顺序号 + 制定或修订年份组成。

3. 检索平台

IEC 首页如图 3-93 所示。平台支持简单检索和高级检索。单击左上角“Advanced Search”，即可进入 IEC 标准的高级检索页面。高级检索支持关键词、标准类型、标准区域、期限等检索字段。

图 3-93　IEC 首页

3.6.8　检索实例

【实例 1】利用万方中外文标准数据库查找“高层建筑结构设计”有关标准。

以下为具体检索步骤。

（1）登录“万方数据知识服务平台”，单击“标准”。进入万方中外标准数据库。在检索框右侧单击“高级检索”进入高级检索页面。

（2）在检索框中，输入题名或关键词 = 高层建筑，关键词 = 结构设计，单击“检索”按钮，如图 3-94 所示。

（3）在检索结果页面，可以按资源类型、标准类型、发布时间、标准状态、标准组织等排序浏览检索结果，也可以按相关度、发布日期等排序浏览结果，如图 3-95 所示。

图 3-94　万方中外文标准数据库高级检索页面

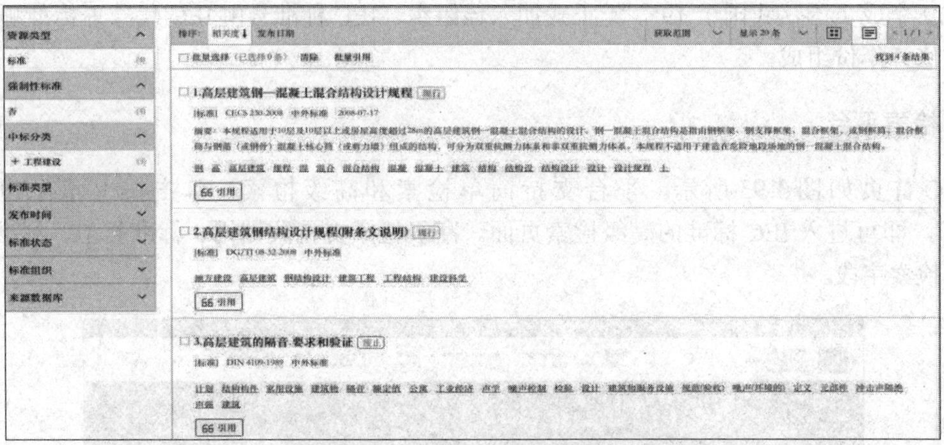

图 3-95　万方中外文标准数据库检索结果页面

【实例 2】在国际电工委员会标准中，检索“移动通信传输网络”方面的国际标准。

（1）输入网址 http://www.iec.ch，登录国际电工委员会标准网站。

（2）确定检索词，移动通信 =mobile communication ；传输网络 =transmission network。

（3）单击 IEC 首页左上角的“Advanced search”，打开高级检索界面。在输入框中输入 Key words=“mobile communication、transmission network”，单击“Search”，如图 3-96 所示。

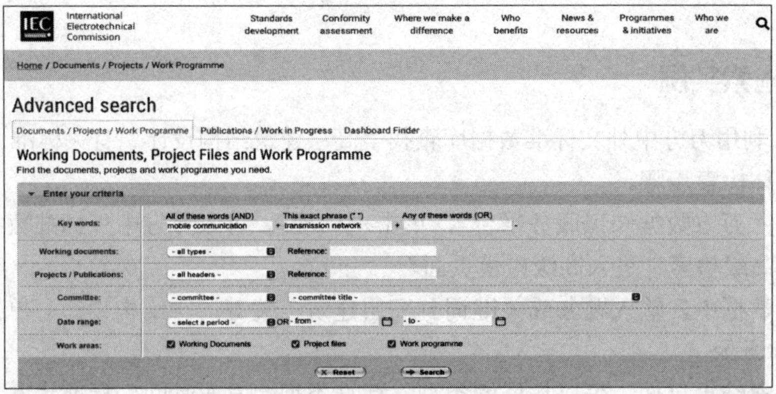

图 3-96　IEC 高级检索页面

（4）在检索结果页面，提供相关文献的标题等信息，也可按相关度、发布日期等排序浏览检索结果，如图 3-97 所示。

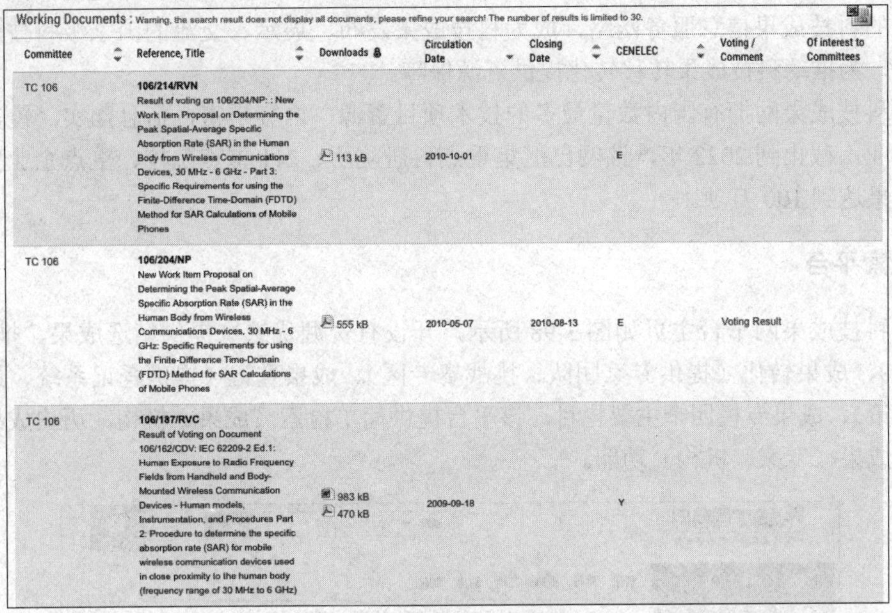

Working Documents : Warning, the search result does not display all documents, please refine your search! The number of results is limited to 30.

Committee	Reference, Title	Downloads	Circulation Date	Closing Date	CENELEC	Voting / Comment	Of interest to Committees
TC 106	**106/214/RVN** Result of voting on 106/204/NP: : New Work Item Proposal on Determining the Peak Spatial-Average Specific Absorption Rate (SAR) in the Human Body from Wireless Communications Devices, 30 MHz - 6 GHz - Part 3: Specific Requirements for using the Finite-Difference Time-Domain (FDTD) Method for SAR Calculations of Mobile Phones	113 kB	2010-10-01		E		
TC 106	**106/204/NP** New Work Item Proposal on Determining the Peak Spatial-Average Specific Absorption Rate (SAR) in the Human Body from Wireless Communications Devices, 30 MHz - 6 GHz: Specific Requirements for using the Finite-Difference Time-Domain (FDTD) Method for SAR Calculations of Mobile Phones	555 kB	2010-05-07	2010-08-13	E	Voting Result	
TC 106	**106/187/RVC** Result of Voting on Document 106/162/CDV: IEC 62209-2 Ed.1: Human Exposure to Radio Frequency Fields from Handheld and Body-Mounted Wireless Communication Devices - Human models, Instrumentation, and Procedures Part 2: Procedure to determine the specific absorption rate (SAR) for mobile wireless communication devices used in close proximity to the human body (frequency range of 30 MHz to 6 GHz)	983 kB 470 kB	2009-09-18		Y		

图 3-97　IEC 检索结果页面

3.7　科技报告检索

科技报告（scientific & technical report）是科学技术研究过程中所形成的技术性资料，是科研成果的最终报告或研究过程中的实际记录，如立项报告、各阶段进展报告、最终成果总结报告等。大多数科技报告与政府研究活动、国防及尖端科学技术领域有关。因此，科技报告具有成熟性、可靠性、新颖性和保密性，是一种非常重要的学术信息资源。科技报告在文字上、篇幅上较随意，单独成册，没有固定发行周期，每篇报告都有连续性编号，即报告号。报告号常以研究的执行机构或主管部门的缩写字母加上顺序号组成。

我国科技报告的主要检索工具是《科学技术研究成果公报》，由中国科学技术信息研究所编辑出版，专门报道机械、机电、计算机技术、冶金、化学化工等领域的科技报告，供国内科研人员查询。科研人员还可通过网站和数据库了解国内外科技方面的情况。

3.7.1　国家科技成果网

1. 资源地址

https://www.tech110.net。

2. 资源简介

国家科技成果网（以下简称“国科网”）由科学技术部创建，经过多年建设，国科网搭建起全国性的科技成果信息服务网络，成为科技成果发布、展示、交流的国家级科技成果信息服务平台，为推动科技成果转移转化提供资源保障。

国家科技成果网拥有国内数量最多的技术项目资源，内容丰富，信息翔实，覆盖国民经济所有行业。截止到 2022 年，该网已汇集重点科研院所、211 重点院校、重点企业直接报送的科技成果达到 100 万项。

3. 检索平台

国家科技成果网平台主页如图 3-98 所示，开设有资源优选（提供精选成果、推荐成果、机构优选）、成果转化（提供专家团队、挑战赛专区）、成果登记（提供登记系统、最新登记和科技政策）、成果专栏四个主要栏目。该平台提供简单检索（成果、机构、历史成果）和分类浏览（成果、专家、机构）功能。

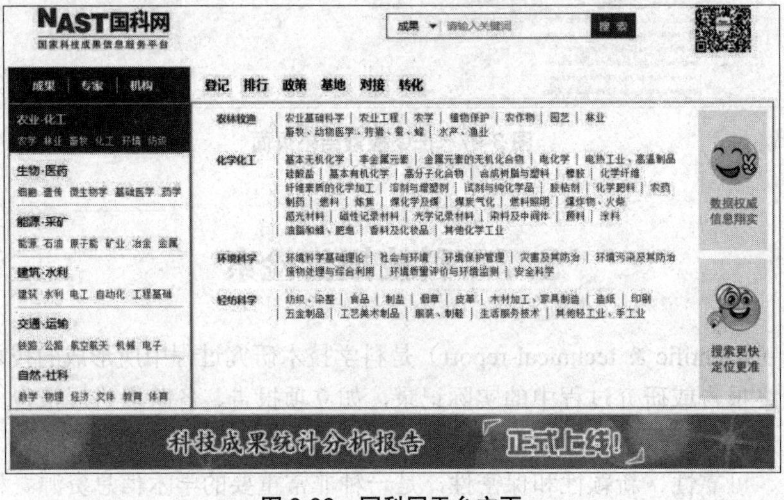

图 3-98　国科网平台主页

3.7.2　中外科技报告数据库（万方）

1. 资源地址

https://wanfangdata.com.cn。

2. 资源简介

万方数据知识服务平台的中外科技报告数据库包括中文科技报告和外文科技报告。中文科技报告收录始于 1966 年，源于中华人民共和国科学技术部，共计 10 万余份。外文科技报告收录始于 1958 年，涵盖美国政府四大科技报告（AD、DOE、NASA、PB），共计 110 万余份。

3. 检索平台

中外科技报告数据库主页如图 3-99 所示。该平台提供简单检索、高级检索和浏览导航功能，浏览导航支持按来源、学科、地域、类型、字母快速定位文献信息。检索字段有主题、题名、关键词、作者、作者单位、计划名称、项目名称等，检索结果支持在线阅读、引用、收藏、分享等。

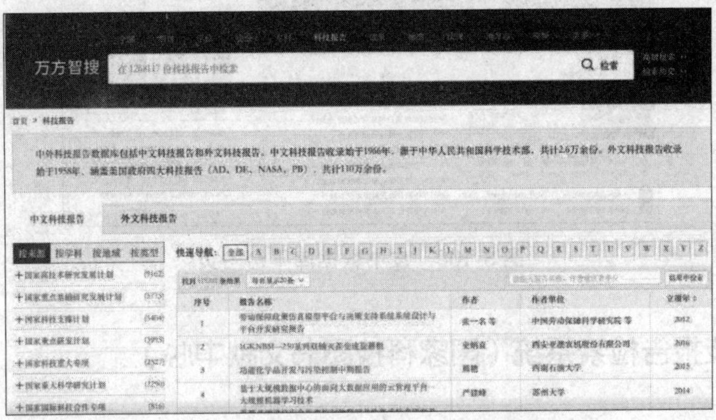

图 3-99　中外科技报告数据库主页

3.7.3　皮书数据库

1. 资源地址

https://www.pishu.com.cn。

2. 资源简介

皮书数据库是社会科学文献出版社以皮书为基础构建而成的在线数字产品，以皮书系列研究报告为基础，全面整合中国发展与中国经验、世界经济与国际关系领域的研究文献、实证报告、调研数据和媒体资讯，基于学术研究脉络构建子库产品，追踪社会热点推出学术专题，依托皮书研创力量着力建设学术共同体，提供以满足用户需求为目标的文献查询和知识服务，是深度分析解读当今中国与世界各主题领域最新发展状况和未来趋势的智库成果整合与知识服务平台。

皮书数据库收录七大主题子库，即中国经济发展数据库、中国社会发展数据库、世界经济与国际政治数据库、中国区域发展数据库、中国竞争力数据库、中国文化传媒数据库、中国产业企业数据库，涵盖 150 多个主题，每个主题周期性连续出版，有极强的资料馆藏价值。

3. 检索平台

皮书数据库平台主页如图 3-100 所示。该平台支持一框式智能检索、高级检索、专业检索、皮书分类导航检索等检索方式。用户可通过全文、标题、作者 / 机构、关键词、主题词、摘要、中图分类等字段限定，在图书、报告、图表、视频、资讯、百科等资源类型中进行查找。平台主页除提供七大主题子库的链接，还提供最新报告、最新图书、专题库、热点聚焦、指数库、图表库、皮书观点等功能模块，以便用户查找使用。

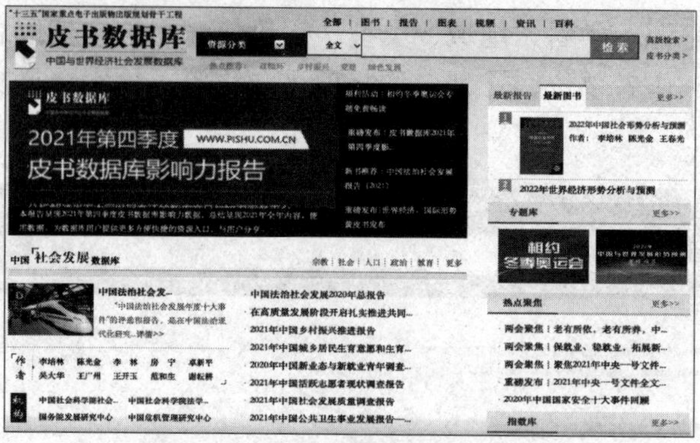

图 3-100　皮书数据库平台主页

3.7.4　科技报告检索系统（国家科技图书文献中心）

1. 资源地址

https://www.nstl.gov.cn。

2. 资源简介

国家科技图书文献中心的国外科技报告，主要收录 1978 年以来美国政府研究报告，即美国著名的四大科技报告（AD、PB、NASA、DOE），以及行业报告、市场报告、技术报告等，侧重于军事工程技术、民用工程技术、航空和空间技术领域、能源技术及前沿技术的战略预测等内容报告，涵盖基础科学、工程技术、农业科学、医学科学等领域的科技文献信息资源。

3. 检索平台

科技报告检索系统高级检索主页如图 3-101 所示。该平台提供简单检索、高级检索和学科分类浏览三种文献获取方式，可通过题名、出处、作者、机构、关键词、摘要、出版者、ISSN、ISBN、EISSN 等字段进行限定。检索结果可下载、待查待借、分享、收藏。

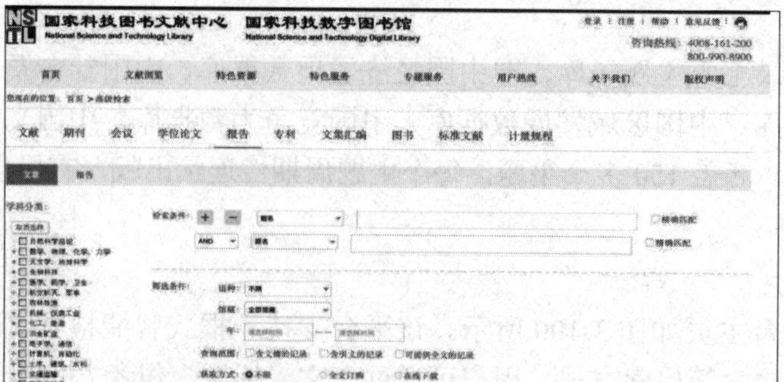

图 3-101　科技报告检索系统高级检索主页

3.7.5　美国政府科技报告数据库

1. 资源地址

https://www.ntis.gov。

2. 资源简介

美国政府科技报告数据库是由美国国家技术情报局（National Technical Information Service，NTIS）提供的。美国政府科技报告数据库是美国目前最大的政府信息资源中心，以收录美国政府立项研究及开发的项目报告为主，涵盖超过 350 个学科领域的 300 万份出版物，涉及数、理、化、生物、天文、地理、农、医、工程、航天航空、军工、能源、交通运输、环境保护及社会科学等领域。

NTIS 的收录内容，除美国的四大科技报告（PB、AD、NASA 和 DOE）外，还包括美国教育部、农业部、内务部、宇航局、环境保护局与人类服务部的科技报告，也少量收录世界各国（如加拿大、法国、日本、芬兰、英国、瑞典、澳大利亚、荷兰、意大利）和国际组织的科学研究报告，包括项目进展过程中所做的初期报告、中期报告和最终报告等。

3. 检索平台

NTIS 主页如图 3-102 所示。该平台提供简单检索，即输入任意检索词可以快速获得相应结果。

图 3-102　NTIS 主页

3.7.6　检索实例

【实例】在万方数据知识服务平台的“中外科技报告数据库”中检索题名中含“水稻收割机”但排除关于“含水率”方面的科技成果。

以下为具体检索步骤。

（1）进入万方数据知识服务平台“中外科技报告数据库”，进入高级检索，如图 3-103 所示。

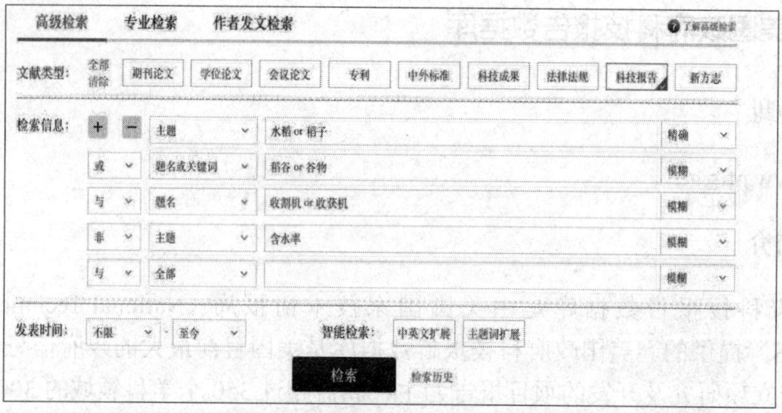

图 3-103　科技报告高级检索页面

（2）检索词扩展：水稻、稻子、稻谷、谷物、收割机、收获机、含水率。

（3）编辑检索式：（标题 = 水稻 or 标题 = 稻子 or 标题 = 稻谷 or 谷物）and（标题 = 收割机 or 标题 = 收获机）not 标题 = 含水率。

（4）单击检索结果，如图 3-104 所示，可在线详细阅读。

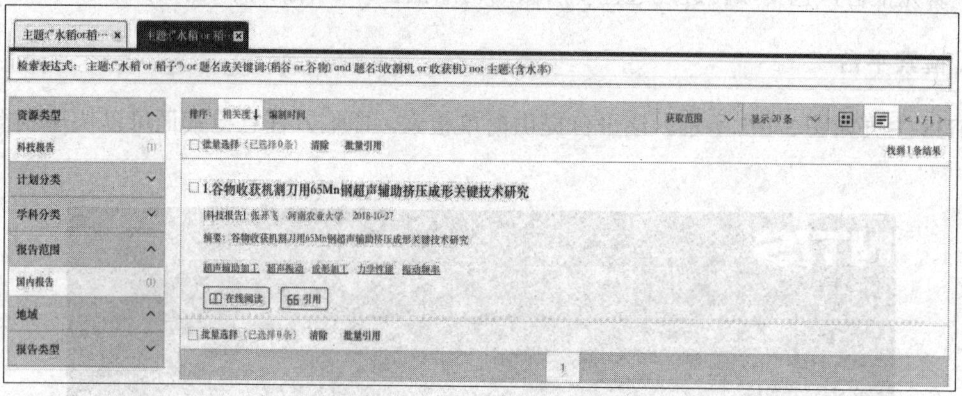

图 3-104　科技报告检索结果页面

3.8　索引数据库

3.8.1　中国科学引文数据库（CSCD）

1. 资源地址

http://sciencechina.cn。

2. 资源简介

中国科学引文数据库（Chinese Science Citation Database，CSCD）首页如图 3-105 所示。

中国科学引文数据库创建于 1989 年，收录我国数学、物理、化学、天文学、地学、生物学、农林科学、医药卫生、工程技术和环境科学等领域出版的中英文科技核心期刊和优秀期刊千余种，已积累从 1989 年到现在的论文记录近 600 万条，引文记录约 9000 万条。中国科学引文数据库内容丰富、结构科学、数据准确。中国科学引文数据库具有建库历史最悠久、专业性强、数据准确规范、检索方式多样、完整、方便等特点，被誉为“中国的 SCI”。

图 3-105　中国科学引文数据库首页

中国科学引文数据库已在我国科研院所、高等学校的课题查新、基金资助、项目评估、成果申报、人才选拔以及文献计量与评价研究等多方面作为权威文献检索工具获得广泛应用。

3. 检索平台

输入网址 http://sciencechina.cn，登录中国科学文献服务系统，选择中国科学引文数据库（CSCD）进入检索。

系统具备简单检索、高级检索、来源期刊浏览和检索历史等检索模块，在检索内容方面包括来源文献检索和引文检索。

（1）来源文献检索。来源文献检索提供了作者、第一作者、刊名、ISSN、机构、文摘、第一机构、关键词、基金名称、实验室、ORCID、DOI 等检索字段，同时可以对来源文献的发表时间和所属学科范围进一步限定，如图 3-106 所示。

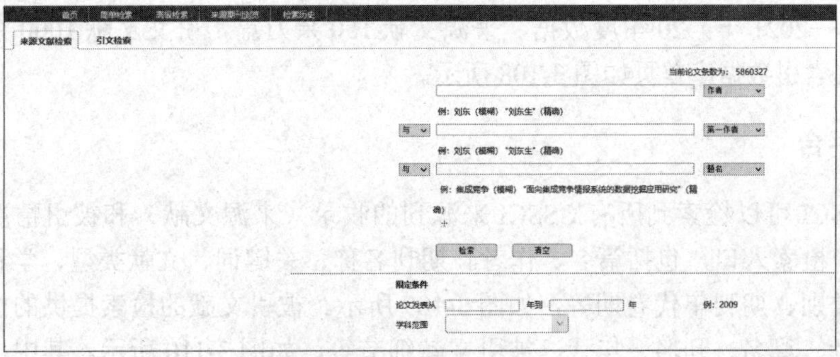

图 3-106　来源文献检索

（2）引文检索。引文检索提供了被引作者、被引第一作者、被引来源、被引机构、被引实验室、被引文献主编六个检索字段，如图 3-107 所示。使用该功能，用户可以从数百万条引文中迅速查询到某篇科技文献被引用的详细情况，还可以从一篇早期的重要文献或著者姓名入手，检索到一批近期发表的相关文献，对交叉学科和新学科的发展研究具有十分重要的参考价值。中国科学引文数据库还提供了数据链接机制，支持用户获取全文。

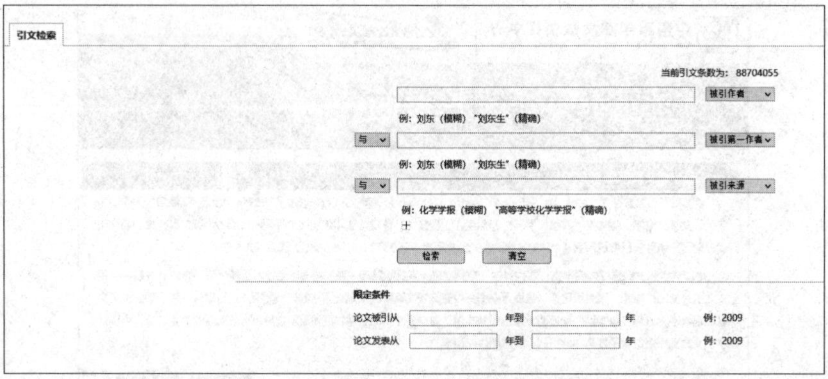

图 3-107　引文检索

3.8.2　中文社会科学引文索引数据库（CSSCI）

1. 资源地址

http://cssci.nju.edu.cn。

2. 资源简介

中文社会科学引文索引（Chinese Social Sciences Citation Index，CSSCI）是由南京大学投资建设、南京大学中国社会科学研究评价中心开发研制的人文社会科学引文数据库，用来检索中文人文社会科学领域的论文收录和被引用情况。

CSSCI 遵循文献计量学规律，采取定量与定性相结合的方法从全国 2700 余种中文人文社会科学学术性期刊中精选出学术性强、编辑规范的期刊作为来源期刊。该数据库目前收录包括法学、管理学、经济学、历史学、政治学等在内的 25 大类的 500 多种学术期刊，现已开发 CSSCI（1998—2021 年）20 年度数据，来源文献 150 余万篇，引文文献 1000 余万篇。中文社会科学引文索引数据库首页如图 3-108 所示。

3. 检索平台

利用 CSSCI 可以检索到所有 CSSCI 来源刊的收录（来源文献）和被引情况。来源文献检索提供多个检索入口，包括篇名、作者、期刊名称、关键词、文献类型、学科类别、学位分类、基金类别、期刊年代卷期等，如图 3-109 所示。被引文献的检索提供的检索入口包括被引文献作者、篇名、刊名、年代、被引文献细节等，如图 3-110 所示。其中，多个检索口可以按需进行优化检索（如精确检索、模糊检索、逻辑检索、二次检索等）。检索结果按不同检索途径进行发文信息或被引信息分析统计，并支持文本信息下载。

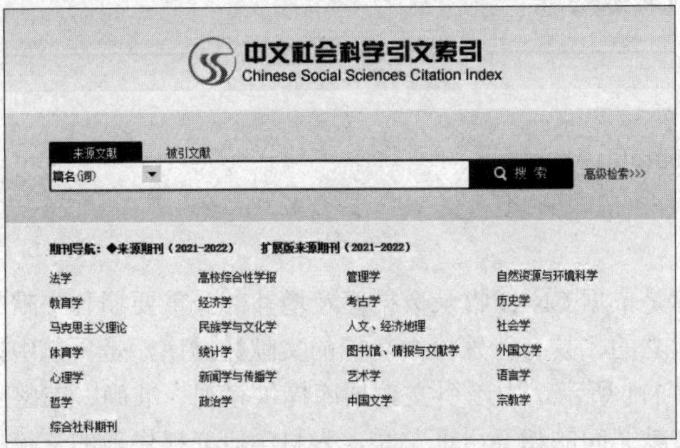

图 3-108　中文社会科学引文索引数据库首页

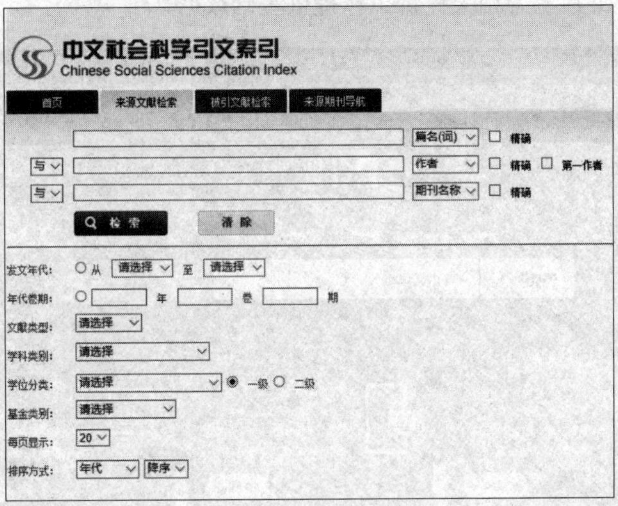

图 3-109　来源文献检索

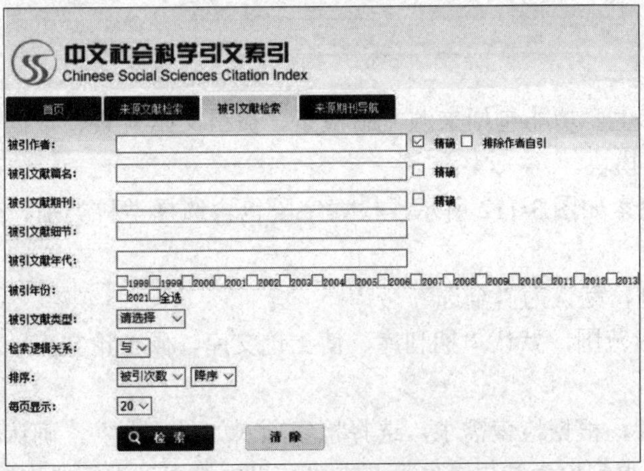

图 3-110　被引文献检索

3.8.3 中国引文数据库

1. 资源地址

https://ref.cnki.net/ref。

2. 资源简介

中国引文数据库是依据CNKI收录数据库及增补部分重要期刊文献的文后参考文献和文献注释为信息对象建立的、具有特殊检索功能的文献数据库，是目前中国最大最全的引文数据库，其首页如图3-111所示。中国引文数据库提供客观、准确、完整的引文索引数据，并通过揭示各种类型文献之间的相互引证关系，为科学研究提供新的交流模式。针对某一对象或主题提供相关统计分析数据，通过数据分析器得到相关比较分析数据，并作为一种有效的科研管理及统计分析工具，为相关评价工作提供基础数据。

图3-111　中国引文数据库首页

3. 检索平台

中国引文数据库主要功能包括来源文献检索、被引文献检索、数据分析器、参考文献分析、推荐经典文献等模块。

（1）来源文献检索如图3-112所示，检索字段包含选择学科类别、来源文献范围和检索条件三部分。

① 选择学科类别，默认为“全选”。

② 选择来源文献范围，默认“期刊库、博士论文库、硕士论文库、国内会议库、国际会议库”五个数据库。

③ 输入检索条件，根据检索需求，选择检索项（如“主题”），确认其他检索条件，最后单击“检索”按钮，得到检索结果；也可单击“结果中检索”进行二次检索。

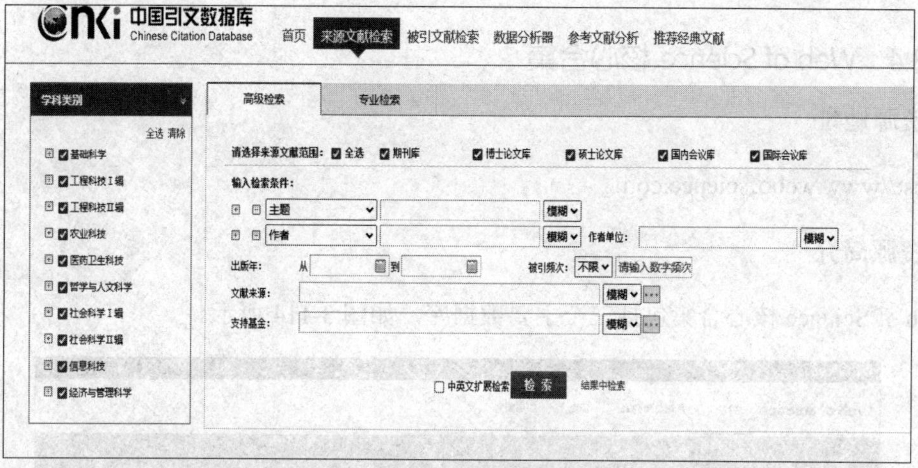

图 3-112　来源文献检索

（2）被引文献检索如图 3-113 所示，检索字段包含被引主题、被引题名、被引关键词、被引摘要、被引作者、被引第一责任人、被引单位、被引来源、被引基金等项，可以限定出版年和被引年。

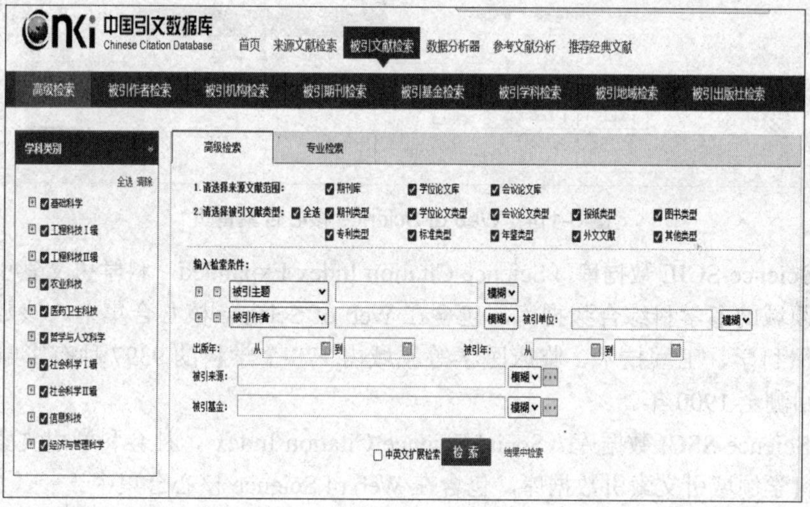

图 3-113　被引文献检索

以下为具体检索步骤。

① 选择学科类别，默认“全选”。

② 选择来源文献范围，默认“期刊、学位论文、会议论文”三个数据库；选择引文类型，默认“全选”。

③ 输入检索条件，根据检索需求，选择检索项（如“被引主题”），确认其他检索条件，最后单击“检索”按钮，得到检索结果；也可单击“结果中检索”进行二次检索。

（3）引证文献分析。针对被引文献的检索结果，深层次分析其引证文献的分布情况，包括引证文献的作者、机构、出版物、基金、学科、年等详细情况，可以导出数据分析结果，也可以在结果中选择记录查看详细题录信息。

3.8.4 Web of Science 核心合集

1. 资源地址

https://www.webofscience.com。

2. 资源简介

Web of Science 核心合集包括三个主要数据库，如图 3-114 所示。

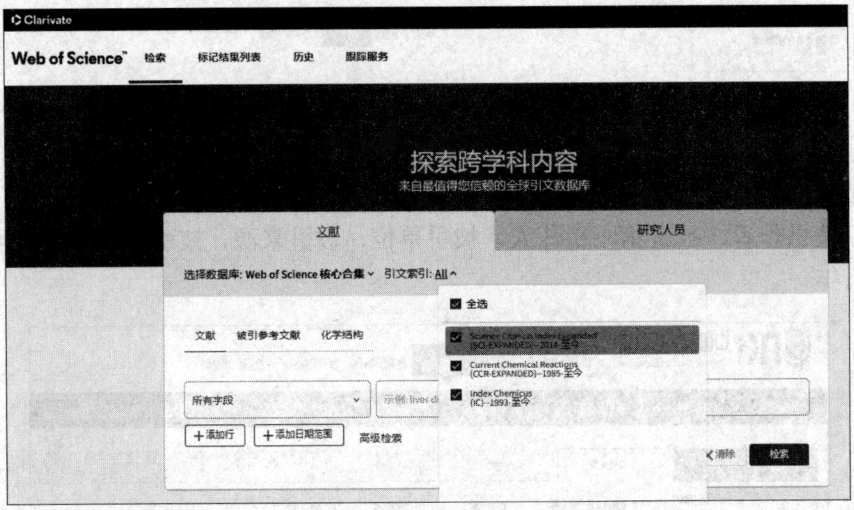

图 3-114 Web of Science 核心合集首页

Web of Science-SCIE 数据库（Science Citation Index Expanded，科学引文索引）是一个聚焦自然科学领域的多学科综合数据库，包含在 Web of Science 核心合集中。该数据库目前收录了全球自然科学、工程技术、临床医学等领域内 178 个学科的 9397 种有影响力的学术刊物，数据可回溯至 1900 年。

Web of Science-SSCI 数据库（Social Science Citation Index ，社会科学引文索引）是全球著名的社会科学领域引文索引数据库，包含在 Web of Science 核心合集中。

Web of Science-AHCI（Arts Humanities Citation Index ，艺术与人文索引）是艺术与人文领域的引文索引数据库，包含在 Web of Science 核心合集中。该数据库目前收录了艺术与人文学科领域内 28 个学科领域中的 1843 种学术期刊，数据可回溯至 1957 年。

Web of Science 核心合集数据库具备连接各种其他学术信息资源（学术会议录、专利、基因 / 蛋白质序列、生物科学信息、电子文献全文、期刊影响因子、图书馆馆藏信息系统、文献信息管理系统等）的能力，可以跟踪学术文献的被引用信息。

3. 检索平台

Web of Science 平台提供检索功能，包括文献检索、被引参考文献检索、Structure Search 化学结构检索等。

1）文献检索

检索字段有主题、标题、作者、出版物标题、出版年、所属机构、出版商、基金资助机构等，还可以根据需求自行添加检索框（最多可添加 25 个检索框），可以对检索结果的出版日记或索引日期进行限定。平台支持布尔逻辑 AND、OR、NOT 运算符，实现对多个字段的组配检索，检索词可用“*”进行截词检索，如图 3-115 所示。

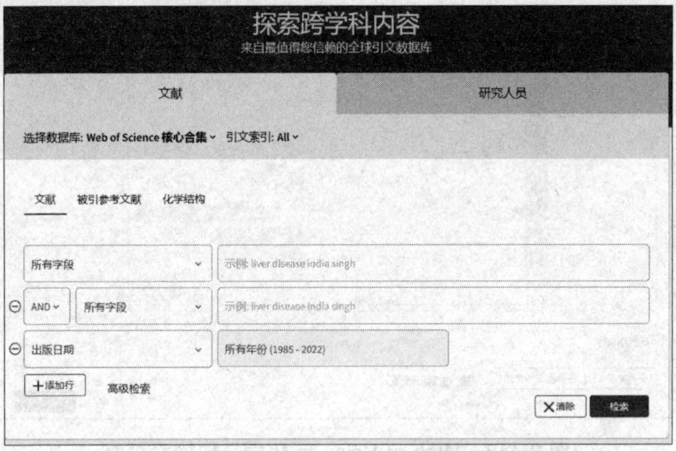

图 3-115　Web of Science 文献检索页面

2）被引参考文献检索

检索字段有被引作者、被引著作、被引年份、被引卷、被引期、被引标题等。字段之间的逻辑关系默认为“与”，在同一个字段中可以输入多个检索词，检索词之间可使用截词符、位置运算符、布尔逻辑运算符，还可限定时间跨度。检索后会先将符合检索条件的被引条目信息全部列出，方便甄别、合并。待勾选确定后，会将引用文献全部列出，如图 3-116 所示。

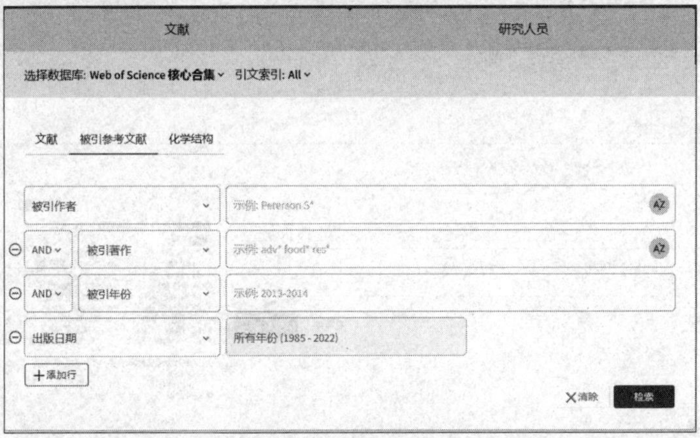

图 3-116　Web of Science 被引参考文献检索页面

3）化学结构检索

化学结构检索用于检索 CCR 和 IC 两个数据库，可通过输入化学式或绘制化学结构来检索新反应和新化合物的信息和相关文献，可与一般检索和化学结构检索，或者与被引文献检索任意组合在一起，从而实现更为复杂和精确的检索，如图 3-117 所示。

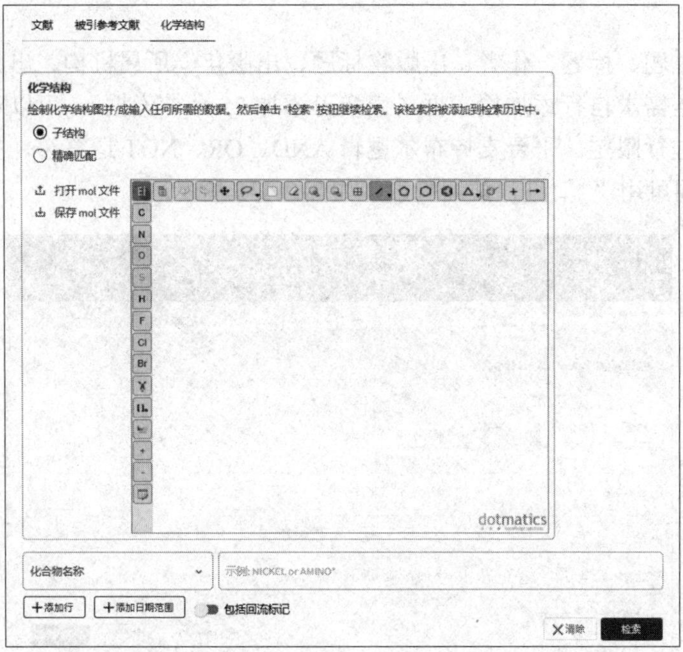

图 3-117 Web of Science 化学结构检索页面

4）高级检索

高级检索可通过输入完整的检索式来实现更为精准和复杂的检索。连接带有两个字母字段标识符的词或者词组，提供 30 个可选择字段，支持 AND、OR、NOT、SAME、NEAR 等逻辑运算符；在检索过程中，通过编辑完整的检索式进行多种限定，如语种、文献类型、时间跨度等，以此提高检索的精准程度，如图 3-118 所示。高级检索适用于有检索经验的用户。

图 3-118 Web of Science 高级检索页面

5）检索结果获取

Web of Science 与多个学术出版商合作，提供与原始文献电子版的链接，凡检索结果中的记录皆包含于图书馆订购的全文数据库中，在相关记录下单击“全文”按钮，即可查看全文。

3.8.5　Engineering Village Compendex 数据库

1. 资源地址

https://www.engineeringvillage.com。

2. 资源简介

Engineering Village Compendex（EV CPX）数据库是由爱思唯尔公司出品的目前全球最全面的工程领域二次文献数据库，首页如图 3-119 所示。EV CPX 数据库涵盖了一系列工程、应用科学领域的高品质文献资源，涉及机械工程、土木工程、环境工程、电气工程、结构工程、材料科学、固体物理、超导体、生物工程、能源、化学和工艺工程、照明和光学技术、空气和水污染、固体废弃物的处理、道路交通、运输安全、控制工程、工程管理、农业工程和食品技术、计算机和数据处理、电子和通信、石油、宇航、汽车工程以及这些领域的子科学和其他主要的工程领域。

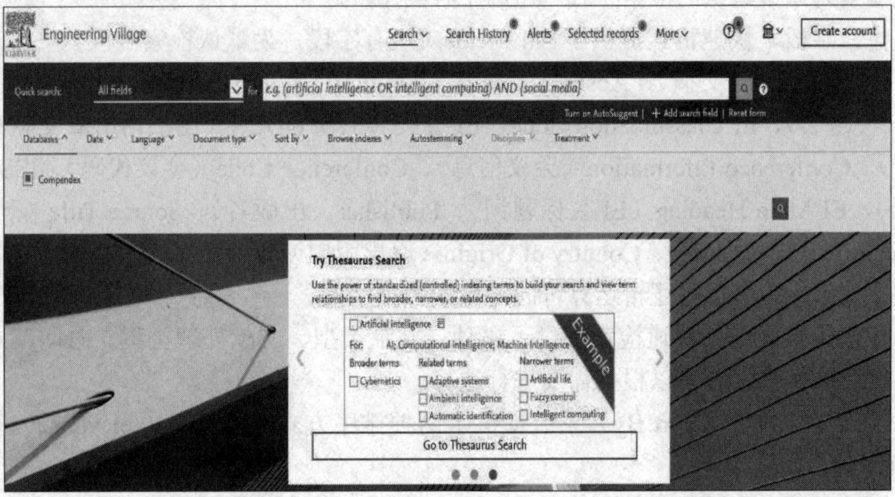

图 3-119　Engineering Village Compendex 数据库首页

在资源内容与数量方面，数据库拥有超过 2300 余万条记录；每年收录超过 3600 种期刊，10 000 余个会议录和行业杂志；涵盖 190 余种工程和应用科学领域的资料；在线内容收录从 1969 年至今；每年新增超过 130 万条摘要引文信息，数据库内容每周更新。

3. 检索平台

EV CPX 数据库提供多种检索方式，包括快速检索（quick）、专家检索（expert）、主题词表检索、作者和机构检索，以满足不同检索需求，如图 3-120 所示；可对文献类型、文献语种、文献时限等进行限制检索，如图 3-121 所示；提供个人账号密码，保存个人检索历史和设置邮件通告；通过 IP 控制访问，提供专线服务，无并发用户限制。

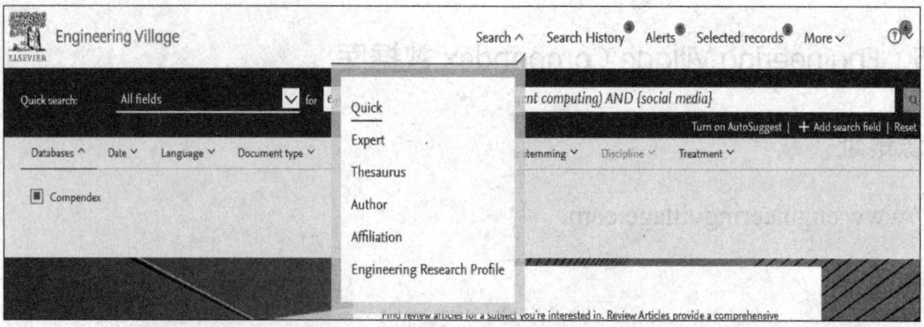

图 3-120　EV CPX 数据库检索方式

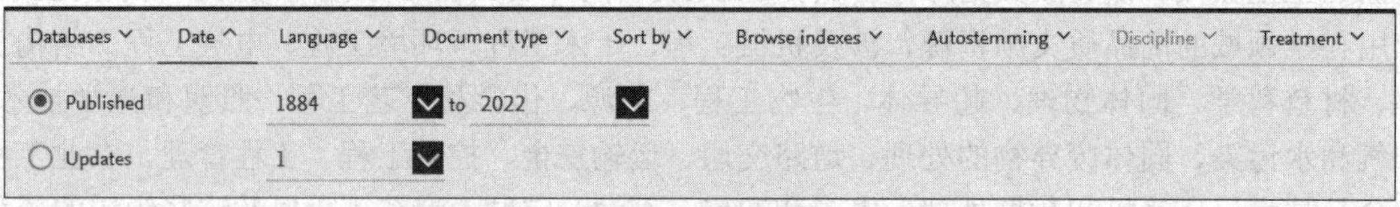

图 3-121　EV CPX 数据库限制检索

快速检索为系统默认的检索方式，适用于各类用户。

（1）检索字段。快速检索提供了 All Fields（所有字段，为默认检索字段）、Subject/Title/Abstract（主题 / 题名 / 文摘）、Abstract（文摘）、Author（作者）、Author Affiliation（作者单位）、Title（题名）、EI Classification Code（EI 分类号）、CODEN（图书馆所藏文献和书刊的分类编号）、Conference Information（会议信息）、Conference Code（会议代码）、ISSN（国际标准刊号）、EI Main Heading（EI 主标题词）、Publisher（出版者）、Source Title（刊名）、EI Controlled Term（EI 受控词）、Country of Origin（原出版国）等检索字段。检索者可以在单个字段中进行检索，也可以用逻辑运算符同时检索多个字段。

（2）检索条件限定。快速检索提供了语种、文献类型、文献处理类型、时间范围选择四个检索限定选项，检索者可以根据需要进行选择。

（3）检索结果排序（Sort By）系统提供了两种排序方式：相关度（relevance）和出版时间（publication year）。

3.8.6　Scopus 数据库

1. 资源地址

https://www.scopus.com。

2. 资源简介

Scopus 数据库由爱思唯尔公司在 2004 年年底正式推出。该数据库收录了来自全球 5000 余家出版社的超过 24 000 种期刊，是全球最大的文摘和引文数据库，为科研人员提供了一站式获取科技文献的平台。该数据库包括 24 000 余种同行评审期刊，5000 多种开放获取期刊。Scopus 的学科分类体系涵盖了 27 个一级学科及 334 个二级学科，归属于四大门类：生命科学

（4915 余种）、社会科学与人文艺术（10 574 余种）、自然科学（8529 余种）和医学（7136 余种，全面覆盖 Medline）。

该数据库完整收录 Elsevier, Springer/Kluwer, Nature, Science、American Chemical Society, Institute of Physics, American Physical Society, American Institute of Physics, Royal Society of Chemistry 等出版商出版的所有期刊，自第一卷第一期开始；收录 Elsevier, Springer/Kluwer, Science, Nature, IEEE, Cambridge University Press, Karger Medical 的在编文章（Article in Press，早于正式出版 1 ～ 4 个月）；完整收录国际汽车工程师学会的全部文献，涉及油气资源（包括生物燃料、燃料电池和替代能源）、塑料、航空航天、电子、交通、HVAC、物理学和润滑油等。中国高水平期刊超过 860 本，超过 1100 万篇会议论文，63 000 种丛书（系列图书），超过 8100 万条记录中，最早可回溯至 1788 年。来自全球五大专利组织的超过 4300 万条专利信息。

3. 检索平台

用户可以根据与文献的特定部分（如标题、作者、关键字、ISSN）相关的搜索词在 Scopus 中搜索出版物。

1）来源出版物检索

根据来源出版物的基本信息，按学科领域、标题、出版商或 ISSN 进行检索。完成检索后，来源出版物列表将根据所输入的检索条件进行更新，如图 3-122 所示。

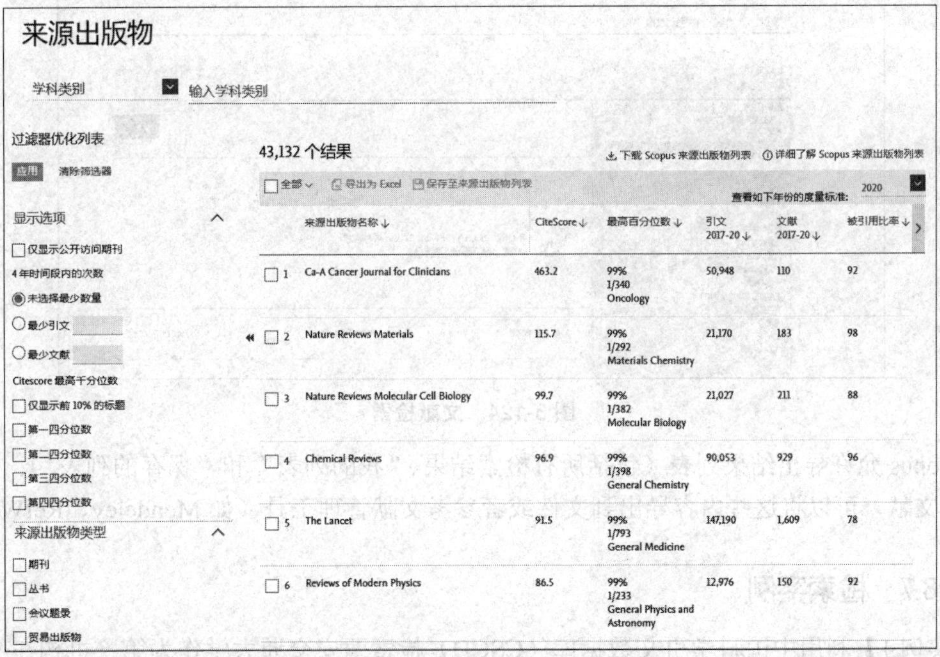

图 3-122　来源出版物检索

2）作者检索

作者检索可以帮助用户在 Scopus 中找到由特定人员编写的文献，Scopus 作者标识符可以确保识别作者检索结果中的差异；可以输入作者的姓氏、首字母、名字、归属机构或 ORCID 进行检索，如图 3-123 所示。

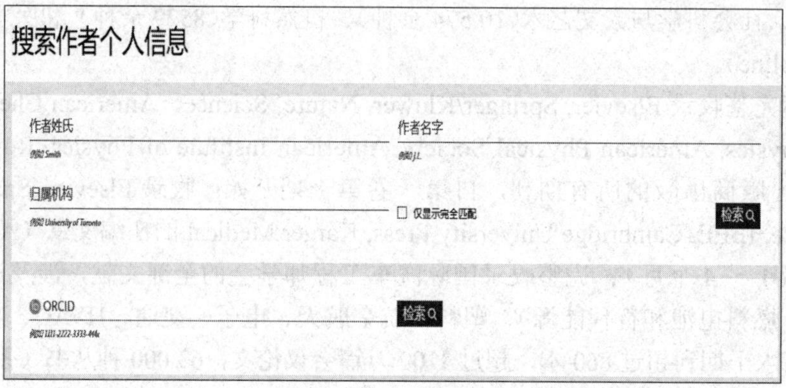

图 3-123　作者检索

3）文献检索

在检索一栏中输入要检索的词语，然后从下拉列表中选择搜索字段，还可以设置日期范围以进一步缩小结果范围，如图 3-124 所示。文献检索会返回一个文献列表，并且可以选择精简、分析和保存结果。

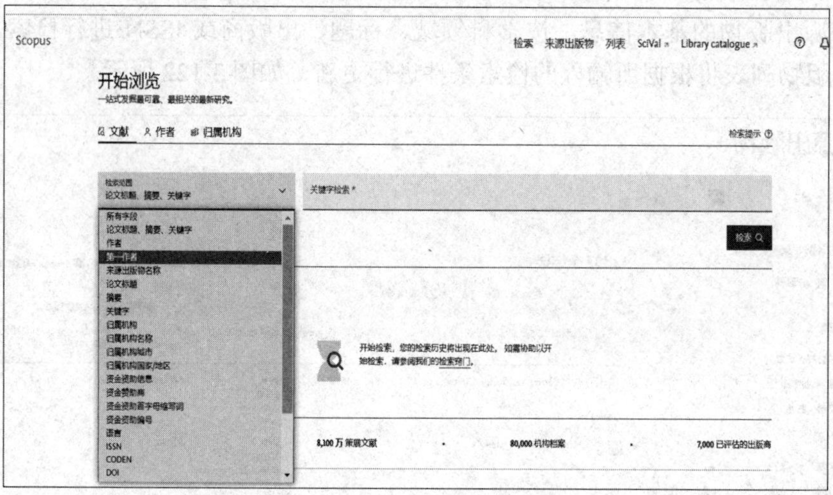

图 3-124　文献检索

Scopus 允许导出结果列表（包括所有检索结果、“我的列表”和“保存的列表”）、文献以及参考文献，可以将这些内容导出到文件或者参考文献管理工具（如 Mendeley、RefWorks）。

3.8.7　检索实例

【实例 1】利用中国科学引文数据库（CSCD）检索西安交通大学作为第一机构在 2017—2022 年被收录的数学学科的文献。

以下为具体检索步骤。

（1）登录中国科学文献服务系统地址 http://www.sciencechina.cn，选择中国科学引文数据库（CSCD），进入检索页面。

（2）选择来源文献检索。

（3）在检索字段下拉框中选择“第一机构”，在文本框中输入“西安交通大学”。

（4）在限定条件“论文发表”中输入“2017 年到 2022 年”。

（5）在限定条件“学科范围”下拉框中选择“数学”，单击“检索”按钮。检索过程如图 3-125 所示，检索结果如图 3-126 所示。

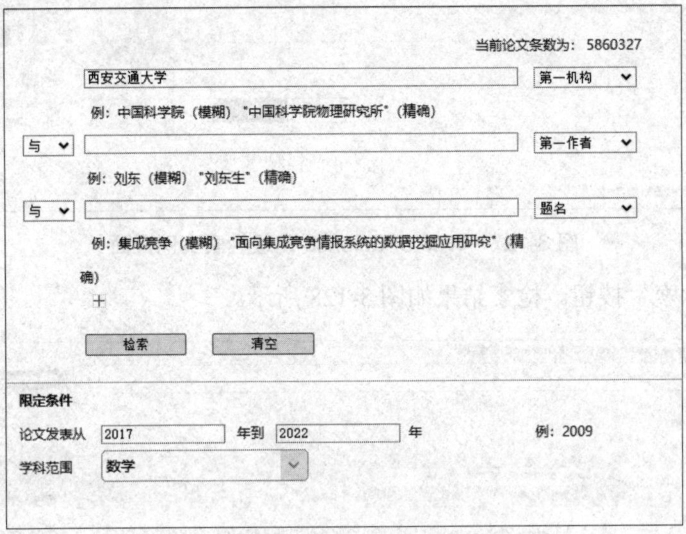

图 3-125　CSCD 检索实例页面

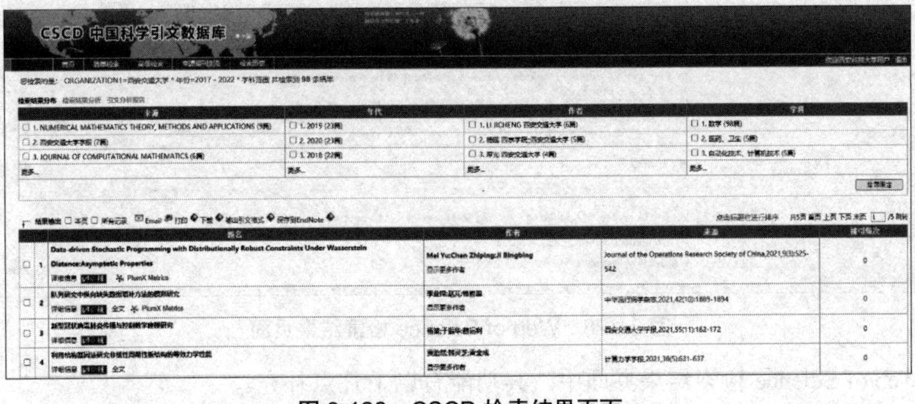

图 3-126　CSCD 检索结果页面

【实例 2】利用 SCI 数据库检索近五年关于“停车场车辆路径”方面的相关文献。

以下为具体检索步骤。

（1）登录网站：输入网址 http://www.webofknowledge.com，打开主页。

（2）确定检索方式:选择 Web of Sciencet 主页中的“高级检索”，单击后进入高级检索界面。

（3）确定检索词: parking lot、vehicle、automobile path、route。

（4）确定检索字段：TS=(parking lot) AND TS=(vehicle or automobile) AND TS=(path or route)。选择“时间跨度 = 最近 5 年”，数据库选择 Science Citation Index Expanded (SCI-EXPANDED)—2014 年至今。检索过程如图 3-127 所示。

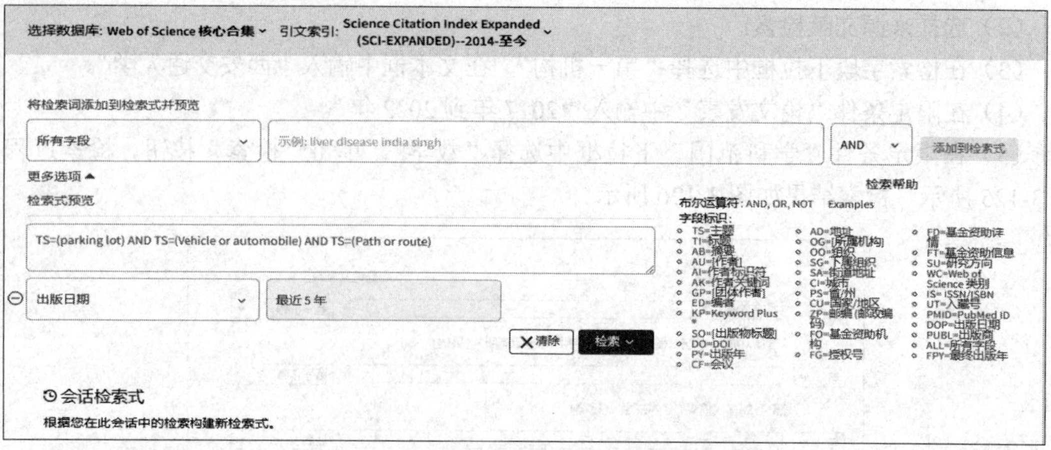

图 3-127　Web of Science 高级检索实例页面

（5）单击“检索”按钮。检索结果如图 3-128 所示。

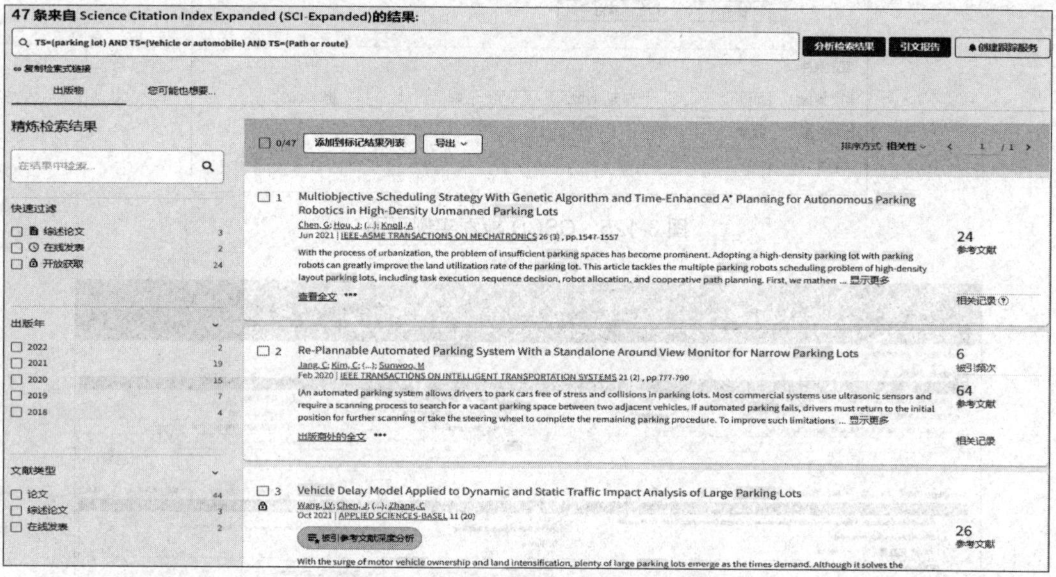

图 3-128　Web of Science 检索结果页面

在 Web of Science 检索结果界面中，其功能有以下几点补充。

（1）在检索结果界面中，文献列表排序方式有相关度、使用次数、第一作者、发表时间、被引频次等多种方式排序，相应命中的检索词会以高亮显示，并可以通过左侧侧边栏实现二次检索、结果精练等功能。

（2）在结果列表中，通过单击文献题名可以查看文献的详细信息，单击被引频次可以显示更为详细的引用来源情况。

（3）通过检索结果，可以连接到 ISI Web of Knowledge 平台的其他数据库，如 CPCI、BP、JCR 等；还可以从论文的作者获取该作者发表的其他论文，而且可以从检索结果列表页面直接链接全文（仅限本馆已购全文），并可选择不同格式导出和保存题录信息。

（4）检索结果的输出与保存。用户可以选择打印或电子邮件，保存到 EndNoteWeb、

RefMan、ProCite 等题录管理工具。

（5）Search History（检索历史）界面，可查看登录平台后进行的历次检索的检索式、检索结果，并可对各次检索进行简单组配。此外，还可以将“检索历史”表中的检索式加以保存。

思考题

1. 在超星汇雅电子图书数据库中，检索清华大学出版社出版的书名中包含“信息检索”的相关图书。

2. 在中国知网中检索题名为“基于互联网的城市河流污染水体生态环境修复方法研究”的论文，并下载查看全文。

3. 在万方数据知识服务平台中，检索自 2010 年至今，西安科技大学周安宁教授指导的学位论文有多少篇，并列举一篇查看详细信息。

4. 查询国外会议文献可以使用哪些数据库，任选一个并进行举例。

5. 在国家知识产权局专利检索平台检索“华为技术有限公司”的专利并进行分析。

6. 在中国知网或万方数据知识服务平台的标准数据库中，检索“生活饮用水”的 ISO 标准和“煤矿矿井水分类”“医用口罩”的现行国家标准。

7. 文摘索引类数据库的特点和作用是什么？

8. 比较一下中国引文数据库与中国科学引文数据库在检索方式上的异同。

第4章 专业网络信息资源及其检索

4.1 矿业工程与安全科学网络信息资源

4.1.1 煤炭科技文献数据库

1. 资源地址

http://new.coallib.com。

2. 资源简介

煤炭科技文献数据库（原名“煤炭数字图书馆”）由应急管理部信息研究院建设。应急管理部信息研究院为中央在京科研院所，成立于1959年，原隶属于煤炭工业部，现为应急管理部直属事业单位，主要从事信息研究和出版印刷两大业务。应急管理部信息研究院信息资源部专门负责收集国内外煤炭、安全生产及其相关专业各类文献信息并提供服务，同时借助资源优势开展了大量的咨询工程和技术转移等服务，形成了以信息资源为基础、以开发为重点、以技术为保障、以服务为龙头的信息工作体系，与国家图书馆、国家工程技术图书馆等文献机构建立了良好的合作关系，是科技部授权的国家级科技查新咨询单位。

信息研究院于2004年开始建设煤炭数字图书馆暨安全生产数字图书馆，煤炭数字图书馆经过平台和内容升级，于2021年更名为“煤炭科技文献数据库”。

煤炭科技文献数据库提供中外文煤炭类图书、期刊与会议论文及国内外煤炭信息、机构，中国煤炭工业标准，中国矿业文摘（1984—2004年）等资源，可授权进行资源浏览、检索和下载。该数据库的主要资源涵盖煤炭、安全生产两大专业，集中于11个数据库。

（1）图书库：收录1980年以来的中文专著、教材、年鉴、年报、研究报告、会议录等，现有5500余本，其中2004年以前的多为文摘，每年新增约300种。

（2）期刊论文库：主要收录1974年以来发表在科技期刊、年鉴、论文集上的国内煤炭科技论文，是煤炭科技文献系列数据库中极其重要的数据库。现有120万余篇，每年新增约10万余篇。

（3）学位论文库：收录1984年以来多家博硕士培养单位的优秀博硕士学位论文。现有

46 000 余篇，每年新增 3000 篇左右。

（4）外文文献库：收录 1980 年以来的外文专著、年报、研究报告、122 种外文期刊论文、会议论文等，现有 53 000 余本，其中 2004 年以前的多为文摘，每年新增约 5000 篇。外文文献均经过精心筛选，文献的题名、出处等检索信息都由专家翻译成了中文。

（5）会议论文库：收录我国 2002 年以来国家二级以上学会、协会、高等院校、科研院所、学术机构等单位的论文集，现有万余篇。

（6）统计数据库：对国内外煤炭行业及相关行业诸如资源、生产、运输、贸易、技术、装备、企业相关信息进行搜集、提炼、整理，并以直观图表形式加以体现，现有 9800 余条，每年新增约 1000 条。

（7）专利库：收录我国 1984 年以来以煤矿安全生产为主题的专利文献，现有 14 万条。

（8）标准数据库：全面收录了我国煤炭工业行业标准、国家标准和行业安全标准，以及部分与煤炭行业相关的电力、机械、冶金、能源、石油化工、核工业等行业标准，现有 6000 余条。

（9）法律法规数据库：重点收集国内和煤炭产业相关的政策法规，包括国家政策、地方政策、政策解读等，涉及安全政策、资源管理、生产经营、开发建设、财政税收等不同领域，现有 96 000 余项，每年新增约 500 项。

（10）成果库：收录 1991 年以来高等院校、科研院所、学术机构、矿山企业为主研制的各项成果文献。现有 9000 余条，每年新增约 1000 条。

（11）视频资料库：重点收集国内和煤炭产业相关的各项视频资料，涉及煤矿地质与测量、煤矿施工技术、矿井开采、煤层气、煤矿信息化技术、矿区生态等领域，目前视频资料库资源在不断丰富中。

3. 平台特色

（1）专业——专门满足煤炭工业和安全生产的文献和信息需求。

（2）全面——全面收集各类各种相关信息资源，包括外文文献、内部资料。

（3）快速——信息资源更新快速，用户获取快速。

（4）准确——确保信息资源准确。

4.1.2 应急管理文献数据库

1. 资源地址

http://www.safetylib.com。

2. 资源简介

应急管理文献数据库（原名“应急管理数字图书馆”）由应急管理部信息研究院建设。应急管理数字图书馆于 2018 年投入运行，借助高速扫描仪、数码复印机、拷贝机、全文检索系统、数字化自动加工系统、网络信息自动获取系统等现代化设备和手段，不断丰富信息资源。应急管理数字图书馆于 2021 年更名为“应急管理文献数据库”。

应急管理文献数据库内容涵盖国内外应急管理、安全生产、防灾救灾等领域的图书、论文、案例、专利、标准、法规、视频资料等，数据资源集中收录于10个数据库和1个特色栏目，系统主页实时展示科技动态及国外应急管理相关动态信息等内容。

（1）图书资料库：收录1980年以来应急管理和安全生产领域相关中文专著、教材、年鉴、年报、研究报告、会议录等，每年新增约100种。

（2）期刊论文库：主要收录1974年以来应急管理和安全生产领域相关科技论文和期刊，现有期刊116种，论文42万余篇，每年新增约2万篇。

（3）学位论文库：收录1984年以来应急管理和安全生产相关专业的优秀博硕士学位论文。

（4）外文文献库：收录1980年以来的外文专著、年报、研究报告、122种外文期刊论文、会议论文等，每年新增约800篇。外文文献均经过精心筛选，文献的题名、出处等检索信息都由专家翻译成了中文。

（5）会议论文库：收录我国2002年以来国家二级以上学会、协会、高等院校、科研院所、学术机构等单位的论文集，现有5100余篇。

（6）案例库：数据涵盖国内外水旱灾害、气象灾害、地震灾害、地质灾害、森林草原火灾等自然灾害，煤矿事故、非煤矿山事故、危化品事故、工贸行业事故、交通运输事故、建筑事故、火灾事故等事故，以及公共卫生事件等，着重于典型案例的分析研究，旨在为应急救援、事故预防提供知识资源和理论依据。

（7）专利库：收录我国1984年以来应急管理和安全生产领域内相关专利，现有4万余条。

（8）标准数据库：全面收录了我国应急管理及安全生产领域内的国家标准和行业标准，涉及安全生产、公共安全、煤炭、电力、机械、冶金、石油天然气、化工等多个行业（领域），现有1460余条。

（9）法律法规数据库：重点收集国家层面和地方层面与应急管理和安全生产相关的法律法规、规范性文件等及相关政策解读，现有114 600余项。

（10）视频数据库：收录应急管理和安全生产相关的新闻、宣传片、警示教育片及安全培训相关视频等。

（11）特色栏目：建设了“国外应急管理”特色栏目，内容主要包括国外应急管理领域相关的即时动态信息、应急管理体制机制、相关法律法规、应急管理文库、应急科技、应急预案、标准规范等。

4.1.3 中国煤炭行业知识服务平台

1. 资源地址

http://www.chinacaj.net。

2. 资源简介

中国煤炭行业知识服务平台（又名“煤炭期刊网”）由煤炭科学研究总院有限公司和中国

煤炭学会学术期刊工作委员会创办于 2015 年，是我国煤炭行业第一个专业化知识服务平台，目前已实现的功能主要有三个方面。

（1）期刊集群展示平台：知识服务平台现有加盟行业科技期刊 62 种，其中 Ei 收录期刊 5 种，中文核心期刊 19 种，中国科技核心期刊 26 种，英文期刊 2 种，基本涵盖了煤炭行业所有科技期刊。

（2）投审稿综合工作平台：建设了 62 种期刊的“统一投审稿端口”，作者、审稿专家、编辑可通过“统一投审稿端口”直接进入各刊的投审稿系统。

（3）行业数据库集成平台：目前建设有学术论文库、专家库、实验室库、行业咨询库 4 个数据库，其他数据库内容也正在不断补充之中。

中国煤炭行业知识服务平台期刊包括 20 种煤科总院所属期刊和 42 种加盟期刊。

（1）煤科总院所属期刊：包括《煤炭学报》《煤炭科学技术》《煤田地质与勘探》《煤矿安全》《采矿与岩层控制工程学报》《煤炭工程》《矿业安全与环保》《工矿自动化》《国际煤炭科学技术学报（英文）》《洁净煤技术》《煤质技术》《建井技术》《煤炭经济研究》《煤矿机电》《露天采矿技术》《矿山测量》《能源环境保护》《选煤技术》《煤矿爆破》《智能矿山》。

（2）加盟期刊：包括《中国矿业大学学报》《采矿与安全工程学报》《矿业科学技术学报（英文）》《煤炭转化》《中国煤炭》《煤炭技术》《太原理工大学学报》《辽宁工程技术大学学报（自然科学版）》《河南理工大学学报（自然科学版）》《西安科技大学学报》《湖南科技大学学报（自然科学版）》《山东科技大学学报（自然科学版）》《黑龙江科技大学学报》《安徽理工大学学报（自然科学版）》《华北科技学院学报》《煤矿机械》《煤炭加工与综合利用》《能源与环保》《中国煤炭地质》《神华科技》《煤炭与化工》《山东煤炭科技》《山西焦煤科技》《煤矿现代化》《煤》《中国煤层气》《煤炭科技》《能源技术与管理》《技术与创新管理》《中国矿业大学学报（社会科学版）》《湖南科技大学学报（社会科学版）》《太原理工大学学报（社会科学版）》《辽宁工程技术大学学报（社会科学版）》《河南理工大学学报（社会科学版）》《山东科技大学学报（社会科学版）》《安徽理工大学学报（社会科学版）》《煤炭高等教育》《陕西煤炭》《同煤科技》《河北工程大学学报（自然科学版）》《河北工程大学学报（社会科学版）》《矿业科学学报》。

以下为中国煤炭行业知识服务平台提供数据库。

（1）学术论文库：数据基于中国煤炭行业知识服务平台上展示的所有期刊中的文章，并提供便捷的检索功能，检索页面提供最新论文、优先出版、增强论文、过刊浏览、亮点论文、编辑推荐、TOP 论文、论文图表等专题，检索到的文章可以直接下载查看。

（2）专家库：收录了我国煤炭行业 860 余位知名专家、学者的信息，具体包括个人简介、研究方向、主要成果、获奖及荣誉、学术兼职、代表论文、专著、专利、联系方式及专家相关视频等，支持读者与专家互动。

（3）实验室库：收录了我国煤炭行业 140 余个重点实验室相关信息，包括中国煤科、中国矿业大学、中国矿业大学（北京）、中国科学院、中国地质大学、西安科技大学等 14 家机构，煤炭开采与矿井建设、煤系“三气”资源开发、煤矿安全等 8 个分类。

（4）行业咨询库：主要包括我国煤炭行业相关资讯及科研智库，发布我国煤炭行业最新国家政策、相关资讯等信息。

除了以上介绍的内容和模块，中国煤炭行业知识服务平台还提供图书、视频、图表、专题、问答等，供煤炭相关行业从业人员和广大读者查阅。

4.1.4 中国工程科技知识中心能源专业知识服务系统

1. 资源地址

http://energy.ckcest.cn。

2. 资源简介

中国工程科技知识中心（以下简称“知识中心”）是经国家批准建设的国家工程科技领域公益性、开放式的知识资源集成和服务平台建设项目，是国家信息化建设的重要组成部分。知识中心建设以满足国家经济科技发展需要为总体目标，通过汇聚和整合我国工程科技相关领域的数据资源，以资源为基础、以技术为支撑、以专家为骨干、以需求为牵引，建立集中管理、分布运维的知识中心服务平台。

能源专业知识服务系统是知识中心的重要组成部分，依托太原理工大学和北京低碳与清洁能源研究所共同承建，是我国第一个能源全生命周期产业链多维度数据库平台和服务平台。该系统和地理信息系统、全生命周期评价系统相结合，更加直观地反映中国能源生产到消费对环境、经济和社会等方面的影响等，在基于能源大数据的挖掘的基础上，为政府、企业以及学术团体提供知识服务和应用服务，从而更好地为国家发展提供支撑。

能源专业知识服务系统在范畴上囊括了所有的能源形式；在边界上覆盖了能源从生产到消亡；在数据上汇聚了工程、生态环境、经济、市场贸易、价格、政策、专家等维度的数据；在应用上通过时间轴、地理轴、产业链轴、维度轴等将数据进行关联，并进行深度挖掘；在服务上提供系统能力所及的知识服务、数据服务、数据分析服务、数据呈现服务以及定制化的专题服务等；在架构上由能源、煤炭、石油、天然气、新能源（风、水、太阳、生物、地热）、核能、节能、全生命周期评价等板块组成。

能源专业知识服务系统模块包括能源资讯、能源板块（分为 10 个能源子平台：煤炭、石油、天然气、核能、太阳能、风能、水能、生物质能、海洋能、地热能）、能源数据、能源地图、能源政策、行业报告、特色应用、知识服务与能源直播等。该系统为公益性平台，多数信息可以直接浏览或下载，部分信息由于版权限制需要注册个人账号（免费）后获取。

4.1.5 国道外文专题数据库——矿业工程与安全科学技术专题

1. 资源地址

http://www.specialsci.cn。

2. 资源简介

国道外文专题数据库（英文简称“SpecialSciDBS”）是北京中加国道科技有限责任公司

开发的国内最大的外文特色专题数据平台。该平台现有全文数据 1000 万篇，年更新量 70 万篇。目前，SpecialSciDBS 平台可供查询的外文电子资源，囊括高科技前沿的生命科学、信息科学、能源科学、海洋科学、材料科学、空间科学、环境科学、软科学、先进制造技术 9 大门类，涵盖了自然科学、农业科学、医药科学、工程与技术科学、人文与社会科学等学科，涉及教育、食品、信息电子、化工冶金、土木建筑、农业、机械、医药卫生、经济管理、金融财会、法律、标准等 60 个专题领域。

1）矿业工程专题库

矿业工程专题库全面整合了矿业工程的国际网络学术资源，内容涉及矿山地质学、矿山测量、矿山设计、矿山地面工程、采矿工程、矿物加工工程（选矿）、安全技术工程、矿山机械、矿山电工、采矿环境、非能源矿产开发、煤炭开发、石油天然气开发及钻井工程的最新发展方向和研究成果。

主要收录时间：1995 年至今；语种：英语；每年更新：3000+。

具体内容包括：矿山地质学（mining geology）、矿山测量（mine surveying）、矿山设计（mine design）、矿山地面工程（mine surface engineering）、采矿工程（mining engineering）、矿物加工工程（选矿）[mineral processing（ore processing）]、安全技术工程（safety technology）、矿山机械（mining machinery）、矿山电工（mining electriconics）、采矿环境（mining environment）、非能源矿产开发（non-energy minerals development）、煤炭开发（coal development）、石油天然气开发（oil & gas development）、钻井工程（drilling engineering）、其他（others）。

2）安全科学技术专题库

安全科学技术专题库全面整合了安全科学与技术的国际网络学术资源，共分为 16 个大类，涉及安全政策法规标准、安全理论、职业安全、矿山安全工业生产安全、公共健康和安全、城市安全、信息安全、经济安全、消防安全、安全管理、重大事故分析、危险化学品安全、食品安全、安全生产检测技术 / 装备、自然灾害、风险评估等方面的内容。

主要收录时间：1995 年至今；语种：英语；每年更新：4000+。

具体内容包括：安全政策法规标准（safety policy, safety regulation and safety standard）、交通安全（traffic safety）、职业安全（occupational safety）、矿山安全（mining safety）、工业生产安全（industrial safety）、公共健康和安全（public health and safety）、城市安全（city safety）、信息安全（information security）、经济安全（economy safety）、消防安全（fire safety）、安全管理（safety management）、重大事故分析（great accident analysis）、危险化学品安全（hazardous/risk chemicals safety）、食品安全（food safety）、安全生产检测技术 / 装备（safety detection technology/equipment）、自然灾害（natural disasters）、风险评估（risk assessment）。

4.1.6 检索实例

本小节以“煤炭科技文献数据库”为例检索矿业工程类专业信息。

【实例】检索西安科技大学伍永平教授发表的有关“大倾角煤层”方面的文章。

（1）在浏览器地址栏输入网址 http://new.coallib.com，进入“煤炭科技文献数据库”首页，本数据库中资源需要付费后使用，如果所在机构是正式订购用户，在数据库首页会显示机构名称，如图 4-1 所示。

图 4-1　煤炭科技文献数据库首页

（2）在数据库中进行检索，本数据库提供按文献类型浏览、单库检索、多库检索、高级检索、专业检索等多种检索功能，同时可以对检索词进行精确限制。

① 简单多库检索。在本数据库首页的简单搜索框内直接输入检索词进行检索。

a. 文献类型选择系统默认的“全部”，输入检索词“大倾角煤层”，将搜索框右侧的“精确”勾选，如图 4-2 所示。

图 4-2　简单多库检索实例

b. 单击“搜索”按钮，系统进行检索并显示检中记录结果，如图 4-3 所示，在检索结果页面左侧将检索结果按文献类型、作者、专利申请号、语种等进行二次分类。

图 4-3　简单多库检索结果页面

c. 在检索结果页面的“结果中检索”框中“作者”检索框输入检索词“伍永平”进行二次检索，检索结果如图 4-4 所示，或者直接在第一次检索结果左侧作者分类部分，直接单击“伍永平”，得到的结果相同。

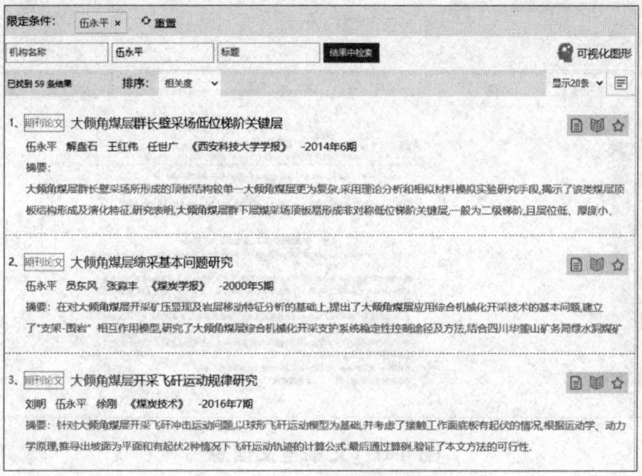

图 4-4　二次检索结果页面

d. 单击其中的文章题目，即可进入本文章的介绍页面，如单击列表中的第一篇文章，进入如图 4-5 所示页面。

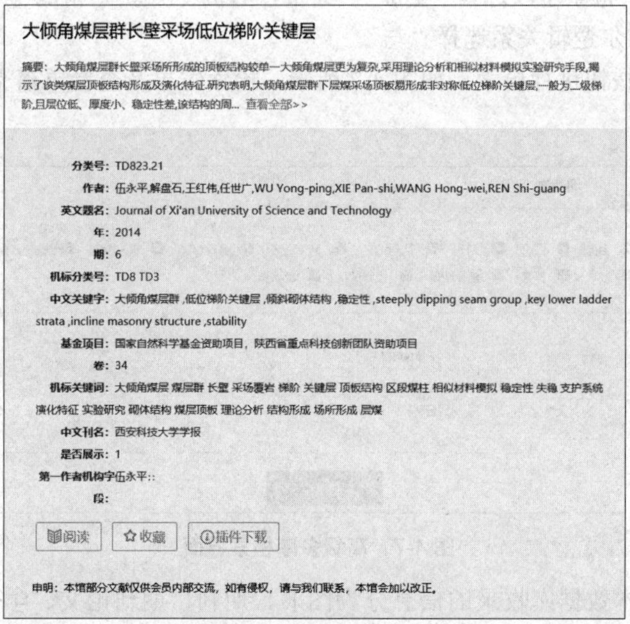

图 4-5　单篇文章介绍信息

e. 单击单篇文章界面的“阅读”链接，即可在线浏览或下载此篇文章进行全文观看（见图 4-6），或者在图 4-4 中直接单击单篇文章名称后面的图标，查看全文，页面和图 4-6 页面一致。另外，本数据库中的文章全文均为 PDF 格式，需用 PDF 阅读器阅读全文，首次阅读全文需要下载安装系统指定插件，具体单击图 4-5 所示的“插件下载”按钮。

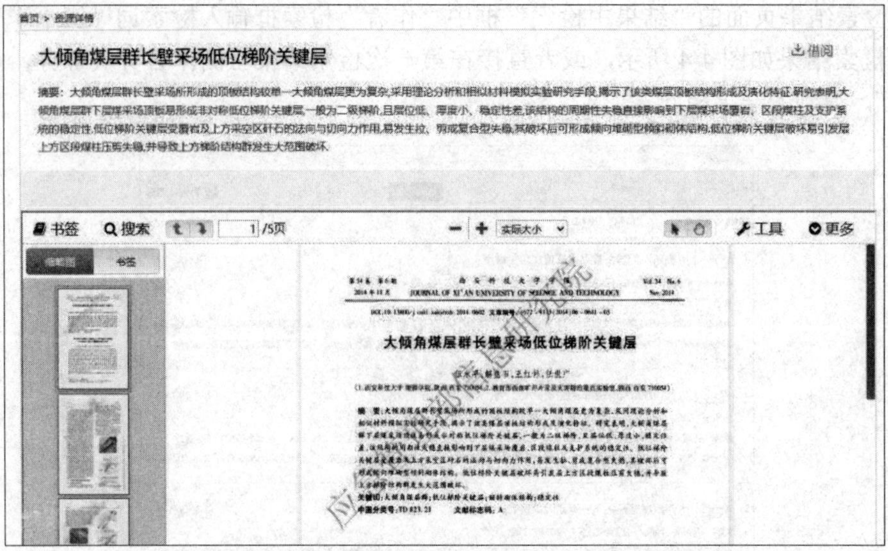

图4-6　文章全文信息

② 高级多库检索。

a. 单击本数据库首页简单搜索框右侧的“高级检索”按钮，进入高级多库检索页面。

b. 在信息类型部分，选择系统默认的“全部”，在检索框中分别输入两个检索词“大倾角煤层”和“伍永平”，检索字段选择“全部”，其中，右侧“模糊”“精确”选项均选择“精确”，两个检索词之间的布尔逻辑关系选择“与”。

c. 单击“检索”按钮进行检索，如图4-7所示。检索结果及查看单篇文章信息，如图4-4、图4-5、图4-6所示。

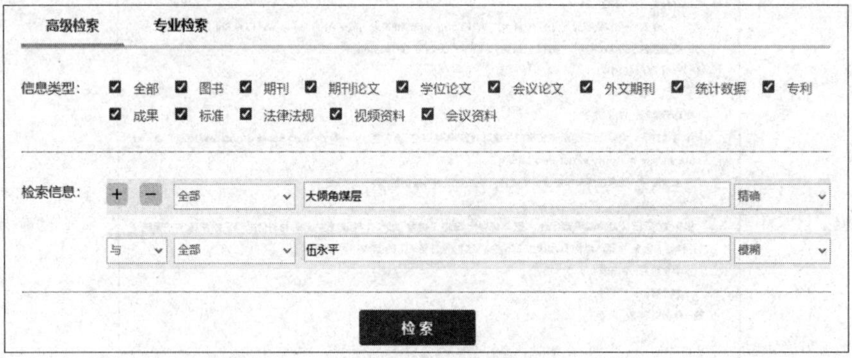

图4-7　高级多库检索界面

③ 单库检索。本数据库收录的信息分为图书、期刊、期刊论文、学位论文、会议论文、统计数据、专利、成果、标准、政策法规、视频资料等类型，可直接进入每种信息类型单库进行检索。这里还以检索西安科技大学伍永平教授发表的有关“大倾角煤层”方面的文章为例进行说明：直接在数据库首页导航栏单击“期刊论文”进入期刊论文单库检索界面进行检索，或在高级检索界面，信息类型只选择“期刊论文”，输入的检索词及其之间的逻辑组配关系和高级多库检索时一致，输入检索词和检索结果页面如图4-8所示。

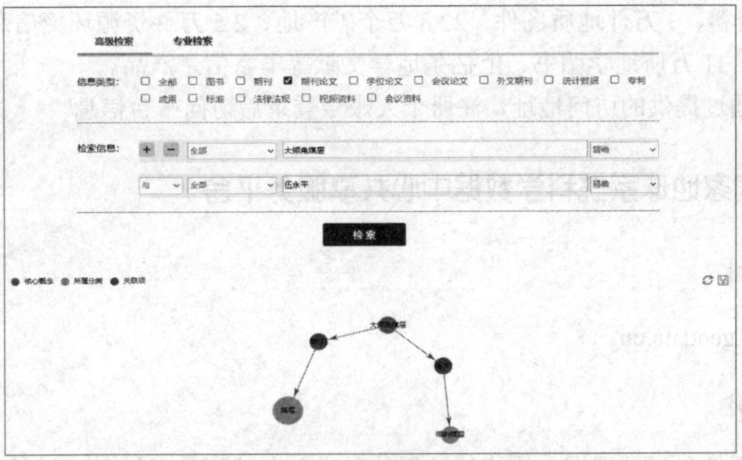

图 4-8　“期刊论文”单库检索及检索结果界面

检索结果和前面的保持一致，查看检索结果文章全文如前所述。

4.2　地球与环境科学网络信息资源

4.2.1　中国地质调查局“地质云”门户

1. 资源地址

https://geocloud.cgs.gov.cn。

2. 资源简介

“地质云”门户是由国家自然资源部中国地质调查局主持研发的一套综合性地质信息服务系统，采用经典的 4 层云架构，集成了地质调查、业务管理、数据共享及公开服务 4 个子系统，面向地质调查技术人员提供云环境下智能地质调查工作平台，创新地质调查工作新模式；面向地质调查管理人员，提供云环境下“一站式”综合业务管理和大数据支持下辅助决策支持，实现地质调查项目、人事、财务、装备等的“一站式”服务；面向各类地质调查专业人员提供基础地质、矿产地质、水工环地质、海洋地质等多类专业数据共享服务；面向社会公众提供多类地质信息产品服务。

2021 年 6 月上线的“地质云 3.0”是由中国地质调查局最新研发的国家地球科学大数据共享服务平台，包含了基础地质、能源矿产、水资源、土地资源、森林资源、草地资源、湿地资源、海洋地质、地下空间等 11 大类、近百个核心数据库，数据范围涉及地上与地下、陆地与海洋，精度从 1∶1200 万到 1∶1 万，同时实现了大量重要原始数据的上云共享及重要动态监测数据的实时上云服务，为社会提供权威科学的地球科学数据信息服务。

“地质云 3.0”共享服务平台面向长江经济带高质量发展、黄河流域生态保护和高质量发展等区域重大战略及国家重大工程建设等，构建了 8 大系列权威地质信息产品，累计发布

580万件地质资料、3万件地质图件、22.8万个矿产地、2.5万件资源环境信息产品、50万米实物岩心图像、11万册地学图书、上亿条地学文献等丰富信息产品。

用户可以通过提供的访问地址，注册个人账号登录后访问平台信息。

4.2.2 国家地球系统科学数据中心共享服务平台

1. 资源地址

http://www.geodata.cn。

2. 资源简介

国家地球系统科学数据中心围绕地球系统科学与全球变化领域科技创新、国家重大需求与区域可持续发展，依托中国科学院地理科学与资源研究所共享共建20余年，率先开展国家科技计划项目数据汇交，形成国内规模最大的地球系统科学综合数据库群，先后荣获“国家科技进步二等奖”等各类奖项130项，参加“十一五”“十二五”国家重大科技成就展，实现了我国地球系统科学数据共享从无到有，由国内走向国际的重大跨越。

国家地球系统科学数据中心按照“圈层系统—学科分类—典型区域”多层次开展数据资源的自主加工与整合集成，已建成涵盖大气圈、水圈、冰冻圈、岩石圈、陆地表层、海洋以及外层空间的18个一级学科的学科面广、多时空尺度、综合性国内规模最大的地球系统科学数据库群，建立了面向全球变化及应对、生态修复与环境保护、重大自然灾害监测与防范、自然资源（水、土、气、生、矿产、能源等）开发利用、地球观测与导航等多学科领域主题数据库115个，数据资源总量超过2.0 PB。

国家地球系统科学数据中心共享服务平台属于国家科技基础条件平台下的科学数据共享平台，属于科学数据共享工程规划中的“基础科学与前沿研究”领域，主要为地球系统科学的基础研究和学科前沿创新提供科学数据支撑和数据服务，是目前科学数据共享中唯一以整合、集成科研院所、高等院校和科学家个人通过科研活动所产生的分散科学数据为重点的平台。

该平台的数据中心包括地理资源分中心、长江三角洲分中心、湖泊—流域分中心、黄河中下游分中心、黄土高原分中心、黑土与湿地分中心、南海及邻近海区分中心、地球物理分中心、土壤分中心9个分中心；数据分类体系由大气圈、陆地表层、陆地水圈、冰冻圈、自然资源、海洋、极地、固体地球、古环境、日地空间环境与天文、遥感数据11个一级分类和100余个二级分类组成。目前建成的专题数据库有黄河流域生态保护和高质量发展专题、中国流动人口数据及可视化分析专题库、海洋灾害应急服务—印度洋海洋灾害预报专题、新型冠状病毒感染疫情专题库、地球系统科学遥感产品数据云等。目前，平台部分数据可以直接访问，部分数据需要注册账号后免费或付费使用。

4.2.3 中国古生物地层知识库

1. 资源地址

http://cpsl.sciencereading.cn。

2. 资源简介

中国古生物地层知识库（China Palaeontology Stratigraphy Library，CPSL）隶属于中国科技出版传媒股份有限公司，由中科传媒科技有限责任公司开发，是首个全面收录我国古生物系统分类成果并集成物种描述信息、地层、剖面相关信息与理论知识的专业数据库。数据库以权威学术发布平台科学出版社的相关出版物为基础，收录近百年来出版的古生物志和相关专著中提取的数万种古生物条目数据，将内容知识碎片化、结构化、标准化处理，进行深度标引和组织，含有全面的物种描述、图片、地层、剖面等信息，并与权威科研机构古生物地层数据进行融合与关联，每年持续更新约 2000 个物种或地层剖面条目。

3. 平台特色

中国古生物地层知识库的内容特色体现在：① 最全面、连续、完整收录百年来古生物领域经典志书中的物种信息，如完整收录和发布《中国古生物志》丛书所记录的古生物物种约 2 万种，《中国古脊椎动物志》已出版卷册所收录发布的 2800 余种古生物物种已被该数据库全部收录并持续更新。② 收录权威地学专业工具书词条，如收录《地学大辞典》词目 2 万余条，可满足单个词条和学科知识体系的双重查读需求；收录《古生物学名词》词条 2800 余条；另外，该数据库与国内权威地质学科研究院所深度合作获取大量科研调查数据，包括地层、剖面、矿物岩石、岩相等基础数据资料，已在数据库中发布 1.3 万余条。

4.2.4　SEG Library

1. 资源地址

https://library.seg.org。

2. 资源简介

国际勘探地球物理学家学会（Society of Exploration Geophysicists，SEG）成立于 1930 年，目前在全球 114 个国家拥有超过 14 000 名会员，是国际上最权威的勘探地球物理学术组织，是地球科学、石油勘探领域内享有盛誉的专业、高水平学会，致力于推动应用地球物理学的发展和地球物理学家教育。该组织每年会举办世界上最大规模的地球物理大会，通过出版物刊载地球物理学的应用研究论文和技术报告。

目前 SEG 的在线数据库 SEG Library 向用户提供整合平台，主要资源包括 SEG 出版的期刊、杂志和会议录，SEG 畅销的应用地球物理百科字典，以及澳大利亚勘探地球物理学家学会（ASEG）和美国环境与工程地球物理学学会（EEGS）的资源。学科涵盖地质勘探、地球物理学、地质资源与地质工程、矿业与石油与天然气工程等，以下为具体内容。

（1）期刊——包括 SEG 出版的 3 种期刊 *Geophysics*（1936 年至今，刊载地球物理学的应用研究论文和技术报告，包括应用地震法、电与电磁法、遥感和地热考察等途径进行石油和矿物勘探）、*Interpretation*、*The Leading Edge*（1982 年至今，刊载地球物理学的研究论文，报道美国勘探地球物理学会的活动，介绍勘探设备的新产品）和 EEGS 出版的 1 种期刊

Journal of Environmental & Engineering Geophysics（1995 年至今）。

（2）会议录——包括 SEG 出版社 2 种会议录和 EEGS 出版社 1 种会议录，至今共有 120 余卷。

（3）电子图书——包括 140 余本电子图书，主题涉及的领域有地震数据处理、地球物理学解释、地震数据采集、储层地球物理学、电磁法、近地表地球物理、潜在区域方法研究、信号处理、探矿地球物理学；畅销书《应用地球物理学百科辞典》第 4 版也被收录其中。

4.2.5 GeoScienceWorld 数据库

1. 资源地址

https://pubs.geoscienceworld.org。

2. 资源简介

地球科学世界出版社（GeoScienceWorld，GSW）是由 7 家地球科学领域的顶尖协会共同建立的非营利组织，包括美国石油地质师学会（American Association of Petroleum Geologists，AAPG）、美国地质协会（American Geological Institute，AGI）、美国地质协会（Geological Society of America，GSA）、伦敦地质学会（Geological Society of London，GSL）、美国矿物学会（Mineralogical Society of America，MSA）、美国沉积地质学协会（Society for Sedimentary Geology，SEPM）和美国地球物理探矿工作者协会（Society of Exploration Geophysicists，SEG），旨在为研究人员提供最新的地球科学电子信息资源。

GeoScienceWorld 数据库（以下简称“GSW 数据库”）由 GeoScienceWorld 编辑出版。

GSW 数据库资源涵盖期刊、图书、GeoRef 数据库资源及开放数据。地球科学世界出版社现已出版 39 种地球科学领域相关的期刊文献，包括专题论文、地图和资料集等。

GSW 数据库主题涵盖石油地质、地质学、地震学、地球科学的环境工程、地质的探测与采矿、地质化学、孔虫学、古生物学、地球物理学、孢粉学、地下水文学等，被多家国际著名检索工具书和数据库收录、索引，包括 Chemical Abstracts、Engineering Index、GEOBASE、GeoRef、Mineralogical Abstracts、PASCAL/CNRS、GeoArchive、CAB International、Geo Abstracts、IBZ、Research Alert and Scisearch 等。

目前国家科技图书文献中心（NSTL）订购了 GSW 数据库的网络期刊并开通全国共享，访问机构申请共享后，在机构 IP 范围内即可免费访问。

4.2.6 检索实例

本小节以“GeoScienceWorld 数据库”为例，查看期刊地球科学方面的专业期刊信息。

【实例】在 GeoScienceWorld 数据库中查看“AAPG Bulletin”中的文章。

（1）登录 GeoScienceWorld 数据库网站（网址：https://pubs.geoscienceworld.org），首页如图 4-9 所示。

（2）在本网站最上方工具栏单击“Journal”按钮，进入期刊列表页面，如图 4-10 所示。

（3）单击刊名“AAPG Bulletin”，进入该期刊检索页面，如图 4-11 所示。

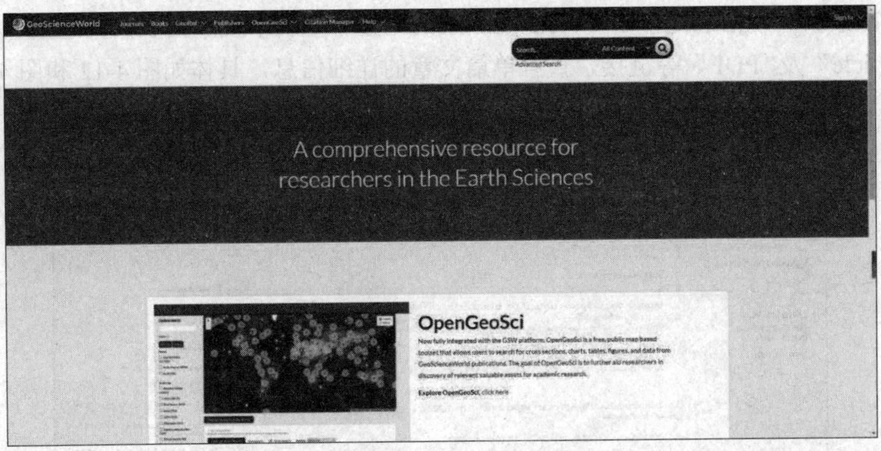

图 4-9　GeoScienceWorld 数据库首页

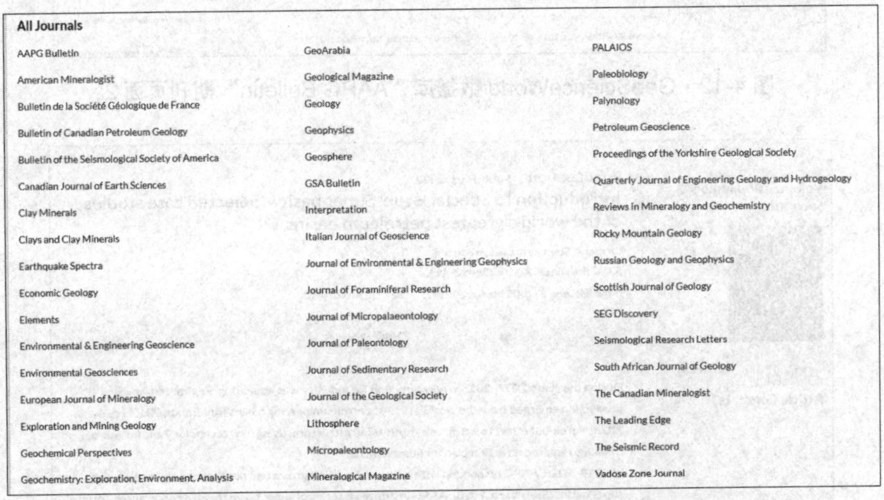

图 4-10　GeoScienceWorld 数据库期刊列表页面

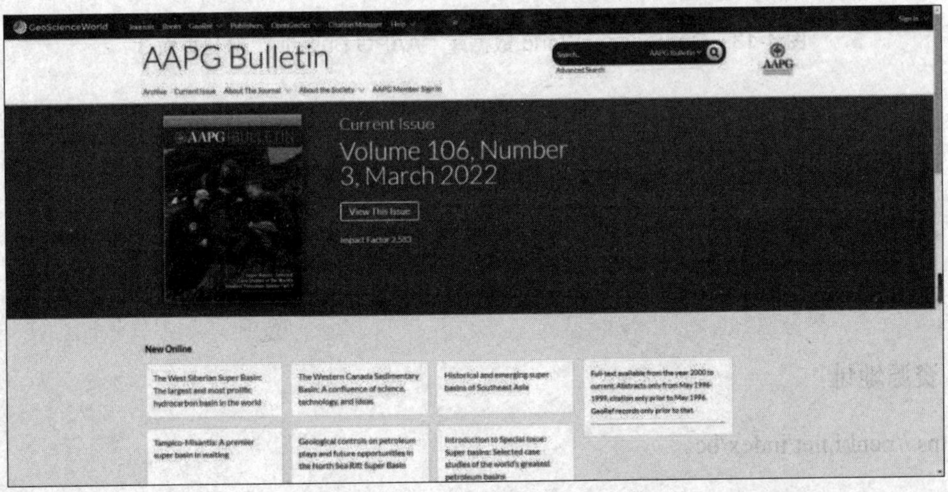

图 4-11　GeoScienceWorld 数据库“AAPG Bulletin”期刊页面 1

（4）在最新一期信息处单击“View This Issue”查看期刊中文章列表，并通过“Abstract”、“View article”及“PDF”等链接，查看单篇文章的详细信息，具体如图 4-12 和图 4-13 所示。

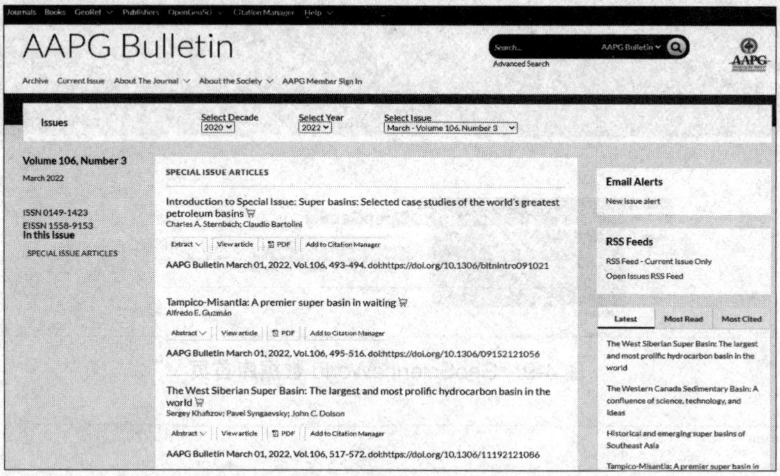

图 4-12　GeoScienceWorld 数据库“AAPG Bulletin”期刊页面 2

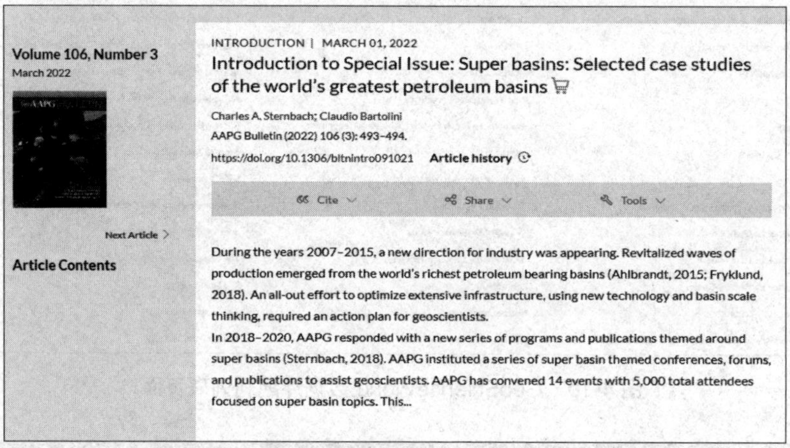

图 4-13　GeoScienceWorld 数据库“AAPG Bulletin”期刊页面 3

4.3　建筑与土木工程网络信息资源

4.3.1　中国知网——建筑行业知识服务中心

1. 资源地址

https://r.cnki.net/index/bc。

2. 资源简介

建筑行业知识服务中心是中国知网专门为建筑行业从业人员及社会公众提供的专业知识服务平台，主要包含建筑业知识资源总库、中国建筑知识仓库等 8 个数据库。

1）建筑业知识资源总库

建筑业知识资源总库是专门针对工程建设全生命流程，按照战略决策、规划投资、科技研发、建筑设计、施工运营、经营管理等项目流程设置专题导航，包括城乡规划管理、城市规划、建筑设计、勘察设计、建筑工程、市政工程、绿色建筑、建筑材料等方面的知识，内容涵盖期刊、学位论文、会议论文、报纸、科技成果、专利、标准、年鉴、工具书等十余种资源，提供建筑工程、土木工程、市政工程、勘察设计、房屋建设和设备安装以及工程勘察、建筑设计所需的情报、管理、技术等文献情报服务，为建筑科研、技术创新、经营管理、党群管理、职业教育等全方位服务建立强大高效的内部研究学习资源服务平台。

2）中国建筑知识仓库

中国建筑知识仓库融合了与建筑行业相关的期刊、报纸、博硕士学位论文、会议论文、设计成果、景观图像、政策法规、工程造价等信息资源，内容涉及城乡建设管理、城乡规划、城市设计、市政建设、建筑设计、建筑结构、建筑材料、建筑施工、建设监理、房地产、勘察、测绘等方面，旨在推进城乡建设行业知识化、信息化进程，服务于城乡建设行业的领导决策、项目管理、课题研究、设计施工、学习等需求。

3）中国城市规划知识仓库

中国城市规划知识仓库是专门针对城市规划行业设计人员的设计创新，专业技术人员科研项目选题、设计、撰写论文、成果鉴定，业内管理人员决策经营，专业人员继续教育等多方面的知识信息需要而开发的专业化知识仓库；为城乡规划行业提供资源共享、数字化学习、知识创新信息化条件，从而为城乡规划行业搭建知识资源的深度开发利用平台。

4）城乡规划领导决策信息服务平台

城乡规划领导决策信息服务平台面向城乡规划、国土资源管理规划建设者，为在城市规划建设过程中涉及的城市性质、规模、发展目标、城乡协调发展、城市保护、产业布局、生态环境保护、资源节约利用、住房保障、市政基础设施、交通设施及综合防灾，规划实施多个方面提供决策信息服务。新增自然资源、土地资源、水资源、地质矿产、海洋资源、生态建设等内容，以满足用户对于新资源的需求。

5）建筑材料行业知识资源总库

建筑材料行业知识资源总库以水泥、混凝土、玻璃材料、建筑陶瓷、油漆涂料、新型建筑材料、砌块砖瓦、钢材等建材细分领域为基础分类，提供大量有关建筑材料性能、应用、工艺、装备、检验、认证、节能减排、战略决策、经营管理等不同层面的文献资源，方便用户在科研、业务开展、管理等实际工作中综合运用；为建筑材料行业领域的专家、学者及技术人员提供资源共享、数字化学习、知识创新信息化条件，搭建知识资源的深度开发利用平台。

6）建筑勘察设计知识服务平台

建筑勘察设计知识服务平台立足勘察设计行业信息化建设和科研、技术创新等业务需求，内容涵盖期刊、学位论文、会议论文、报纸、科技成果、专利、标准、年鉴、工具书等资源，提供岩土勘察、地质灾害评价、测量测绘、检测监测、工程设计等工程勘察设计所需的情报、管理、技术等文献情报服务，为勘察设计科研、技术创新、经营管理、继续教育等全方位服务建立强大高效的专业知识服务产品。产品提供标准化接口，可植入企业自建知识管理系统，与机构和个人的知识资源整合，实现有针对性的个性化知识服务。

7）路桥知识资源总库

路桥知识资源总库是面对公路工程建设企业和公路工程建设企业技术研发中心的行业知识资源小总库产品，包含从业人员所需的公路工程勘测、设计、检测、施工、质检安全、改扩建、造价、环保等全生命周期业务、行业资讯的科研文献，内容涵盖期刊、博硕士论文、会议论文、报纸、科技成果、专利、标准、年鉴、法律法规、工具书等十余种资源，为公路工程建设企业科技研发人员、工程施工人员、项目管理人员和企业领导提供知识服务。

8）水泥知识资源总库

水泥知识资源总库是根据对水泥行业发展难点和行业研究机构、企业技术中心知识需求的理解，基于相关专家研究确定的水泥行业的知识体系及其创新机制，内容包括水泥的核心生产业务、工艺技术、设备管理、质量管控、清洁生产、节能减排、水泥窑协同处置等技术要点，以及经营管理等相关的研究文献，从中国知网“中外知识资源总库”中遴选水泥行业相关文献而汇编出版的一种知识服务产品。

3. 平台特色

建筑行业知识服务平台数据库均基于知网平台，通过引证文献、参考文献、相似文献、读者推荐文献等相关文献链接，为每篇文献配置了“知网节”，构成了揭示知识结构和知识发展脉络的知识网络，实现了各类文献资源的深度内容整合和增值服务。期刊、报纸、博硕士论文、会议论文、设计成果、景观图像、政策法规、年鉴、国家标准、工具书等不同类型文献各具特色，并存在广泛的关联关系，整合应用，相辅相成，实现互补，能够满足用户不同层次、不同目的的知识需求。

4.3.2 中国建筑数字图书馆

1. 资源地址

http://dlib.cabplink.com。

2. 资源简介

中国建筑数字图书馆是由中国建筑出版传媒有限公司（原中国建筑工业出版社）打造的建筑行业服务平台，为针对用户的现实需求而设计的资源类服务系统，旨在为建筑工业领域科研及实践用户提供包括基础文献资料、互动知识服务和科研辅助等一整套的学术服务，着力打造建筑领域行业级数字内容运营平台。

中国建筑工业出版社成立于1954年，是隶属于住房和城乡建设部的中央一级科技出版社。出版社成立68年以来，累计出版了近4万种出版物，并与全世界300多家出版社建立了密切的合作关系，引进、推出了大量高质量建筑图书，是中宣部、新闻出版总署表彰的全国第一批“优秀图书出版单位”，荣获首届“中国出版政府奖”先进出版单位奖、“全国百佳图书出版单位”、首批“数字出版转型示范单位”、“中国图书海外馆藏影响力出版 100 强”等荣誉。

中国建筑数字图书馆收录中国建筑工业出版社自 1979 年至今出版的万余种高质量电子图书，平台图书分类包括建筑学、城市规划•城市设计、园林景观、室内设计•装饰装修、建筑结构与岩土、建筑施工•设备安装技术、建筑工程经济与管理、房地产开发管理、建筑设备•建筑材料、城乡建设•市政工程•环境工程、土木建筑计算机应用系列、艺术•设计、高校教材、高职高专教材、中职中专教材、培训教材、法律法规与标准规范单行本、法律法规与标准规范汇编 / 大全、辞典•连续出版物、旅游•其他及执业资格考试用书等 21 个大类，每个大类下又分为若干小类。主题库包括岩土工程经典图书珍藏版合辑（共 29 本书）、结构工程师电子书架（共 108 本书）、建筑施工手册资料库（共 97 本书）。

3. 平台特色

中国建筑数字图书馆平台为广大读者提供专业数字内容的浏览、检索、试读、在线阅读等全流程服务，可以通过输入书名、作者名、ISBN 等全站检索，平台资源实时更新，可满足建筑领域不同层面用户的多元化需求。

4.3.3　ASCE Library

1. 资源地址

http://www.ascelibrary.org。

2. 资源简介

美国土木工程师学会（The American Society of Civil Engineers，ASCE）成立于 1852 年，是美国最早成立的科技学协会之一，是全球土木工程领域的领导者。目前，ASCE 服务于 177 个国家超过 15 万的专业会员，并与全球 65 个土木工程学会有合作协议。同时，ASCE 也是全球最大的土木工程信息知识出版机构，每年出版 5 万多页的专业期刊、会议录、专著、技术报告、实践手册和标准等。作为土木工程领域的领导者，ASCE 出版物全面而权威，其期刊是土木工程领域的重要核心期刊。

ASCE Library 是由美国土木工程师学会编辑出版的在线虚拟图书馆，整合了 ASCE 所有出版物内容，是全球最大的土木工程全文文献资料库，文献类型包括期刊、会议录、电子图书等。学科涵盖土木工程、结构工程、地质工程、城乡规划学、环境工程、交通运输工程、水利工程、海洋工程、防灾减灾、工程师职业发展等。

（1）期刊：收录 35 种专业期刊，最早可回溯至 1983 年，其中 34 种期刊被 SCI 收录，20 种期刊 JCR 影响因子超过 2020 年度影响因子平均增长率为 49%，有 14 种期刊的影响因子高于所有土木工程类期刊影响因子的中位数，属于该类期刊的一区或二区（注：以上数据来自 2020 年度 SCI 期刊引用报告）。

（2）会议录：收录 690 余卷会议录，最早可回溯至 1996 年，大部分内容被 EI 收录。

（3）杂志：包括 *Civil Engendering Magazine*，每月一期，关注土木工程领域重大项目、时间和行业发展；*GEOSTRATA Magazine*，双月刊，专注于使用独特技术和创新工艺的岩土工程项目，提供岩土专业人员需要了解的日常、真实世界的细节。

（4）电子图书：包括 1985—2021 年出版的超过 410 本电子图书。

该数据库的读者对象主要是建筑与土木工程科技人员和管理人员，以及高等院校建筑与土木工程专业的师生。

4.3.4 ICE Virtual Library

1. 资源地址

http://www.icevirtuallibrary.com。

2. 资源简介

英国土木工程师协会（Institution of Civil Engineers，ICE）成立于 1818 年，设于英国，是经皇室授权的非营利组织，是根据英国法律具有注册资格的教育、学术研究与资质评定的团体，是世界上历史悠久的专业工程机构。ICE 经过近 200 余年的逐步发展壮大，会员已遍及 160 余个国家，拥有包括从专业土木工程师到学生在内的会员 9 万余名，是世界上最大的代表个体土木工程师的独立团体。ICE 已经成为世界公认的学术中心、资质评定组织及专业代表机构。

ICE Virtual Library（又名“ICE 虚拟图书馆”）是由英国土木工程师协会编辑出品的虚拟图书馆，拥有世界最全的土木工程类科技论文全文在线文献资源。目前，ICE Virtual Library 面向中国地区开放 29 种在版全文期刊，涉及土木工程及相关领域，如岩土工程、建筑材料、水工程、环境工程等，具体包括以下几个系列。

（1）ICE Specialist Engineering Journals，是 ICE 的标志性出版物，共 18 个系列，涵盖了土木工程研究和实践的所有关键领域，也是土木工程领域历史最悠久的连续出版物，始于 1836 年。

（2）11 种土木工程专业期刊，包括岩土工程的著名期刊 *Geotechnique*，收录自 1836 年至今出版的所有同行评审（Peer-reviewed）的文章。

（3）*Proceedings of the Institution of Civil Engineers* 系列期刊是 ICE 的标志性出版物，也是土木工程领域历史最悠久的连续出版物，该系列期刊由 ICE 的全资出版机构——Thomas Telford 出版社出版，涵盖了土木工程研究和实践的所有关键领域。Thomas Telford 同时出版 6 种高水准的土木工程类期刊，其中有 4 种被 JCR 收录。

3. 平台特色

（1）权威的学会和权威的出版物，完整地展现 200 余年土木工程的实践和研究，堪称目前全球最完整的土木工程全文资料源。

（2）收录了逾 2 万篇文章，20 万篇幅的内容，包括报告、制图及照片。

（3）便捷的检索方式，细化为篇名、主题词、作者、地点、国家及时间检索。

（4）完整囊括了 ICE 出版的 Proceedings Package 8 种学报的全部内容。

4.4　机械电子网络信息资源

4.4.1　工程科技数字图书馆

1. 资源地址

http://library.cmanuf.com。

2. 资源简介

工程科技数字图书馆是由机械工业出版社开发运营的数字图书馆，该数字图书馆依托机械工业出版社强大的内容资源优势，突出工程科技领域特色。机械工业出版社成立于 1950 年，由机械工业信息研究院作为主办单位，目前隶属于国务院国资委，是国内单体规模最大的综合性科技出版社，同时也是我国工业领域最大的信息咨询机构和传媒机构，拥有大量专业、独家、特色出版资源。

工程科技数字图书馆收录资源涵盖机械、电工电子、汽车、建筑、计算机、金融、管理、营销、心理等专业领域，资源形式包括图书、手册工具书、年鉴、期刊等类型，目前收录由机械工业出版社出版的万余种各专业类电子书、200 余种数字化手册工具书、百余种行业年鉴及 20 种专业领域期刊。其中“中国科学技术奖励年鉴”“中国战略性新兴产业丛书”“《机械工程手册》《电机工程手册》共 26 卷”等数字资源均为首次发布,《机械工程学报》《金属加工》《现代制造》等 21 个专业品牌期刊始终处在国内工业期刊市场第一方阵的地位。

3. 平台特色

工程科技数字图书馆通过数字技术实现专业出版内容的高效精准传播、聚类和检索，支持 PC 和移动跨终端使用，平台支持按图书（机械、电工电子等 18 个类目）、期刊（金属加工、机械工程学报等 20 本期刊）、年鉴（科技奖励年鉴等 23 种）、手册（机械工程手册等 17 种）、专题（汽车先进技术译丛等 8 种丛书）、主题库（装备制造业视频知识库）进行分类检索。首页提供新书推荐、热门推荐、编辑推荐等栏目。

4.4.2　先进制造业知识服务平台

1. 资源地址

http://www.gmachineinfo.com。

2. 资源简介

先进制造业知识服务平台由机械工业信息研究院文献资源中心（又名“机械工业信息研究院情报研究所”）创建。机械工业信息研究院文献资源中心是我国装备制造业科技文献收藏、研究、服务中心，有 40 余年的馆藏积累和服务经验，被国家科学技术部确认为国家科技文献资源保障体系 8 家重点支持单位之一，是国家科技图书文献中心和国家工程技术图书馆的组成单位之一。

先进制造业知识服务平台资源包括以下几类。

（1）期刊。原版外文期刊 1550 种，中文期刊 1200 种。

（2）会议文献。400 余个国外权威学术机构长期连续出版的会议论文集和科技报告 2 万余册，包含了在 7500 个学术会议上发表的论文。

（3）图书。中外文电子图书 10 万余种、10 余万册。重点收藏工具书、手册、年鉴、统计资料类图书；产业、企业、科技、管理、经济等研究类图书；企业名录和产品目录类图书。

（4）电子出版物，包括机电工程类、经济贸易类、报刊信息类、教育培训类等各种中外电子出版物。

（5）报纸。国内外经济及专业类报纸 150 余种。

（6）中国标准。国家标准和行业标准 13 000 余种。

（7）数据库。采集数据库 20 余种，数据量超过 1100 万条。

机械工业信息研究院文献资源中心建立了世界机电文摘数据库，包含西文、日文、俄文和汉化篇名的文摘记录约 80 万条；建立了中国机电标准数据库、中文机电核心期刊文摘数据库，帮助用户从数据库中检索相关文献的文摘。

4.4.3 全球产品样本数据库

1. 资源地址

http://gpd.sunwayinfo.com.cn。

2. 资源简介

全球产品样本数据库（Global Product Database，GPD）由科技部西南信息中心重庆尚唯信息技术有限公司研制开发，是我国第一个上规模的、深度建设的产品样本数据库。GPD 收录了丰富的产品样本数据，具体包括企业信息、企业产品目录、产品一般性说明书、产品标准图片、产品技术资料、产品 CAD 设计图、产品视频 / 音频资料等。GPD 覆盖的产品范围包括通用设备，专用设备，交通运输设备，电气机械和器材，通信设备、计算机及其他电子设备，仪器仪表及文化、办公用机械，材料与物资共七大类。

GPD 目前已收录 1 万余家企业 60 余万件产品样本，其中欧美企业产品样本收录 40 万余件，将逐渐完整收录世界机械 500 强、《福布斯》全球上市公司 2000 强（只采集工业类企业）、中国工业 500 强、《财富》世界 500 强排行榜（只采集工业类企业）等企业及其产品样本，世界工业 500 强企业产品样本收全率达到 80% 以上。

4.4.4 CIDP 制造业数字资源平台

1. 资源地址

https://www.cidp.com.cn。

2. 资源简介

CIDP 制造业数字资源平台是国内知名的专注于机械制造领域的数字资源平台。该平台由化学工业出版社旗下的海枣数字科技（北京）有限公司建设，以化学工业出版社为依托，立足服务于制造行业的研发人员、产品设计人员、技术工程师和大中专院校师生。

CIDP 制造业数字资源平台集成了多个国家项目成果，以我国机械工程、航空航天、电气工程、汽车与机床等制造业在长期设计制造过程中形成的海量信息资源为对象，基于制造业中的中国国家标准和行业标准，参照国际标准和制造业发达国家的国家标准，为制造类企业和用户提供不同粒度、多种层次、优质丰富的数字资源，可以为机械相关行业从业人员及广大高校师生的教学工作、课程设计、毕业设计、科研等提供支撑。

CIDP 制造业数字资源平台采用先进的数字版权保护技术、信息检索与知识关联技术，利用数据检索与关联技术对资源进行整合，以适合的形式来表现相关的内容。平台内容包括以下六个板块。

（1）知识单元，主要包括工程技术常用数据资料。

（2）三维模型。目前已上线 82 万余个机械零部件的 2D/3D 标准件模型，有 SolidWorks、UG NX、Pro/Engineer、CATIA 四个版本，所有 3D 零件均可用于修改、编辑与装配。

（3）工程教学。将与工程制造专业相关的各门课程划分为若干个知识点，每个知识点又可分为单一内容知识点和多个知识点内容综合（应用）。

（4）多媒体资源，主要针对目前常用的 20 多种 CAD/CAM/CAE 工程应用软件的学习与使用，进行在线教学，手把手地教用户如何操作与使用这些软件。

（5）设计计算，包括公差与配合查询、形状与位置公差查询、螺栓连接设计校核、渐开线圆柱齿轮传动设计、轴的设计等。

（6）电子图书，包括 3300 余本机械相关专业电子图书。

4.4.5　ASME Digital Collection

1. 资源地址

https://asmedigitalcollection.asme.org。

2. 资源简介

美国机械工程师学会（American Society of Mechanical Engineers，ASME）成立于 1880 年，是一个有较大权威和影响的国际性非营利教育和技术组织，在世界各地建有分部。ASME 主要从事发展机械工程及其有关领域的科学技术，鼓励基础研究，促进学术交流，发展与其他工程学、协会的合作，开展标准化活动，制定机械规范和标准。ASME 目前拥有 13 万余成员，管理着全世界最大的技术出版署，每年主持 30 余个技术会议、200 余个专业发展课程，并制定了众多工业和制造业的行业标准。

ASME Digital Collection 是由美国机械工程师学会编辑出版的在线全文数据库，收录了该学会的绝大多数出版物，包括来自全球机械工程领域学者和从业者的研究论文、评述、会议报告、专著及行业标准，收录文献已超过20万篇；涵盖的学科包括力学、热力学、机械工程、海洋工程、能源和燃料、生物医学工程、材料科学和工程、自动化和控制系统、声学、数学等。

（1）期刊，包括现刊和回溯期刊：35种机械工程现刊，最早可回溯到2000年，每年发行超过200期，更新约3600篇；27种机械工程回溯Archives期刊，收录1959—1999年出版的内容。

（2）会议录。收录1700多卷珍贵会议录，约16万篇会议文章，其大部分内容被EI索引，涉及制造、交通、能源、通信、安全管理、计算机等应用领域；最早可回溯到2000年，每年新增来自30多场会议的100卷左右的会议录，更新约6000篇。

（3）电子图书。收录260余本精选电子图书，包括应用案例、专著、职业培训教材、行业标准指南等，每年新增10～20本新书。

（4）标准。收录超过800卷ASME经典标准与规范，包括BPVC锅炉和压力容器规范和ASME出版的其他标准和规范，可应用于压力技术、核电站建设和运营、电梯、机械设计、标准化和工业绘图等多个领域。

ASME Digital Collection新平台于2019年8月启用，可为用户提供资源整合度更高、检索更便捷的使用体验，数据库提供按主题分类的文章合集；数据库平台支持个性化功能，如远程访问、文献标记、检索保存、引文下载、引用跟踪、邮件推送等。

4.4.6 ACM Digital Library

1. 资源地址

http://dl.acm.org。

2. 资源简介

美国计算机学会（Association for Computing Machinery，ACM）创立于1947年，是全球历史最悠久和最大的计算机教育和科研机构。目前提供的服务遍及全球100余个国家，会员人数超过11万名，涵盖工商业、学术界及政府单位。ACM致力于发展信息技术教育、科研和应用，出版权威和前瞻性的文献，如专业期刊、会议录和新闻快报。

ACM Digital Library（或称ACM数据库、ACM）是由美国计算机学会于1999年起提供的电子全文数据库。ACM Digital Library数据库目前收录了约64万篇期刊、会议录、快报等全文文章，并以每年约25 000篇的频率不断更新，具体包括63种期刊，可全部回溯到起始卷；约51万篇全文会议录文献；38种ACM SIG（特别兴趣组）出版物文献。涵盖学科：计算机科学与技术。

同时，ACM整合了第三方出版社的内容，全面集成了“在线计算机文献指南”（The Guide to Computing Literature）书目文摘数据库。该数据库集合了ACM和其他5000多家出版社的出版物，旨在为专业和非专业人士提供了解计算机和信息技术领域资源的窗口。

2014年，ACM与Morgan & Claypool合作推出的电子书系列I共包含25本电子书，目前已出版完结。电子书系列II正在出版中，计划出版25本。这两个系列的图书主要关注计算机科学领域内的研究生教材、行业研究综述、从业者的职业指导等方面。

4.4.7　检索实例

本小节以“工程科技数字图书馆”为例检索机械工程类专业信息。

【实例】检索机械工业出版社出版的机械工程类专业教材《电机设计及实例》，并查看电子版全文。

（1）在浏览器地址栏输入网址 http://library.cmanuf.com，进入“工程科技数字图书馆”首页，如图 4-14 所示。

图 4-14　工程科技数字图书馆首页

（2）工程科技数字图书馆提供按学科浏览和检索两种方式。

① 按学科分类浏览。

a. 按工程科技数字图书馆提供的图书分类体系，依次选择一级类目“机械”和二级类目“工业设计”，即可进入图书列表页面，如图 4-15 所示。

图 4-15　工程科技数字图书馆图书列表页面

b. 点击右侧列表中的“电机设计及实例”，进入该书的简介页面，如图 4-16 所示。

图 4-16　工程科技数字图书馆图书简介页面

c. 该平台的图书简介页面提供图书的内容简介和目录信息，同时提供 PDF 和 EPUB 两种全文在线阅读格式。单击其中任一链接，即可看到图书的电子全文，如图 4-17 所示。

图 4-17　工程科技数字图书馆图书电子全文页面

d. 通过页面的“搜索”“放大”“缩小”“上一页”“下一页”等功能按钮，可以对图书的内容进行搜索，对图书的显示模式进行相应的调整。

② 按关键词检索。

a. 单击工程科技数字图书馆首页右上方的“高级检索”按钮，进入检索页面，如图 4-18 所示。

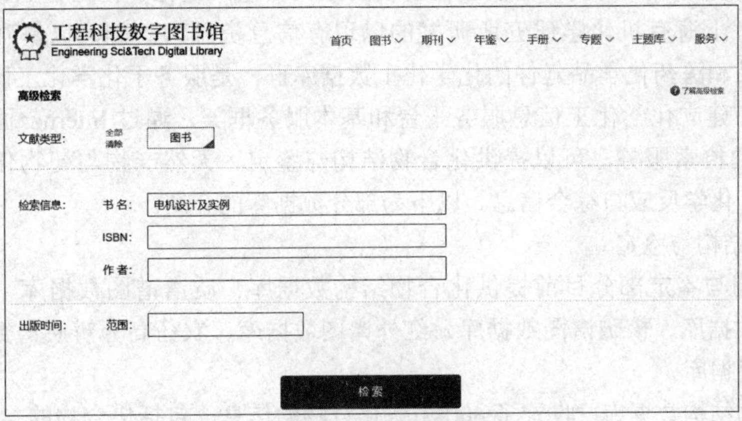

图 4-18　工程科技数字图书馆图书检索页面

b. 在书名检索框中输入检索词“电机设计及实例”，然后单击“检索”按钮，进入检索结果页面，如图 4-19 所示，即可看到电子图书《电机设计及实例》。

图 4-19　工程科技数字图书馆图书检索结果页面

c. 查看图书简介及全文信息，分别如图 4-16 和图 4-17 所示。

4.5　化学化工材料网络信息资源

4.5.1　化学专业数据库

1. 资源地址

http://www.organchem.csdb.cn/scdb/default.asp。

2. 资源简介

化学专业数据库是由中科院上海有机化学研究所承担建设的综合科技信息数据库的重要组成部分，是中科院知识创新工程信息化建设的重大专项，是化学化工行业领域的重要数字基础设施之一。上海有机化学研究所研发的以现有信息资源为基础，以基础化学数据为核心，向化工产品和医药化学品延伸的化学化工数据库群，是服务于化学化工研究和开发的综合性信息系统，建立化学化工信息服务平台和基本服务框架，通过 Internet 面向全社会提供化学化工信息的检索服务，可以提供化合物结构与鉴定、天然产物与药物化学、安全与环保、化学文献、化学反应与综合信息。以下为部分数据库的介绍。

1）化合物结构与鉴定

化合物结构与鉴定部分目前提供化合物结构数据库、质谱谱图数据库、物化性质数据库、晶体结构数据库、核磁谱图数据库、红外谱图数据库、农药高分辨质谱数据库、含能材料数据库 8 个数据库。

（1）化合物结构数据库：收录了 600 万条化合物的信息，包括化合物的二维和三维结构、SRN（化合物系统编号）、化合物的物化性质。用户通过全结构检索、子结构检索以及模糊结构检索，可查出目标化合物的物化性质、二维和三维结构。

（2）核磁谱图数据库：共收录两种核磁共振波谱的谱图——标准谱与特征谱。其中，标准谱只有碳谱 CNMR，特征谱则包括了氢谱 HNMR、碳谱 CNMR、氧谱 ONMR、氮谱 NNMR 等多个类别。标准谱原则上包括了化合物的全部谱峰，特征谱则可能只有化合物的部分谱峰。用户可通过化合物检索，也可以通过上传谱图文件，或者输入谱峰来检索。

（3）红外谱图数据库：它是化学专业数据库最早建设的数据库，始建于 1978 年，是国内最早的化学类数据库，收录了常见化合物的红外谱图。用户可以在数据库中检索指定化合物的谱图，也可以根据谱图 / 谱峰数据检索相似的谱图，以协助进行谱图鉴定。

（4）晶体结构数据库：收录多个文献发表的晶体数据，包括其化合物结构、名称等，共包括 10 万多种化合物的晶体结构。用户可通过输入化合物结构来检索数据库中的物质，或通过设定晶胞参数的数值范围，筛选出目标化合物。

2）天然产物与药物化学

天然产物与药物化学部分目前包括中药与化学成分数据库、药品数据库、ADMET 估测数据库、植物化学成分数据库、药物和天然产物数据库共 5 个数据库。

（1）中药与化学成分数据库：将数千年来中国传统中医的临床实践融合成一个内涵丰富的多层次信息数据库，其中包括了 50 000 余个处方，1400 多种疾病及其用药，22 000 多种中药材，以及药材中的 19 700 多种化合物。中医处方信息包括服用方法、组成药材、治疗疾病以及加减方等内容。可通过方剂名、指定药材来检索。

（2）植物化学成分数据库：收录了上海有机所采集的植物化学成分数据，信息包括植物分类信息、植物图片、分离出的化学成分、相关研究文献等。数据库整合了植物物种目录、化合物目录和疾病目录。共收集化学物质 10 万种，用户可通过输入植物物种名称、植物科属描述信息、治疗的疾病、化合物等检索植物信息，并可用名录浏览部分蔬菜与水果的化学成分并进行成分比较，可了解植物的共有成分。

3）安全与环保

安全与环保部分目前包括化学品安全技术说明书（MSDS）数据库、环境化学毒物防治数据库、物质毒性数据库、生物活性数据库 2.0 共 4 个数据库。

（1）化学品安全技术说明书（MSDS）数据库：收录了 5000 余种危险化学品（简称危化品）的安全技术资料，包括化学品的标识、成分与组成信息、危险性、急救措施、消防措施、泄露应急处理、操作处置与存储、接触控制与个体防护、理化特性、稳定性和反应性、毒理学资料、生态学资料、废弃处置、运输信息、法规信息 15 项内容。用户可通过化学品的中英文名称、CAS 号、分子式、危险品编号等检索化学品并查看其 MSDS 数据，也可根据危险性分类浏览危化品目录。

（2）生物活性数据库 2.0：分为环境化学与生态信息模块和生物活性与靶点数据模块。环境化学与生态信息模块收录了有毒化合物的体内积累实验、生物降解实验、污染物分布情况、环境检测实验、非生物降解—水解实验、非生物降解—光解实验、土壤中稳定性实验、生态毒性学实验、环境污染物的迁移和分布实验、环境降解耗氧量实验、生物毒性药理实验 11 类生物生态活性实验数据。可根据化合物检索所有实验，以及针对各种实验数据的检索。生物活性与靶点数据模块收录了化合物的体内靶点实验数据、ADME 等多个活性实验，同时包括相关致病基因、靶向药物数据。

4）化学文献

化学文献部分目前包括中国化学专利数据库、中国化学文献数据库、化学核心期刊文献数据库 2.0 版、专业情报数据库 4 个数据库。

（1）中国化学专利数据库。该数据库收录了 1985 年以来化学化工领域的部分中国专利和少量国外专利，包括专利标题、专利号、申请日期、申请人、发明人情况、文摘、主权项、关键词等文摘信息，除此之外，还收录了专利涉及的化合物。

（2）化学核心期刊文献数据库 2.0 版。该数据库收录了国外化学 SCI 核心期刊文献的文摘，所有记录描述均为英文。文摘详细内容包含期刊的 ISSN 号、印刷语种、英文题名、作者及单位、来源期刊、年卷期页、英文文摘、关键字、相关化合物、参考文献等，不包括文献原文。

5）化学反应与综合

化学反应与综合部分目前包括化学反应数据库、化学物质分析方法数据库、精细化工产品数据库、工程塑料数据库、化学试剂数据库、化学品纯化数据库、化工产品数据库、化学配方数据库 8 个数据库。

（1）化学反应数据库：包括反应物和生成物的结构、名称、试剂、溶剂、催化剂、反应温度等反应条件及参考文献等。用户可以通过反应物、生成物的英文名称、反应条件、催化剂等来检索相关反应，也可以输入化合物结构检索其相关的反应，还可以对反应物或者生成物进行继续检索，扩展反应链。

（2）化学试剂数据库：共收录 24 万余种化学试剂，包括试剂的名称、结构、CAS 号、厂商、规格、价格、物性、安全性质。

（3）化学品纯化数据库：收录了 5000 余种化学品的纯化方法资料，包括化学品的标识、纯化实验操作步骤内容。用户可通过化学品的中英文名称、CAS号、分子式等检索化学品，也可以直接单击常用溶剂纯化方法。

（4）化工产品数据库：共收录了16 000万余家国内化学化工产品供应厂商，以及67 000万余条化工产品信息，包括产品厂商、产品物化性质以及产品价格等信息。检索途径为供应厂商检索、产品检索以及组合检索。

目前，用户经过注册之后即可免费检索该数据库共享开放的各种数据。

4.5.2 中国化学会门户

1. 资源地址

https://www.chemsoc.org.cn。

2. 资源简介

中国化学会（Chinese Chemical Society，CCS）是由从事化学及相关专业的科技、教育和产业工作者及相关企事业单位自愿结成的全国性、学术性、非营利性的社会组织，是中国共产党领导下的社会团体，是党和政府联系化学工作者的桥梁和纽带，是国家推动化学事业发展的重要力量。

中国化学会共主办25种学术期刊，其中SCI收录期刊15种。每年组织召开国际和国内学术会议30余项。每两年一届的中国化学会学术年会是国内化学及相关领域规模最大、层次最高的学术盛会，是中国化学会最重要的学术交流品牌。中国化学会主办的“中国化学奥林匹克”每年参加的中学生已达17万人次。学会先后设立中国化学会青年化学奖等30余项奖励，表彰化学学科领域的杰出人才，鼓励化学领域的科技创新。中国化学会是国际纯粹与应用化学联合会（IUPAC）、亚洲化学学会联合会（FACS）等7个国际组织的成员。

中国化学会门户是中国化学会的官方网站，是展示学会信息及其资源的主要渠道。中国化学会门户包括学会简介、学术会议、个人会员、单位会员、国际交流、期刊集群、CCS Chemistry、学会奖励、化学科普等栏目，主页设置了通知公告、云图书馆、学会资讯、学术会议等专栏，通过通知公告和学会资讯可以看到学会发布的最新消息，通过学术会议专栏可以浏览或查询学会公布的最新会议预报信息（包括会议名称、会议时间和会议地点等）及召开过的会议报道。

中国化学会云图书馆是学会的资源集合，包含了学会会员内刊《化学通讯》，学会举办的历届会议的会议论文集，学会出版的图书电子版（如《中国化学会年报》《有机化合物命名原则》等），以上信息针对所有用户开放，可以直接在线浏览或检索下载。平台提供的音视频和收录的图集信息目前只针对学会会员开放，注册会员后方能查看。

中国化学会门户的“期刊集群”栏目及云图书馆中的“学术期刊”模块共收录期刊16种，其中全文期刊13种，可以直接在线查看或下载文章。中国化学会于2019年推出旗舰新刊*CCS Chemistry*，目标是创建一本高认可度的国际化学期刊，发表化学科学各个领域真正鼓舞人心的研究以及化学相关交叉领域的重要进展。*CCS Chemistry*是中国化学会独立创办的第一本国际期刊，目前是月刊，属于OA期刊，可以通过学会门户的“CCS Chemistry”栏目查询期刊信息及每一期的文章。

中国化学会门户的“化学科普”栏目为广大化学爱好者提供了一个非常便捷的信息获取平台，具体包括科普传播资讯、历届化学嘉年华信息及精彩瞬间图片展、美丽科学与中国化学会合作项目“重现化学”系列纪录片、“化学总动员”系列科普短片、石油和化学工业科普联盟等信息。

4.5.3　ACS 数据库

1. 资源地址

https://pubs.acs.org。

2. 资源简介

美国化学会（American Chemical Society，ACS）成立于 1876 年，致力于为全球化学研究机构、企业及个人提供高品质的文献资讯及服务，在科学、教育、政策等领域提供了多方位的专业支持，现已成为世界上最大的科技学会及享誉全球的出版机构。

ACS 数据库（平台名称: ACS Publications）由美国化学会编辑出品，收录了该学会的绝大部分出版物，文献总数已达 130 万，内容涵盖 20 余个与化学相关的学科，包括物理化学、化学工程、生物化学和分子生物学、食品科学、有机化学、无机与原子能化学、地球化学、环境科学与工程、材料科学与工程、晶体学、毒理学、药理学等，目前收录的文献类型包括期刊、标准、数据、图书等，具体内容介绍如下。

（1）ACS 期刊数据库：含 65 种 ACS 期刊现刊及 ACS 期刊回溯（ACS Legacy Archives）电子版; ACS 期刊现刊包含 1996 年 1 月 1 日至今出版的期刊文章; ACS 期刊回溯包含 1879 年至 1995 年间 ACS 出版发行的所有专题和文章，共 23 种期刊,971 卷,11 117 期的所有回溯资料。

（2）ACS Chemical and Engineering News 电子版: ACS 知名杂志，每周一期，关注化学领域科技、商业和政策资讯以及行业发展趋势，包含 2016 年至今所有出版内容。

（3）ACS Chemical and Engineering News Archive 电子版：含 1923 年（创刊年）至 2015 年所有出版内容。

（4）ACS Reagent Chemicals 电子版：美国化学会分析试剂委员会为近 500 种化学试剂和超过 500 种标准参考物质设定了纯度规格。这些规格实际上已成为许多高纯度应用领域的化学品标准。ACS Reagent Chemicals 详细说明了这些规格，并阐述了所有化学试剂的一般物理性质和分析用途，并提供标准分析方法指南。

（5）ACS Guide to Scholarly Communication：内容涵盖开放科学、出版伦理、参考文献细节和机器可操作数据，为学生、科研人员、教育工作者及图书馆员进行学术交流提供专业的指导及建议。

（6）ACS eBooks：内容分为 Front File（新书）和 Archive（存档书）。2019 年至 2022 年出版的图书为新书，每年新增约 30 种；存档书为 1974 年至 2018 年出版的 Symposium 系列图书，以及 1949 年至 1998 年出版的 Advances in Chemistry Series（化学进展系列）图书，存档图书现有 1600 余种，其中 2000 年以后出版的图书超过 620 种。

（7）ACS In Focus：ACS 新推出的电子图书合集，专注介绍新兴科研主题以及核心技术的基础知识、发展现状和应用实例，如光化学、纳米晶体学、有机金属化学等领域。目前包含两个合集：① ACS In Focus- Inaugural Collection（首批合集），共 10 本书，已全部上线；② ACS In Focus- Collection 1（合集 1），计划包含 20 本书，于 2022 年陆续上线。

ACS 期刊全部经过同行评审，曾被期刊引证报告 JCR 评为“化学领域被引用次数最多的期刊”；ACS 图书由化学领域顶尖学者编写，其中有 40 余位诺贝尔奖得主，且每个章节都经过同行评审，为读者呈现具有实验依据的原创研究。

4.5.4 SciFinder 数据库

1. 资源地址

https://www.cas.org。

2. CAS 及 CA 简介

美国化学文摘社（Chemical Abstracts Service，CAS）隶属于美国化学会，创建于 1907 年，是全球领先的科学信息解决方案提供机构，携手全球创新者以加速科学突破。美国化学文摘社是一家致力于追踪、收集及管理所有已公开的化学物质信息的权威机构，包括数百名学科及数据专家收录、分析科学文献，创建数据间的关联，开发先进的化学检索引擎和应用，为科研人员、专利人士提供先进的化学及相关学科信息解决方案。

化学文摘（Chemical Abstracts，CA）创刊于 1907 年，由美国化学文摘社编辑出版，现为世界上收录化学化工及其相关学科文献最全面、应用最广泛的一种文献检索工具。CA 是化学和生命科学研究领域中不可或缺的参考和研究工具，也是资料量最大、最具权威的出版物。CA 创刊至今，出版情况几经变动，1967 年至今为周刊，每年分两卷，每卷 26 期，全年共 52 期。CA 包括印刷版、缩微版、机读磁带版和光盘版及网络版。

3. SciFinder 数据库简介

SciFinder 数据库建立之初主要检索 CA 资源，除了可查询每日更新的 CA 数据回溯至 1907 年，还提供读者自行以图形结构式检索。它是全世界最大、最全面的化学和科学信息数据库。

SciFinder 数据库目前分为 CAS SciFinder^n 及 CAS SciFinder 两种不同版本。

（1）CAS SciFinder^n。CAS SciFinder^n 是美国化学文摘社出品的新一代的权威科学研究工具，是化学及相关学科智能研究平台，提供全球全面、可靠的化学及相关学科研究信息和分析工具。CAS SciFinder^n 由国际科学家团队追踪全球科技进展，每日收录汇总、标引、管理着世界上的专利、科技期刊等内容，并通过 CAS SciFinder^n 平台提供的先进检索技术高效揭示重要的技术信息，确保研究人员及时同步全球重要的研究进展。CAS SciFinder^n 涵盖了化学及相关领域，如化学、生物、医药、材料、食品、应用化学、化学工程、农学、高分子、物理等多学科、跨学科的科技信息；收录的文献类型包括期刊、专利、会议论文、学位论文、图书、技术报告、评论、预印本和网络资源等。

以下为 CAS SciFinder^n 独特内容和特色。

① 提升文献检索效率。它是业界最先进的检索引擎之一，能缩短文献检索时间，获得更精确的结果，提高检索效率。

② 高效设计合成计划。它充分利用全球最大的单步和多步反应数据库之一，全面考量反应条件、产率、催化剂和实验步骤，高效设计出合成计划（可节省一半的时间）。

③ Synthetic Methods 合成方法解决方案。Synthetic Methods 是 CAS SciFinder^n 中的模块，是世界上最大合成方法合集之一，涵盖顶级期刊及专利中的合成制备信息，提供合成方法的每步详细操作信息，以易于阅读的表格形式展示实验详情，包括实验操作步骤、实验原料、实验条件、实验量级、反应转化类型、合成产物谱图信息、合成产物形态等。

④ CAS PatentPak® 专利分析解决方案。CAS PatentPak 是 CAS SciFinder^n 中的模块，服务于科研人员和知识产权人士。PatentPak 在定位和分析大量专利中的化学结构方面，可以为研究人员节省一半以上的时间。PatentPak 是加速化学专利分析最可靠的工具之一；迄今为止只有 PatentPak 采用人工标引——研究人员可以快速识别专利中难以发现的物质（如表格化合物和图形图像内的化合物）。使用 PatentPak 可以访问 CAS REGISTRYSM——世界上最全面的可公开获取的物质信息集合。

⑤ 逆合成路线设计工具 CAS Retrosynthesis Tool。基于全球最大的化学反应数据合集 CAS REACTIONS 结合先进的算法和人工智能，综合多种因素如原子经济性、收率、绿色、成本等为已被报道分子 / 未被报道分子提供实验验证或预测的逆合成路线，为合成化学家节省时间并提供新的思路和见解。

⑥ 支撑生物学研究。生物序列检索工具 Biosequences Search 提供超过 5.8 亿条可检索生物序列，可进行 FTO 检索、侵权检索。

⑦ 可视化检索结果。用户友好的可视化工具可以帮助用户快速做出更好的决策，这些工具可以精确定位趋势、模式和异常值，帮助将信息转化为洞察。

（2）CAS SciFinder（SciFinder on Web）。CAS SciFinder 是访问全球最全面、最权威的化学及相关学科文献、物质信息及反应信息资源的科研应用平台之一，通过将这些数据库内容与先进的检索、分析技术相结合，美国化学文摘社通过 CAS SciFinder 提供及时、完整、安全的交联式数字信息环境，以助力加速科学发现。通过 CAS SciFinder 可以访问回溯到 19 世纪初、直至今日每日收录更新的更加广泛而全面的内容。CAS SciFinder 内容来源包括学术期刊、全球专利机构的专利文献、学位论文、会议论文、印前期刊、图书、网络内容（如美国国立医学图书馆数据库）等。所涵盖的学科包括应用化学、化学工程、普通化学、物理、生物学、生命科学、医学、高分子、材料学、地质学、食品科学和农学等诸多领域。美国化学文摘社的科学信息合集涵盖了 150 余年来化学和相关学科的进展，使全球的研究人员、商业人士和信息专业人员能够直接获取所需要的可靠信息以推动创新。

4.5.5 RSC 数据库

1. 资源地址

http://pubs.rsc.org。

2. 资源简介

英国皇家化学会（Royal Society of Chemistry，RSC）是全球最具影响力的化学专业团体之一，是欧洲最大的化学学术组织，同时也是声誉卓越的化学化工信息出版机构。自1841年成立以来，英国皇家化学会共出版了40余种高水平的化学及相关学科领域的学术期刊、图书、数据库。其旗下专业学术期刊均被SCI收录。

1）RSC 电子期刊

RSC Online Journals 由 RSC 编辑出版，目前收录现刊51种，大部分刊物的全文数据可回溯至1997年。其中，*Chemical Communications* 报道化学领域中涉及各个专业主题的创新性研究动态；*Journal of Chemistry* 和 *Chemical Society Reviews* 主要报道关于普通化学领域的文献；PCCP（*Physical Chemistry Chemical Physics*）、*Dalton Transactions*、*Organic & Biomolecular Chemistry* 和 *Journal of Materials Chemistry* 登载的文献主要覆盖了物理、化学、无机化学、有机化学、材料化学等学科领域；*Molecular BioSystems* 和 *Soft Matter* 主要报道有关化学与其他学科交叉研究发展的动态等。另外，在 RSC 网站中，除了可以获得 RSC 出版期刊的相关信息，还可以通过 RSC 网站获得化学领域相关资源，如最新的化学研究进展、学术研讨会信息、化学领域的教育传播等。

2）RSC 电子图书

RSC 电子图书对化学科学工作人员来说是一个极为权威的参考点，目前有超过1500册图书上线，30 000多个章节，跨越历史40年以上，并且每年不断有新书更新和补充。学科涵盖应用和工业、分子生物、环境、食品、基础化学、有机化学、无机化学、材料和聚合物、数学和科学、医学、纳米科学、物理、工程技术、农业等。

RSC 电子书划分为8个学科包，分别是分析化学、生物科学、环境化学、食品科学、产业和药物化学、材料和纳米科学、有机化学、物理化学。

RSC 电子书现已完全汇集并数字化为可全面搜索的 PDF 文档，所有的搜索结果均是在化学科学众多领域中的研究及看法的全面概述。

3）RSC 文摘数据库

（1）Analytical Abstracts。《分析化学文摘》为分析化学领域特制的文摘信息，全面覆盖新技术与应用方面的内容，收录250余种国际性期刊，每月新增约1400条文摘。内容包括：普通分析化学，色谱和电泳，波谱和放射化学方法，无机、有机和金属有机分析，应用和工业分析，临床和生化分析，药物分析（包括生物体中的药物分析），环境分析，农业分析，食品分析。

（2）Catalysts & Catalysed Reactions。它是报道催化领域最新研究进展的文摘数据库，内容选自100多种主要期刊，涵盖催化化学研究的所有领域，包括均相、异相和生物催化，着重于当前发展的领域，如手性催化剂（chiral catalysts）、聚合物催化剂（polymerisation catalysts）、酶催化剂（enzymatic catalysts）和绿色催化方法（clean catalytic methods）。学科范围包括无机化学、有机化学、物理化学和生物化学。

（3）Chemical Hazards in Industry。工业化学有害物质文献库提供化学相关产业面临的安全与健康危害等环境信息，每月包含250条来自世界各地的主要文献，以及一些综合主题与化学索引。该数据库主要讨论化学工业中的健康与安全议题，包括健康与安全，化学与生物危害，处置、储藏与运输，废弃物管理、立法，等等。

（4）Laboratory Hazards Bulletin。实验室有害公告文献库为在研发、分析或医学实验室工作的人员提供安全与健康危害等信息，每月包含 50 ～ 60 条来自世界各地的主要文献，还包括一些综合主题与化学索引。该数据库主要提供实验室人员职业安全方面的科学和相关文献，重点涉及化学与生物危险、泄漏、溢出和非计划释放、废弃物管理立法、预防和安全实践、职业卫生和卫生监测等。

（5）Methods in Organic Synthesis。有机合成方面最重要新进展的通告服务，提供反应图解，涵盖新反应、新方法；包括新反应和试剂、官能团转化、酶和生物转化等内容；只收录在有机合成方法上具有新颖性特征的条目。

（6）Natural Product Updates。它是有关天然产物化学方面最新发展的文摘，内容选自 100 多种主要期刊；包括分离研究、生物合成、新天然产物以及来自新来源的已知化合物、结构测定，以及新特性和生物活性。

（7）Synthetic Reaction Updates。它结合了原 Catalysts & Catalysed Reaction 和 Methods in Organic Synthesis，提供一种全面的文献推送服务。此服务提供大量新近文献里最重要的化学转换图式，同时涵盖有机合成和催化。

4.5.6 Total Materia 数据库

1. 资源地址

https://www.totalmateria.com。

2. 资源简介

Total Materia 数据库是全球最全面的材料性能数据库，提供超过 450 000 个金属材料、高分子材料、硅酸盐材料和复合材料牌号的详细性能数据，方便易用，随时可查。Total Materia 为用户量身定做了多种产品组合及版本，无论是个人用户还是全球领先企业，都可以找到适合的解决方案。

Total Materia 数据库的具体资源和功能包括：450 000 余个材料的性能数据；3000 余个材料高级性能数据来源；金属、高分子、硅酸盐、复合材料；150 000 余条应力应变曲线；70 多个国家及国际组织标准；35 000 余个材料的疲劳性能；世界近似替代材料牌号对照查询；性能数据的估算和差值计算；详细化学成分数据；数据导出到 CAE 软件使用；机械性能和物理性能；未知材料身份判定；多个材料性能并列显示；标准和材料牌号更新跟踪。Total Materia 数据库涵盖学科包括汽车、机械、航空航天、工程、能源、金属等。

4.5.7 检索实例

本小节以“中国化学会门户”为例检索化学类专业信息。

【实例】检索中国化学会即将举办的会议信息及已发表的会议论文。

（1）在浏览器地址栏输入网址 https://www.chemsoc.org.cn，进入“中国化学会门户”首页，如图 4-20 所示。

图 4-20 中国化学会门户首页

（2）单击网站上方“学术会议”栏目按钮，进入会议信息查询页面，如图 4-21 所示。

图 4-21 中国化学会门户会议信息查询页面

① 学术会议信息浏览。可以通过页面左侧的“即将召开的会议”“会议通知”“会议报道”等栏目及每个栏目右上方“更多”链接，查看相关的会议信息，如单击“中国化学会第十二

届全国化学生物学学术会议”查看相关信息，页面如图 4-22 所示。

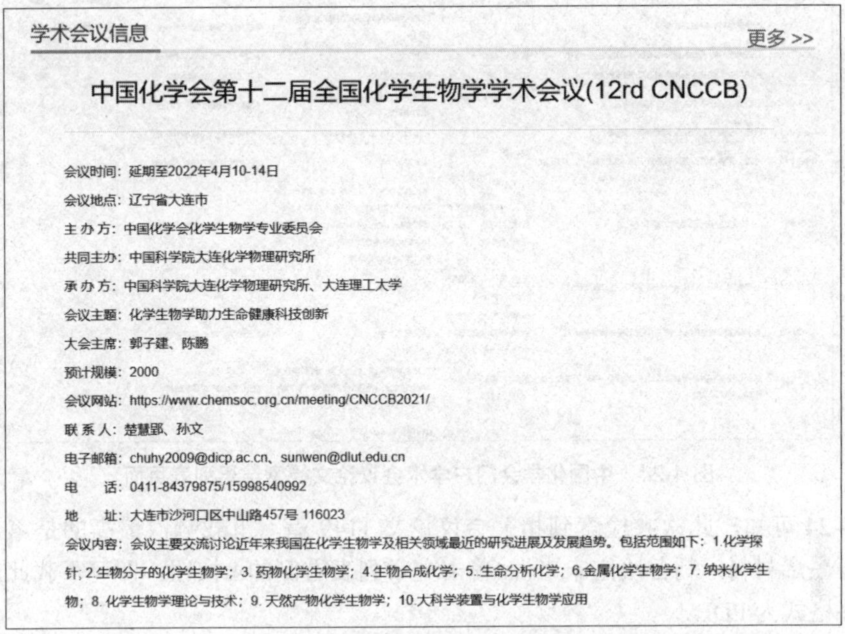
学术会议信息　更多 >>

中国化学会第十二届全国化学生物学学术会议(12rd CNCCB)

会议时间：延期至2022年4月10-14日

会议地点：辽宁省大连市

主 办 方：中国化学会化学生物学专业委员会

共同主办：中国科学院大连化学物理研究所

承 办 方：中国科学院大连化学物理研究所、大连理工大学

会议主题：化学生物学助力生命健康科技创新

大会主席：郭子建、陈鹏

预计规模：2000

会议网站：https://www.chemsoc.org.cn/meeting/CNCCB2021/

联 系 人：楚慧郢、孙文

电子邮箱：chuhy2009@dicp.ac.cn、sunwen@dlut.edu.cn

电　　话：0411-84379875/15998540992

地　　址：大连市沙河口区中山路457号 116023

会议内容：会议主要交流讨论近年来我国在化学生物学及相关领域最近的研究进展及发展趋势。包括范围如下：1.化学探针; 2.生物分子的化学生物学；3. 药物化学生物学；4.生物合成化学；5. 生命分析化学；6.金属化学生物学；7. 纳米化学生物；8. 化学生物学理论与技术；9. 天然产物化学生物学；10.大科学装置与化学生物学应用

图 4-22　中国化学会门户学术会议详细信息页面

② 学术会议信息检索。可以通过学术会议页面右侧的“会议搜索”和“论文搜索”功能，通过关键词直接搜索某一特定会议或会议论文。下面以检索会议论文为例进行介绍。学术会议论文检索页面即跳转到门户网站的云图书馆模块，检索页面如图 4-23 所示。

图 4-23　中国化学会门户学术会议论文检索页面

以检索“石墨烯”相关论文为例：检索途径选择论文标题，在检索框中输入关键词“石墨烯”，如图 4-23 所示，单击“检索”，即可进入检索结果列表页面，如图 4-24 所示。

检索结果：共找到1499篇论文10页/条 第1/150页　每页显示 10 20 30　排序：论文编号 下载次数

论文编号	题目	作者	单位	会议	下载次数	操作
01-I-006	石墨烯材料：制备决定未来	刘忠范;	北京大学化学与分子工程学院物理化学研究所	中国化学会第30届学术年会	23	
01-I-018	石墨烯表面电子发射阴极和石墨烯微纳真空三极管	魏贤龙; 吴功涛;	北京大学	中国化学会第30届学术年会	4	
01-I-020	利用AFM相图技术判别多层石墨烯的堆叠结构	杨志勇; 黄伟; 刘志飞;	中国科学院大学	中国化学会第30届学术年会	4	
01-P-017	石墨烯在氧化钛单晶表面的直接生长	刘慧慧; 施宏; 朱东波; 邵翔;	中国科学技术大学化学与材料科学学院化学物理系	中国化学会第30届学术年会	2	
01-P-026	双氰胺在铜箔上直接生长氮掺杂石墨烯	朱东波; 刘慧慧; 邵翔;	中国科学技术大学 化学物理系	中国化学会第30届学术年会	1	
01-P-040	卤键为驱动力的石墨烯表面分子自组装的第一性原理研究	张少泽; 卢运祥; 张玉琛; 赵成颖;	华东理工大学	中国化学会第30届学术年会	6	
01-P-050	DA点击反应对于石墨烯的图案化修饰	李景; 李猛; 周丽丽; 郎双雁; 吕海燕; 王栋; 陈传峰; 万立骏;	中国科学院化学研究所; 中国科学院化学研究所; 中国科学院大学; 中国科学院化学研究所; 中国科学院大学; 中国科学院化学研究所; 中国科学院化学研究所; 中国科学院化学研究所;	中国化学会第30届学术年会	0	
02-O-011	三维磁性石墨烯介孔硅复合材料对农药的吸附研究	王欢; 鲁沐心; 王雪梅; 杜新贞; 卢小泉;	西北师范大学	中国化学会第30届学术年会	6	
02-O-020	基于石墨烯的生物分子直接/间接可视化传感新策略	薛中华; 殷慵; 王晖; 何被; 付小霞; 戴聪聪; 王小芬; 卢小泉;	西北师范大学	中国化学会第30届学术年会	0	
02-P-025	基于石墨烯与DNA保护的银纳米簇在同一免标记模板上的计算与非计算功能	王昆; 何梦婍; 王进; 何荣桓; 王建华;	东北大学理学院; 东北大学分析科学研究中心; 东北大学理学院; 东北大学理学院; 东北大学分析科学研究中心;	中国化学会第30届学术年会	0	

共找到1499篇论文 10页/条 第1/150页 下一页

图 4-24　中国化学会门户学术会议论文检索结果列表页面

由图 4-24 可知，此次共检索到相关会议论文 1149 篇，下载频次最高的是第一篇，刘忠范写的“石墨烯材料：制备决定未来”。单击文章列表右侧的⬇按钮，即可下载此篇文章进行阅读，文件格式为 PDF。

4.6　数理学科网络信息资源

4.6.1　Project Euclid 数据库

1. 资源地址

http://projecteuclid.org。

2. 资源简介

长期以来，独立期刊一直是一种有效的、可负担的、传播高质量的研究成果的方法。欧几里得项目（Project Euclid）通过与学术性出版商、专业学会和大学图书馆的合作来满足独立期刊或专业学会低成本的出版需求，并在保障智慧、经济自主及合理的前提下，联合出版商的力量共同建立具有前瞻性功能的网上出版机制。欧几里得项目的最终目标是为独立期刊和学会期刊创造一个充满活力的“一站式”的网上文献库，从而使研究人员及学者可以方便地检索数学和统计学领域的重要期刊，确保数学和统计学可以在企业、专业学会和独立出版社三者的均衡发展中获益。

欧几里得项目创办于 2000 年，得到了安德鲁梅陇基金会（Andrew W. Mellon Foundation）的大力支持。2022 年，欧几里得项目包含美国、日本、巴西、伊朗、欧洲、比利时等国家出版的 43 种数学和统计学专业期刊，其中 24 种期刊被 JCR 收录；收录的文章多达 167 400 篇以上，每年新增文章超过 5000 篇，最早可追溯至 1930 年。欧几里得项目已成为数学家和统计学人员的重要资料来源。

欧几里得数据库是由康奈尔大学图书馆（Cornell University Library）和杜克大学出版社（Duke University Press）共同管理的非营利性在线出版物平台。它为读者提供数学和统计学方面影响广泛的同行评审期刊、专著及会议文献，旨在促进这些专业领域内的学术交流。以下为目前国内用户可以访问的资源。

（1）Euclid Prime（欧几里得基本数据库）。包括 31 种理论数学和统计学专业期刊。

（2）Euclid Plus。欧几里得 DRAA（英文全称：Digital Resource Acquisition Alliance of Chinese Academic Libraries，高校图书馆数字资源采购联盟）专享包，包含 Euclid Prime（欧几里得基本数据库）的 31 种期刊，以及仅对 DRAA 集团成员提供的 12 种期刊。

（3）DMJ100。《杜克数学期刊》的存档期刊（Duke Mathematical Journal1-100, DMJ100），其内容包含《杜克数学期刊》1935 年至 1999 年的所有出版文献。

4.6.2　MathSciNet 与 AMS Journals

1. 资源地址

http://www.ams.org/mathscinet、http://journals.ametsoc.org。

2. 资源简介

美国数学学会（American Mathematical Society，AMS）创建于 1888 年，多年来一直致力于促进全球数学研究的发展及其应用，也为数学教育服务，是美国进行数学研究和教育的组织，同时也是一个出版机构。AMS 出版物包括《数学评论》（*Mathematical Reviews*）及多种专业期刊和图书。

MathSciNet 是美国数学学会出版的《数学评论》（*Mathematical Reviews*）的网络版，目前提供 400 余万条数学研究文献的评论、摘要及书目数据，数据可回溯至 1864 年，每年增加新记录 12.5 万条、评论 9 万篇。MathSciNet 收录的文献涉及数学及数学在统计学、工程学、物理学、经济学、生物学、运筹学、计算机科学中的应用等，数据来源于期刊、图书、会议录、文集和预印本等，已成为检索世界领域数学及相关学科文献最重要的工具。

AMS Journals 是由美国数学学会编辑出版的系列电子期刊，具体包括：*Bulletin of the American Mathematical Society*，*Earth Interactions*，*Journal of Applied Meteorology and Climatology*，*Journal of Atmospheric and Oceanic Technology*，*Journal of Climate*，*Journal of Hydrometeorology*，*Journal of Physical Oceanography*，*Journal of the Atmospheric Sciences*，*Monthly Weather Review*，*Weather and Forecasting*，*Meteorological Monographs* 等。

4.6.3　SIAM Digital Library

1. 资源地址

https://epubs.siam.org。

2. 资源简介

工业与应用数学会（Society for Industrial and Applied Mathematics，SIAM）于 20 世纪 50 年代前期在美国成立，是一个以促进应用和计算数学的研究、发展、应用为目的的协会。到 2022 年为止其个人会员数已超过 14 000 人，由来自世界各国的应用和计算数学家、计算机科学家、工程师、统计学家和数学教育者组成。此外，SIAM 还有 500 多个由大学、公司和研究机构组成的机构会员。SIAM 以出版高水准的期刊而为业界知晓。其出版的 18 种经同行评审的研究期刊在应用和计算数学的高等研究领域非常著名，它们涵盖了整个应用和计算数学领域，内容丰富而全面。

SIAM Digital Library 由工业与应用数学会编辑出版，收录的 18 种期刊包括：*Multiscale Modeling & Simulation*，*SIAM Journal on Applied Dynamical System*，*SIAM Journal on Applied Mathematics*，*SIAM Journal on Computing*，*SIAM Journal on Control and Optimization*，*SIAM Journal on Discrete Mathematics*，*SIAM Journal on Mathematical Analysis*，*SIAM Journal on Matrix Analysis and Applications*，*SIAM Journal on Numerical Analysis*，*SIAM Journal on Optimization*，*SIAM Journal on Scientific Computing*，*SIAM Review*，*Theory of Probability and Its Applications* 等。

SIAM Digital Library 除了收录 18 种期刊，还收录 20 世纪 70 年代以来的 SIAM 出版的图书 400 余本，SIAM 电子图书通过 iGroup 的电子图书平台提供访问。

4.6.4 AIP 数据库

1. 资源地址

https://publishing.aip.org。

2. 资源简介

美国物理联合会（American Institute of Physics，AIP）成立于 1931 年，是一个由 10 个会员学会组成的联盟。AIP Publishing LLC（以下简称“AIP 出版社”）是 AIP 旗下的专业出版机构，AIP 出版社同时也是居于领导地位的科学出版社，其出版的文献占据了全球物理学界研究文献四分之一以上，期刊文献已成为物理学及其相关学科的重要参考文献，AIP 出版社也跃居世界最为重要的物理学期刊出版社之一。

AIP 数据库包含 AIP 数据库主包、合作出版集，收录 27 种期刊和 1 种会议录，绝大多数期刊被 SCI 收录，文献量超过 4100 万篇，涵盖应用物理、生物科学、化学物理、能源、材料科学、纳米科学、光子学七大学科领域。AIP 出版的旗舰期刊有 *Applied Physics Letters*、*Journal of Applied Physics* 和 *The Journal of Chemical Physics*，分别是各专业领域排名领先、被引用次数最多的科技期刊之一。其中，AIP 数据库主包包括美国物理联合会、日本物理协会的 18 种电子期刊和 1 种会议录，可访问全文内容最早为 1999 年；合作出版集合包括美国物理教师学会、美国声学协会、美国真空协会、美国流变学协会的 9 种电子期刊，可访问全文内容从第一卷第一期开始。

3. 平台特色

（1）AIP 数据库主包和合作出版集合的电子期刊通过 Scitation 平台提供访问。该平台提供期刊、参考文献的浏览，以及和其他数据库的相关链接，如 INSPECT、MedLine、Web of Science 等。

（2）平台提供简单检索、高级检索、期刊检索、著者检索等多种检索途径。

（3）平台提供 HTML 和 PDF 两种全文格式。PDF 格式的全文可以下载到本地，在线浏览期刊 PDF 格式全文需要使用 Acrobat Reader 软件。

（4）平台提供多种格式的文献引文供浏览或下载。用户可以使用参考文献管理软件对下载的引文进行管理，以便更有效地利用科技文献。

（5）平台提供电子邮件推送服务及个性化服务。通过简单注册，用户可以管理个人账户，随时在线收藏感兴趣的内容，并与他人分享信息。

（6）平台支持 OpenURL 及联合检索。

4.6.5　APS 数据库

1. 资源地址

https://journals.aps.org。

2. 资源简介

美国物理学会（The American Physical Society，APS）成立于 1899 年，其宗旨为“增进物理学知识的发展与传播”。APS 在全球拥有超过 55 000 名会员，是世界上最具声望的物理学专业学会之一，其出版的物理评论系列期刊 *Physical Review X*、*Physical Review Letters*、*Reviews of Modern Physics*，分别是物理各专业领域中最受尊重、被引用次数最多的科技期刊之一，在全球物理学及相关学科领域的研究者中享有极高的声誉。

APS 数据库包含 10 种电子期刊及 Physical Review Online Archive（PROLA）过刊，另有 7 种 OA（Open Access）出版物，最早可回溯到 1893 年，全文文献量超过 68 万篇。APS 出版的期刊（含 OA 刊）覆盖了物理这个大类下的 8 个学科细分类别（核物理、流体与等离子体、数学物理、原子分子和化学物理、粒子与场物理、凝聚态物理、应用物理、天文学与天体物理学），以及密切相关的天文学、光学，还有科学教育，总计 11 个学科。

3. 平台特色

（1）APS 数据库检索平台可以浏览文摘、全文、参考文献和施引文献，提供 PDF 全文，可下载到本地。

（2）该平台可进行简单检索、高级检索、期刊检索、著者检索、著者背景检索等多种途径的检索。

（3）该平台提供电子邮件推送服务和 RSS Feeds 服务。

（4）该平台提供个性化服务。通过简单注册，用户可以管理个人账户，随时在线收藏感兴趣的内容，并与他人分享信息。

（5）该数据库提供中文使用指南。

4.6.6 IOP 电子期刊

1. 资源地址

https://iopscience.iop.org。

2. 资源简介

英国物理学会（Institute of Physics，IOP）成立于 1873 年，现在全球范围内拥有 5 万多名会员。英国物理学会出版社（IOP Publishing）是学会下属的专业出版机构，为全世界的科研人员提供优质的出版服务。英国物理学会出版社现有科技期刊 100 余种，具有较高的科研水平，还与多个世界知名的学会 / 协会合作出版，包括中国物理学会、欧洲物理学会、德国物理学会、日本应用物理学会、欧洲光学学会、国际计量局、伦敦数学学会、国际原子能机构、放射保护学会、美国能源部、医学物理和工程学会、日本国家材料科学研究所、中国科学院等离子所和中国力学学会、意大利里雅斯特国际高级研究生院、中国科学院理论物理所、美国天文学会、太平洋天文学会、中国天文学会和国家天文台等。

英国物理学会出版社出版学科包括：应用物理，计算机科学，凝聚态和材料科学，物理总论，高能和核能物理，数学和应用数学、数学物理，测量科学和传感器，医学和生物学，光学、原子和分子物理，物理教育学，等离子物理、环境科学和天文学等。

IOP 电子期刊访问平台——IOP 电子期刊数据库（平台名称：IOP Science）是英国物理学会出版社的学术性期刊全文数据库。2022 年访问品种为 75 种，新增加 3 种，其中 2 种为 OA 期刊，1 种为收费期刊。2022 年新增加的收费订阅期刊——*Functional Composites and Structures*（《功能复合材料与结构》）是由英国物理学会出版社和韩国复合材料协会（KSCM）共同出版的。FCS 关注功能复合材料与结构的研究，积极促进生活必需品、移动设备、体育用品、运输（陆地、海洋和航空航天）、能源和环境应用方面的创新，为研究者提供一个针对复合材料功能研究方面的出版平台，是目前新兴研究领域的一本重要期刊。

4.7 经济管理网络信息资源

4.7.1 国务院发展研究中心信息网

1. 资源地址

http://www.drcnet.com.cn。

2. 资源简介

国务院发展研究中心信息网（以下简称“国研网”）由国务院发展研究中心主管、国务院发展研究中心信息中心主办、北京国研网信息有限公司承办，创建于 1998 年 3 月，最初为国务院发展研究中心利用互联网、信息化手段为中央提供应对 1997 年亚洲金融危机策略所筹建的宏观经济网络信息平台。经过 20 余年的发展，它已成为中国著名的专业性经济信息服务平台，为国家建设中国特色新型智库提供全方位信息技术支撑，为中国各级政府部门、研究机构和企业提供决策参考。

国研网以国务院发展研究中心丰富的信息资源和强大的专家阵容为依托，与海内外众多著名的经济研究机构和经济资讯提供商紧密合作，全面汇集、整合国内外经济金融领域的经济信息和研究成果，目前已建成了内容丰富、检索便捷、功能齐全的大型经济信息数据库集群，包括 60 余个文献类数据库及 50 余个统计类数据库，如《国研报告》《宏观经济》《金融中国》《世界经济与金融评论》《中国行业经济》《国研数据—十余种行业统计数据库》《高校管理决策参考》等，同时针对党政用户、高校用户、金融用户等的需求特点开发了《党政版》《教育版》《金融版》等专版产品。以下为国研网核心资源及内容介绍。

1）文献数据库

文献数据库是国研网基于与国内外知名研究机构、财经媒体、专家学者合作取得的信息资源，进行数字化管理和开发而形成的内容丰富、检索便捷、功能齐全的大型经济信息数据库集群，致力于从经济、金融、行业、教育等方面多角度、全方位地提供有价值的参考信息。

（1）特色产品：包括国研观点、专家解析、世经评论、一图读懂、每日财经头条、中美贸易摩擦专报、国研网系列研究报告、经济大数据库可视化系列报告等。

（2）标准产品：包括最新推荐、全球财经、宏观经济、区域经济、行业经济、金融中国、企业胜经、教育参考等。

（3）重点专题：包括领导讲话、宏观调控、创新发展、体制改革、财政税收、市场与物价、关注“十四五”、新型城镇化、人口与发展、资源环境、法治中国、智慧城市、国际贸易、跨国投资、国情民生、社会保障、乡村振兴、“一带一路”、长江经济带、京津冀协同发展、国内政府管理创新、国外政府管理借鉴、经济形势分析报告、发展规划报告、政府统计公报、政府工作报告等。

2）统计数据库

国研网统计数据库（以下简称“国研数据”）是国研网在全面整合我国各级统计职能部门所提供的各种有关中国经济运行数据的基础上，历经数年研究开发、优化整合后推出的大型数据库集群，对国民经济的发展以及运行态势进行了立体、连续、深度展示，是中国经济量化信息最为权威、全面、科学的统计数据库之一，是投资、决策和学术研究的有力助手。

（1）世界经济数据库：包括联合国 MBS 数据、国际货币基金组织（IMF）数据、世界银行（World Bank）数据、世界贸易组织（WTO）数据、经济合作与发展组织（OECD）数据、亚洲开发银行（ADB）数据、亚太经济合作组织（APEC）数据、东南亚国家联盟（ASEAN）数据、欧元区（Euro Area）数据、世界能源数据、世界教育数据、世界科技数据、世界文化数据、世界卫生数据、世界邮政数据等。

（2）宏观经济数据库：包括宏观经济、人口就业、国民经济核算、价格统计、居民生活、财政税收、资源环境、固定资产投资、对外贸易、城乡建设、工业统计、产品产量、国有资产管理、金融统计、教育统计等数据库。

（3）区域经济数据库：包括省级经济数据、市级经济数据和县级经济数据。

（4）重点行业数据库：包括农林牧渔、轻工行业、纺织工业、石油化工、医药行业、建材工业、钢铁行业、有色金属、机械工业、汽车工业、建筑行业、批发零售、交通运输、信息产业、住宿餐饮、旅游行业、房地产业、科学技术、卫生行业、文化产业、能源工业等行业信息。

3）特色数据库

国研网特色数据库包括世界经济与金融信息平台、“一带一路”研究与决策支撑平台、经济管理案例库、战略性新兴产业数据库、文化产业数据库、国际贸易研究与决策支持系统、数字经济发展观察与监测平台、全球绿色金融大数据平台、企业大数据平台、乡村振兴大数据画像平台等。

4）专家库

国研网专家库是基于国研网已收录信息按专家、部门、领域进行统计分析的数据平台。专家库目前已收录专家204位、部门12个、领域14 864个。其中，专家栏目包括个人简介、学术圈、学术成果、发文渠道等；部门栏目包括部门简介、部门人员、研究领域、研究成果等；领域栏目包括相关研究专家、相关领域发文排名及趋势等。

4.7.2 中国经济信息网

1. 资源地址

https://www.cei.cn。

2. 资源简介

中国经济信息网（China Economic Information Network，CEInet，中文简称“中经网”）是经原国家计委批准，由国家信息中心联合部委信息中心和省区市信息中心共同建设的全国性经济信息网络，于1996年12月开通，是互联网上最大的描述和研究中国经济的专业信息资源库和媒体平台。

用户通过用户名和口令访问中经网，并采用分类浏览和全文检索两种方式获得高质量的专业信息，包括宏观经济、金融、行业经济、地区经济、国际经济等方面的新闻、统计数据、市场预测、专家观点、政策法规、企业产品、行情、商业机会等。

1）信息频道

中经网的信息频道分为综合频道、宏观频道、金融频道、行业频道、区域频道、国际频道等几个部分。

（1）综合频道：包括总编时评、中经指数、中经评论、世经评论、财经报道、国内大事、国际大事、最新数据、统计公报、近期政策、发展规划、专家观点等。

（2）宏观频道：包括宏观快讯、宏观政策、宏观分析、宏观统计、宏观指数、宏观周评、宏观主编点评及宏观提示等。

（3）金融频道：包括金融快讯、金融政策、金融分析、金融统计、金融指数、金融周评、金融主编点评及金融提示等。

（4）行业频道：包括行业快讯、行业政策、行业分析、行业统计、行业指数、行业周评、行业主编点评及行业提示等。

（5）区域频道：包括区域快讯、区域政策、区域分析、区域统计、区域指数、区域周评、区域主编点评及区域提示等。

（6）国际频道：包括国际快讯、国际政策、国际分析、国际统计、国际指数、国际周评、国际主编点评及国际提示等。

2）经济研究报告

中经网系列经济研究报告包括中国行业发展报告系列、行业月度监控报告、产业政策解读报告、中国地区经济发展报告、宏观经济形势预测报告、固定资产投资分析季报、金融市场流动性分析月报、中国权威经济论文库、中国行业发展报告会等。

3）数据库产品

中经网统计数据库与经济监测平台包括中经网统计数据库、中经网产业数据库、世界经济数据库、“一带一路”统计数据库、中经网省级统计年鉴时序库、中国环境保护数据库、全国宏观经济监测预测系统、中国区域经济监测评价系统、经济景气分析系统、行业绩效标准值比较系统等。

4）综合经济动态平台

中经网综合经济动态平台包括中经专网、中经要报、中经金融、决策要参、中经网经济形势与政策大数据平台。

5）经济管理专题远程教育

面向中央部委及各级组织、人社、专技、财政部门在内的党政机关干部教育培训部门，以及大中型企业、高等院校和金融机构，提供从视频课程、学习平台、镜像专版到线上线下混合式教学服务等解决方案。

（1）视频课程。内容权威，紧扣热点，主题覆盖；全方位多层次 2 万学时历史课程，年更新 1500 学时；技术形态多样，可按需定制。

（2）学习平台。灵活定制，跨屏学习，离线学习；大数据分析，运维服务。

（3）镜像专版。提高政治素养，把握经济脉搏，增强决策能力；可进行完整课程资源包推送，也可按栏目灵活订阅。

6）信用大数据应用平台

作为全国首批综合信用服务机构试点工作单位，应用大数据、人工智能等前沿信息技术，整合全社会信用信息资源，建立评价指标体系和模型，对城市、行业、企业信用状况进行量化评价，为多样化信用应用场景提供个性化定制服务。

（1）城市信用评价。受国家发改委委托开发建设“全国城市信用状况监测平台”，监测全国 672 个城市的信用状况，并向社会信用体系建设部际联席会议成员单位和地方政府提供月度排名、监测报告等服务。

（2）行业信用监管。受国家公共信用信息中心委托，开展天然气、电力等重点领域公共信用综合评价，建设“全国性行业协会商会行业公共信用信息平台”。结合政府部门需求，提供一站式行业信用监管解决方案，优化资源配置，提升监管效能。

（3）企业风险监控。通过信用风控管理评价系统，将银行、园区、企业进行智能匹配，实现线上信用贷款、园区企业入驻管理、精准招商等，并对特定企业的信用风险进行识别、跟踪和监控。

4.7.3 Infobank 数据库

1. 资源地址

http://www.infobank.cn。

2. 资源简介

Infobank 数据库（英文全称“China Infobank”，又名“中国资讯行数据库”）是中国资讯行自 1995 年起为广大用户推出的专业财经数据库群，经过 20 余年的发展，Infobank 已成为全球最大的中文商业信息数据库之一，其内容包括实时财经新闻、权威机构、经贸报告、法律法规、商业数据及证券消息、行业信息等，涉猎的行业包括能源运输、金融保险、食品服装等 19 个行业领域。目前，该数据库存储的中国商业信息资料超过 150 亿汉字，拥有近 1200 万文献，并以每日 2000 万汉字的数据量增新。资料搜集每天通过对国内 1000 余家媒体和国外几十家媒体的实时监测，并和国内 60 余家官方和权威机构合作，拥有丰富的在线信息提供经验，为经济、工商管理、财经、金融、法律、政治等 197 个行业提供原始数据。该数据库具体分为以下几个子库。

（1）中国经济新闻库：收录 1992 年至今中国地区及海外商业财经信息，以媒体报道为主。数据来源于中国千余种报刊及部分合作伙伴提供的专业信息，按行业及地域分类，共包含 19 个领域 197 个类别。

（2）中国商业报告库：收录 1993 年至今经济专家及学者关于中国宏观经济、金融、市场、行业等的分析研究文献及政府部门颁布的各项年度报告全文，主要为用户的商业研究提供专家意见的资讯。

（3）中国法律法规库：收录 1903 年至今以中国法律法规文献为主，兼收其他国家法律法规文献，收录自 1949 年以来中华人民共和国中央及地方的法律法规，以及各行业有关条例和案例，为读者提供最及时的法律参考。

（4）中国统计数据库：大部分数据收录自 1995 年以来国家及各省市地方统计局的统计年鉴及海关统计、经济统计快报、中国人民银行统计季报等月度及季度统计资料，其中部分数据可追溯至 1949 年，亦包括部分海外地区的统计数据。数据按行业及地域分类，数据日期以同一篇文献中的最后日期为准。

（5）中国上市公司文献库：收录 1993 年至今中国上市公司（包括 A 股、B 股及 H 股）的资料，内容包括在深圳和上海证券市场的上市公司发布的各类招股书、上市公告、中期报告、年终报告、重要决议等文献资料。

（6）中国医疗健康库：收录 1995 年至今中国 100 多种专业和普及性医药报刊的资料，向用户提供中国医疗科研、新医药、专业医院、知名医生、病理健康资讯。

（7）Infobank 环球商讯库：保存 China Infobank 网站自 1998 年以来实时播发的“环球商讯”的全部新闻文献。

此外，该平台还提供其他数据库，但已经不再进行更新，如中国企业产品库、香港上市公司资料库、中国人物库等。

4.7.4　ABI/INFORM Complete

1. 资源地址

https://www.proquest.com。

2. 资源简介

ABI/INFORM Complete（英文全称：Abstracts of Business Information /INFORM）由美国 ProQuest® Information & Learning 公司出版，是全球历史最悠久的商业期刊集成数据库和欧美大学普遍使用的世界著名商业、经济管理期刊全文数据库。该数据库涉及主题覆盖财会、银行、商业、计算机、经济、能源、环境、金融、国际贸易、保险、法律、管理、市场、税收、电信等领域，包括各个行业的市场、企业文化、企业案例分析、公司新闻、国际贸易与投资、经济状况和预测等方面的资料。

ABI/INFORM Complete 包括 ABI/INFORM Global、ABI/INFORM Trade and Industry 和 ABI/INFORM Dateline，收录 7718 种经济管理及相关学科专业期刊，个案研究和商业案例 32 000 多篇，研究手稿全文多篇，知名研究机构 Economist Intelligence Unit（EIU）、Business Monitor International（BMI）、Oxford Economics 等提供的消费品报告、市场 / 行业研究报告、企业报告、国家 / 地区报告；3200 份商业案例来自雷鸟全球管理学院（Thunderbird School of Global Management），The Times 100 Business Case Studies，Society for Human Resource Management，Journal of the International Academy for Case Studies 和弗吉尼亚大学达顿商学院（Darden School of Business）。

ABI 完全版收录的子库包括以下几种。

（1）ABI/INFORM Global——全文期刊数据库。

（2）ABI Archive Complete——回溯期刊数据库。

（3）ABI Trade and Industry——行业与贸易信息数据库。

（4）ABI Dateline——北美地区中小型企业与公司贸易信息数据库。

（5）EIU ViewsWire——经济学家报告（无延迟）。

（6）Dissertations——16 000 篇博士、硕士学位论文全文。

（7）Going Global Career Guide——全球就业指导数据库。

（8）Author Profiles——作者信息数据库。

（9）Wall Street Journal（Eastern Edition）——华尔街日报（美国东部版，即美国本土版）。

ABI/INFORM Complete 收录了商业领域的主要刊物，专门提供商业各学科的重要内容资讯，是商业学术理论与实践领域的顶级资源。通过 ABI/INFORM Complete，用户可以访问来自商业理论和实践领域里的领袖人物的思想精华。

4.7.5 World Bank E-library

1. 资源地址

https://elibrary.worldbank.org。

2. 资源简介

世界银行（The World Bank）是“世界银行集团”的简称，“国际复兴开发银行”的通称，也是联合国的一个专门机构。世界银行成立于 1945 年，由国际复兴开发银行、国际开发协会、国际金融公司、多边投资担保机构和国际投资争端解决中心五个成员机构组成。

世界银行出版社办公室拥有获取、生产、推广及发行世界银行出版物和电子产品的权利。此外，该办公室经营并管理银行发展书店——Infoshop，处理与世界银行知识产权有关的所有权利和许可，确定世界银行官方出版物的标准。这些出版物均标注世界银行的 ISBN，从出版社办公室获得，并由其发行。为了支持世界银行全球知识供应商的角色，出版社办公室还与其他银行合作，向决策者、学术界、大众和其他顾客传播其出版物。

World Bank E-library（世界银行在线图书馆）是由世界银行出版社创建的一个汇集世界银行出版物的数据库，面向全球提供世界银行所拥有的财经类学术资源访问服务，收录了世界银行所有经过严格同行评审后发表的正式出版物和学术文章。其主要目的是为社会和经济领域的研究人员提供世界银行所有有关社会和经济类的图书、报告和多种文件。

截至 2021 年年底，World Bank E-library 平台上收录的资源包括 8631 本图书，8583 篇政策研究报告、世界银行研讨报告以及世界银行工作报告等，8608 个章节，以及超过 6000 篇全文期刊资源。主要包括：*Development Outreach*、*World Bank Economic Review* 和 *World Bank Research Observer* 三种期刊 1996 年以后的所有文章；发展经济学（Development Economics，DEC）政策研究 1995 年以来的工作报告，超过 3900 份；1970 年以来正式出版的电子书、各类报告和丛书，如 *World Development Reports*，总计约 2400 本，含 Book series（专著 / 丛书）83 套；内容涵盖农业、教育、能源、交通、环境、金融、水资源保护、健康和营养、医疗卫生、科学和技术、信息和交流、农村和城市发展、社会保障和劳动保护、社区和人员安置、个体经济和公共经济的发展、冲突与发展、政府管理、国际经济和贸易、法律和发展、宏观经济学和经济增长、减贫等多个学科专业领域。

4.7.6 EBSCO BSP/BSC/BSU

1. 资源地址

http://search.ebscohost.com。

2. 资源简介

EBSCO 公司成立于 1944 年，是一家拥有 70 多年历史的美国公司。随着出版多元化经营与迅速成长，公司业务已扩展至制造业及其他服务业等行业。EBSCO 是全球最大的集成数据库出版商和期刊代理商，提供国际在线订购服务。在集成数据库的同行中，EBSCO 迄今仍是科技的先驱者，已连续数年被《福布斯》杂志评选为美国前两百大之优良私人企业。EBSCO 提供文献的专业涉及理、工、农、医、天、地、生、经济等全部学科，为全球 6 万多家图书馆提供服务，同时选择发现服务的用户超过 11 000 家。

EBSCO BSP/BSC/BSU 分别是 EBSCO 公司提供的商管财经类全文数据库，其区别在于版本不同，收录的资源不同；BSP/BSC/BSU 依次是基础版、完整版、旗舰版。

（1）Business Source Premier（缩写为 BSP），为商管财经类全文数据库。BSP 收录 6775 种期刊索摘，提供 2166 种期刊全文（其中 1075 种同行评审期刊），以及 28 061 种非刊全文出版物（如案例分析、专著、国家及产业报告等），406 种全文期刊收录在 Web of Science 内。收录年限：1886 年至今。主题范畴：涵盖商业相关领域的议题，如金融、银行、国际贸易、商业管理、市场行销、投资报告、房地产、产业报道、经济评论、经济学、企业经营、财务金融、能源管理、信息管理、知识管理、工业工程管理、保险、法律、税收、电信通讯等。独特的全文期刊如：*Harvard Business Review*, *Administrative Science Quarterly*, *Academy of Management Journal*, *Academy of Management Review*, *Journal of Marketing*, *Journal of Marketing Research*(JMR), *MIS Quarterly*, *Communications of the ACM*, *International Journal of Production Research* 等。该数据库同时收录 Country Watch Incorporated、MarketLine、Organization for Economic Cooperation & Development 等知名出版社和组织出版的 1200 余种国家 / 地区报告和 20 000 多种企业报告。

（2）Business Source Complete（缩写为 BSC），为商管财经类全文数据库（完整版）。BSC 收录 3777 种期刊全文（包括 1878 种同行评审期刊），有 541 种全文期刊同时收录在 Web of Science 内。BSC 中包括 900 余种书籍专著，超过 115 万份企业背景资讯，1200 余份国家经济报告，8700 余份行业报告，10 000 余份对全球知名企业高层管理人员以及财经分析家的访谈录，2500 余份市场研究报告，5200 余份 SWOT 分析，等等。收录年限：1886 年至今。主题范畴：商业经济相关主题，如营销、管理、管理信息系统（MIS）、生产与作业管理（POM）、会计、金融、经济等。除此之外，BSC 数据库还收录非期刊的全文数据，包含书籍、专题论文、参考工具资料、书摘、会议论文、案例研究、投资研究报告、产业报告、市场研究报告、国家报告、企业公司档案、SWOT 分析等。BSC 还特别收录了以下独家财经文献：Bernstein Financial Data（伯恩斯坦金融数据）、Economist Intelligence Unit（全文出版品）、晨星基金股票分析出版品、美国会计师协会出版品、Richard K. Miller & Associates 市场研究报告、非英语系国家的商学文献资源，特别收录哈佛大学知名教授的 57 段研讨会视频（seminar video）。

（3）Business Source Ultimate（缩写为 BSU），为商管财经类参考文献大全（旗舰版）。BSU 为 EBSCO 最完整的商管财经全文数据库，收录 6780 余种期刊索引及摘要，提供 5300 余种全文期刊（其中 3200 余种为持续收录全文期刊）；有 658 种全文期刊同时收录于 Web of Science，有 1330 余种全文期刊同时收录于 Scopus。另外，BSU 还收录如下非期刊类全文资源：近 1000 种书籍和专著，超过 2 万份企业公司档案，1200 余份国家经济报告，8700 余份行业报告，14 800 余份案例研究，2500 余份市场研究报告，5200 余份 SWOT 分析，等等。同时，

BSU数据库还收录专题论文、参考工具资料、书摘、会议论文、投资研究报告等。数据库收录来自90余个国家和地区出版的全文期刊。收录年限：1886年至今。主题范畴：商业经济相关主题，如营销、管理、管理信息系统（MIS）、生产与作业管理（POM）、会计、金融、经济等。

4.7.7 Emerald管理学数据库

1. 资源地址

https://www.emerald.com/insight。

2. 资源简介

Emerald出版社成立于1967年，由来自世界著名百强商学院之一的布拉德福商学院（Bradford University Management Center）的学者建立，是目前世界上重要的人文社科出版社之一。从出版唯一一本期刊开始，到至今成为世界管理学期刊最大的出版社之一，Emerald一直致力于管理学、图书馆学、工程学专家评审期刊，以及人文社会科学图书的出版，拥有来自100%世界百强商学院的作者及用户，100%世界200强综合性大学的作者及用户，以及近60%的世界500强企业用户。

Emerald电子期刊数据库提供全文内容，覆盖年限自1898年开始至今，共收录310种期刊，涉及学科领域包含会计金融、商业管理、战略、人力资源、市场营销、物流与质量管理、旅游管理、信息知识管理、房地产与建筑环境、图书情报、教育管理、健康管理、机械工程、材料工程、航空航天、自动化、电子电气等领域，是世界上管理学领域出版期刊数量最多的出版社之一。以下为Emerald管理学数据库的具体内容。

（1）Emerald管理学全文期刊库（2000年至今）：包含284种专家评审的管理学术期刊，提供最新的管理学研究成果和学术思想。学科覆盖市场营销、会计金融与经济学、商业管理与战略、公共政策与环境管理、信息与知识管理、人力资源与组织研究、图书馆研究、旅游管理、教育管理、运营物流与质量管理、房地产管理与建筑环境、健康与社会关怀。其中包含知名期刊，如：*European Journal of Marketing*（《欧洲营销杂志》）、*Management Decision*《管理决策》、*The TQM Management*（《全面质量管理》）、*Supply Chain Management: An International Journal*（《供应链管理》）、*Personnel Review*（《人事评论》）等。

（2）Emerald全文期刊回溯库：包含近180种全文期刊，超过11万篇的全文内容，涉及会计、金融与法律，人力资源，管理科学与政策，图书馆情报学，工程学等领域。所有期刊均可以回溯至第一期第一卷，最早可以回溯到1898年。

（3）辅助资源：① 学习案例集（case study collection）——2000多个精选案例研究，来自Coca-Cola，IBM，Toyota，Glaxo Smith Kline，Hilton Group等知名企业；② 学术评论集（literature review collection）——来自领域内权威学术出版物700多篇学术评论文章；③ 访谈集（Interview Collection）——500多个全球商业和管理大师的思想库，提供生动有趣的“商界风云人物”的访谈记录；④ 管理学书评（book review collection）——2600多篇特别为学生、教师和研究学者撰写的深度书评。

此外，Emerald 平台目前出版 OA 期刊 60 种（无 APC），其中包含中国大陆的 11 种合作刊物。

4.7.8　检索实例

本小节以“国研网”为例检索商管财经类专业信息。

【实例】检索 2021 年有关煤炭销售方面的数据信息。

（1）登录国研网网站（网址：http://www.drcnet.com.cn），其首页如图 4-25 所示。

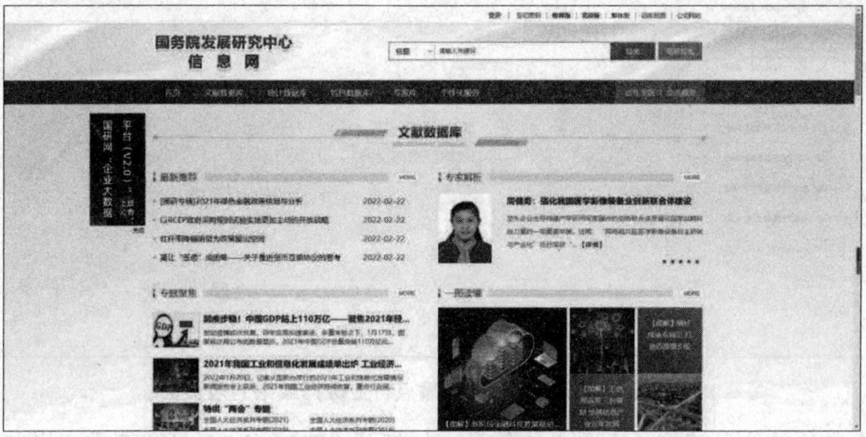

图 4-25　国研网首页

（2）在本网站数据库中进行检索，本网站数据库可提供按不同数据库浏览和检索（包括简单检索和高级检索）两种信息获取途径。

① 专业数据库浏览。

a. 在本网站首页的“统计数据库”下拉菜单中选择“重点行业数据库→能源工业”，进入相应重点行业数据库的页面，如图 4-26 所示。

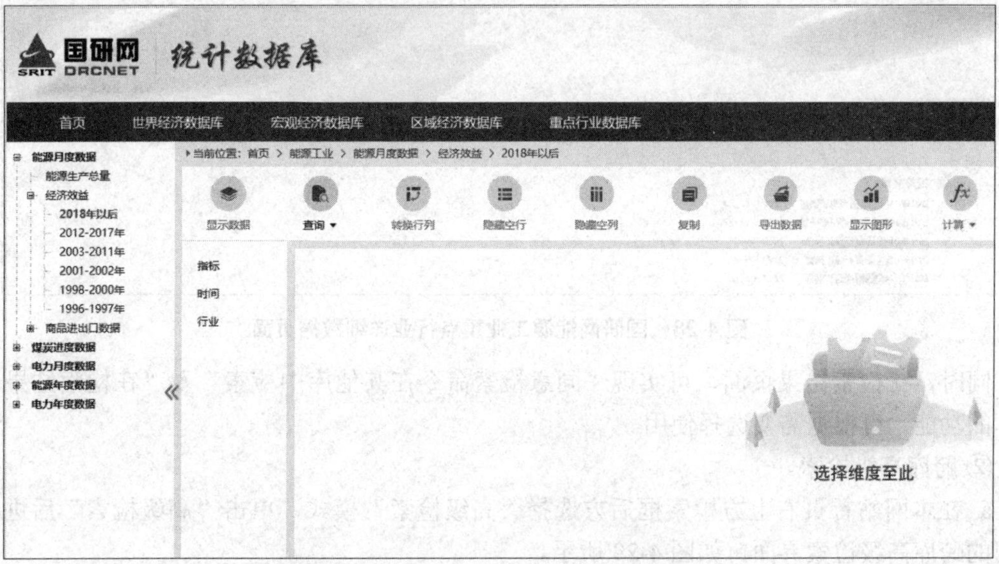

图 4-26　国研网能源工业重点行业数据库首页

b. 在左侧导航栏，单击“煤炭进度数据”下的“煤炭销售→煤炭销量”模块，进入检索结果页面，如图4-27所示。

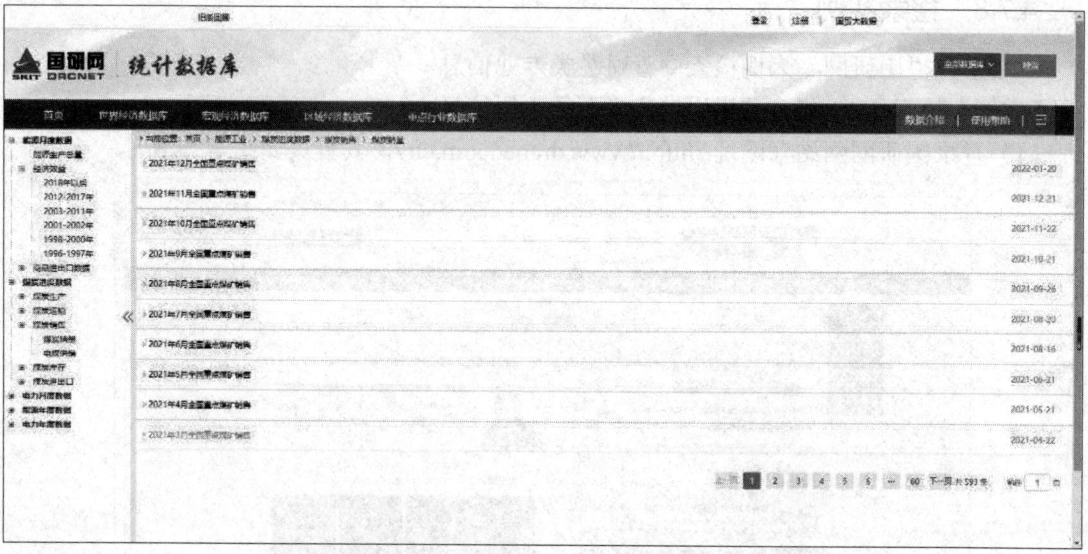

图4-27　国研网能源工业重点行业数据结果列表页面

c. 单击具体的信息链接，查看具体信息，如打开“2021年12月全国重点煤矿销售”，即可看到相关信息，如图4-28所示。

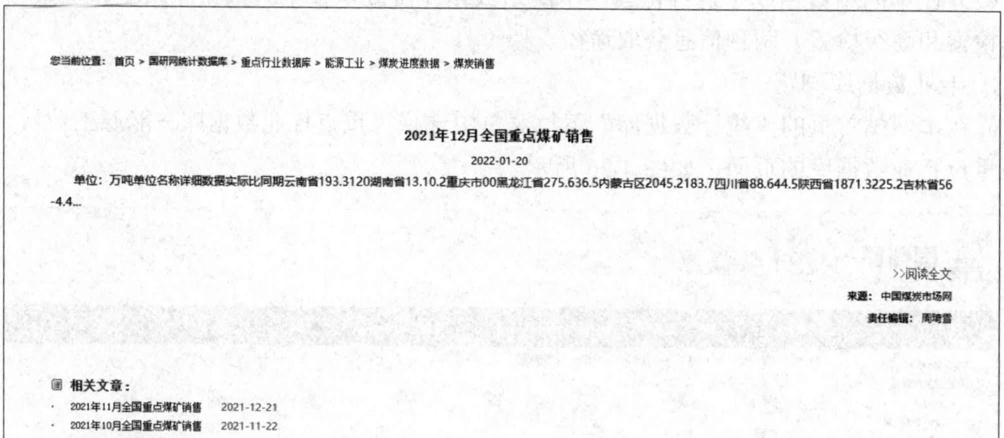

图4-28　国研网能源工业重点行业详细数据页面

同时，在检索结果页面，可实现“同意检索命令在其他库中检索”及“在检索结果中检索”的功能，可根据需要选择使用。

② 跨库高级检索。

a. 在本网站首页右上方检索框后方选择“高级检索”模式，单击“高级检索”后进入国研网的跨库高级检索界面，如图4-29所示。

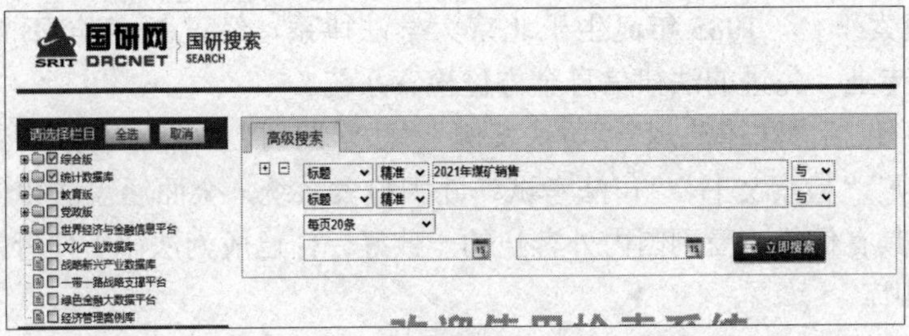

图 4-29　国研网高级检索页面

b. 在左侧的栏目部分，同时选择“综合版”和“统计数据库”，在右侧高级搜索框中限定检索条件，如字段选择“标题”，后方限制选择“精确”，检索词输入“2021 年煤矿销售”，然后单击“立即搜索”按钮，进入检索结果列表页面，如图 4-30 所示。

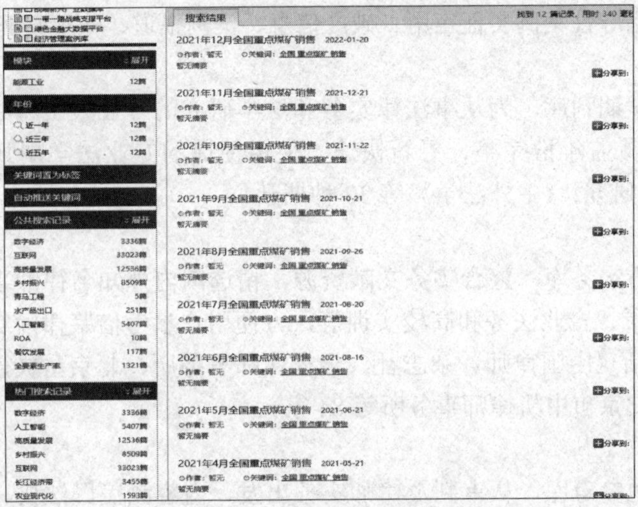

图 4-30　国研网检索结果页面

c. 单击具体的信息链接，查看具体信息，如打开“2021 年 12 月全国重点煤矿销售”，即可看到相关信息，如图 4-28 所示。

4.8　法学法律网络信息资源

4.8.1　“北大法宝”法律信息检索平台

1. 资源地址

http://www.pkulaw.com。

2. 资源简介

“北大法宝”是由北京大学法制信息中心与北大英华科技有限公司联合推出的智能型法

律信息一站式检索平台，1985年诞生于北京大学法律系，经过30多年不断的改进与完善，目前是较成熟、专业、先进的法律信息全方位检索系统。

“北大法宝”包括“法律法规”“司法案例”“法学期刊”“律所实务”“专题参考”“英文译本”“法宝视频”“检察文书”“司法考试”九大检索系统，全面涵盖法律信息的各种类型，在内容和功能上具有优势，受到国内外客户的一致好评，已成为法律工作者的必备工具。

1）法律法规库

北大法宝•法律法规数据库，内容包括法律、行政法规、监察法规、司法解释、部门规章、军事法规规章、团体规定、行业规定；地方性法规、自治条例和单行条例、地方政府规章，地方规范性文件、地方司法文件。

2）司法案例库

北大法宝•司法案例库，全面收录我国各级法院审理的各类案例，内容包括案例与裁判文书、裁判规则、指导性案例实证应用、破产信息、案例报道、仲裁案例、港澳案例。

3）法学期刊库

北大法宝•法学期刊库，为从事法律实务和法学研究的专业人士精心打造，提供专业的法学期刊服务，是覆盖年份完整、更新快速、使用便捷的专业法学期刊数据库，内容包括《中国法学》《法学研究》《中外法学》等30种期刊。

4）律所实务库

北大法宝•律所实务库，整合实务文献资源，精选国内外知名律师事务所所刊、律师文章，服务律师事务所、企业法务和高校实训等，方便用户参考借鉴律师实务经验并进行实践研究。合作机构包括《中国律师》杂志社、金杜律师事务所、北京岳成律师事务所、北京市盈科律师事务所、北京市中凯律师事务所等84家。

5）专题参考库

北大法宝•专题参考库，从审判及律师实务出发，内容涵盖民法典、企业合规、民间借贷、正当防卫、个人信息保护、物权、合同、担保、侵权、交通事故、婚姻家庭、知识产权、公司、房地产等30余个专题，以及裁判标准、实务专题、法学文献、法律年鉴、法学教程等，为从事法律实务工作的人士提供更好的服务，满足专业人员对审判、律师实践工作经验的学习。

6）英文译本库

北大法宝•英文译本库，是集中国法律法规、司法案例、法学期刊、国际条约、法律新闻等重要信息于一体，高效检索、及时更新的英文法律信息解决方案。其内容包括：① 法律、行政法规、司法解释，涉外、涉及重要领域改革开放的法规性文件、部门规章、地方性法规、地方政府规章，规范性文件；② 指导性案例、最高法院公报创刊以来刊登的所有案例、重要涉外商事海事案例、知识产权典型案例；③ 中英文期刊、英文期刊、中文期刊英文目录、中国法律年鉴英文版、中外税收协定、白皮书、英文公报目录。

7）法宝视频库

北大法宝•法宝视频库，汇集实习律师和执业律师职业素能、专业知识和实务操作等精讲视频。其内容包括：① 实习律师所需基本执业道德与规范、执业基本素养，涵盖设计刑事诉讼业务、行政诉讼业务、民事诉讼业务、仲裁业务等执业基本技能精讲视频；② 执业律师实务所需内容，其中包含文书写作、律所管理、执业技能以及法律顾问等内容；③ 社会学科，其中包含管理学、国学、经济学、心理学、教育、礼仪以及其他。

8）检察文书库

北大法宝•检察文书库，包括法律文书和案件信息两个子库，收录了各级人民检察院陆续公布的检察法律文书和重要案件信息，涉及反贪、反渎、侦监、公诉、申诉、民行、死刑复核、铁路检察、刑事执行九大类案件，目前数据总量 676 万余篇，日更新量高达 1000 篇左右。除了对数据进行精细整理，更是将检察文书与裁判文书、专题参考等进行关联，具有很好的集聚效应，为用户提供更加便捷的专业信息服务。

9）行政处罚库

北大法宝•行政处罚库，收录中央及除港澳台外 31 个省、自治区、直辖市的行政处罚信息，目前数据量已达千万级，并持续更新中，设置包括主题分类、处罚种类、执法级别、处罚机关、处罚对象在内的七个聚类维度，辅助筛选，使用户能够快速、准确地检索到所需信息。除了对数据进行精细整理，更将行政处罚决定书与处罚依据进行关联，为用户提供更加便捷的专业信息服务。

4.8.2　法意科技——中国法律资源库

1. 资源地址

http://www.lawyee.net。

2. 资源简介

北京法意科技有限公司（以下简称“法意科技”）成立于 2003 年，是引领全国法律行业信息化的知名软件企业，拥有上百项自主知识产权，获得过高新技术企业、自主创新企业、ISO9001 质量管理体系认证、AAA 信用等级等企业资质。法意科技目前推出的产品包括法律大数据产品线、党政机关产品线、法院智能辅助办案产品线、私发公开产品线等 11 个专业产品线，41 个具体产品。其中，中国法律资源库是其法律大数据产品线的主要资源。

中国法律资源库是由法意科技研发和维护的法律数据库网站，旨在提供专业、全面、持续的法律信息服务，是国内数据量庞大、内容丰富齐全、功能实用性较强的中国法律资源检索系统，目前已经构筑起全球最大的中文法律信息数据库。数据库注重数据范围全面性、分类体系专业性、收录来源权威性、检索结果精确性、应用功能实用性和书籍更新及时性。内容涵盖司法案例、法律法规、合同范本、法律文书、法律机构、法律人物、大事记、法学论著、法律题库等 12 个大库、37 个小库，同时提供从案由指引、律师业务等多个角度梳理汇编而成的具有较强实用性的特色专题库。

3. 平台特色

（1）提供快速、多条件、高级检索、智能检索、结果中检索等多种检索方式。

（2）提供法规与法规、法规与法条、法院案例与法律法规之间的全互动关联，以满足用户的延伸阅读、对比分析的需求。

（3）按照最高法院颁布的罪名和案由规定分别确定刑事、民事经济、知识产权、海事海商、行政、国家赔偿等类型案件的案由树，提供逐级递进的引导检索。

（4）案例数据包将同案文书对比、审理法院、法院案由、裁判要旨、法律依据等相关信息罗列展示，并实现全方位双向互动检索。

（5）全文页提供多种阅读模式，法规、案例均按照公文标准样式提供全文和书卷两种显示样式及导读显示模式。

（6）中国法律资源库软硬件一体机将软件预装在服务器上，只需一键开启设备即可应用。

4.8.3 法律之星

1. 资源地址

http://law1.law-star.com。

2. 资源简介

法律之星是国内历史悠久、知名度较高的法律检索软件，自 1986 年诞生以来，先后经历了 8 次大的版本升级和 60 余次小的功能改进，已经形成了一套完整的法律法规文件检索和应用的高品质软件产品。

法律之星涵盖了中央和地方政府批准和颁布的各类现行法律、行政法规、部门规章、司法解释、地方性法规、规章、规范性文件，中国与各国签订的经济协定、科技协定和双边条约，有关贸易、保险、金融等方面多边条约、国际公约、国际商业惯例，最高人民法院公布的典型案例、司法裁判文书，香港立法局、台湾立法机构制定的经济法律、法规，以及国家工商行政管理局示范合同式样和合同范本、常用文书范本和格式文书等。每天以 200 ～ 300 篇的法规更新速度增加产品内容，以确保与立法同步。

3. 平台特色

法律之星为使用者提供了标准的数据库检索、智能多重资料链接、法律文件全文检索、法律文件摘录编辑、个性化文件夹管理、每日法规自动下载更新等功能。使用者不但可以轻松查询到所需要的法律文件，还可以利用文件的相关链接和参考文件获取更多的法律资料信息。

4.8.4 LexisNexis 法律数据库

1. 资源地址

https://www.lexisnexis.com。

2. 资源简介

美国 LexisNexis（中文名：律商联讯）公司是世界领先的全面资讯和商业解决方案提供商，为 Reed Elsevier 集团下属公司，其产品包括基于网络的旗舰产品 Lexis.com，LexisNexis

Academic，Total Patent 和 Nexis.com，以及涉及法律、风险管理、企业、政府、财会、专利等领域的产品及服务，其内容涉及新闻、法律、政府出版物、商业信息及社会信息等，其中法规法律方面的数据库是 LexisNexis 的特色信息源，是面向大学法学院、律师、法律专业人员设计的数据库产品，内容全面，具有较大的影响力，尤其在法律业界具有较高知名度，被很多高校法学院的老师称为法学院学生的实战演练场。

LexisNexis 法律数据库是 LexisNexis 为法律专业人士开发的一站式检索法律数据库，收录全球范围内各类法律、案例、期刊论文、法律新闻、法学专著、相关评论等其他各种文献资料，为法律专业研究人员和法律从业人士提供权威的、内容丰富的法律信息。目前数据库已收录 60 亿个可查文件，超过 45 000 个资源，文件数以每周 950 万个的速度递增，其收录资源详细内容如下。

（1）法律原始文献资料。① 美国联邦和各州的立法资源及法律法规：提供功能强大的美国法典服务和美国规章服务，链接立法背景、重要判例等相关资源，为研究这些州的立法和比较研究的开展提供巨大便利；② 美国联邦和各州法院的判例法：全面收录美国近 300 年来至今判例，最早可回溯至 1700 年，可按最高法院、巡回法院、联邦地区法院、各州法院、税务法院、破产法院等各级法院、专门法院和管辖区域进行检索；③ 英美立法和政治制度：收录大不列颠及北爱尔兰联合王国、美国国会、美国各州、美国大选、美国政治传记和导向、内阁和行政参考等资料；④ 国际公约及多个国际组织的条约、相关判例等文献资料。

（2）法律二次文献资料。① 法律期刊、评论、报告：约 1000 种法律期刊、评论和报告，大多可回溯至 1980 年；② 法律专业书籍：来自 Matthew Bender、Mealey 等知名法律出版社出版的各类法学专著；③ 法律重述资料（Restatements）：覆盖多种法律领域的各类重述资料，由行业权威法律职业人士参与编撰；④ 美国律师协会、法律继续教育相关资料（ABA CLE courses）；⑤ 法律新闻：收录全球范围内财务法、海事法、反托拉斯法、银行法、破产和商业法、宪法、建筑法、合同法、家庭法、证券法、税法等各个领域的法律新闻。

（3）全球 27 个国家和地区法律资源。其内容涵盖全球法律资源、国际公约和来自阿根廷、印度、爱尔兰、意大利、澳大利亚、马来西亚、文莱、墨西哥、加拿大、新西兰、中国、北爱尔兰、俄罗斯、英格兰和威尔士、苏格兰、法国、德国、匈牙利、新加坡、南非和其他国家的法律资源。

（4）62 个法律领域的综合资料库。按照法律领域，如反垄断、银行与金融服务法、保险法、国际法、国际贸易法、劳动与就业法、诉讼法、医疗法、公司兼并，进行浏览检索，各领域项下梳理全部相关的原始文献信息（法律法规、判例、条约、行政规定、立法材料等）和二次文献信息（各种相关的期刊、报告文章、会议资料、相关新闻、参考资料和文档）。

4.8.5　Westlaw International

1. 资源地址

https://www.westlaw.com。

2. 资源简介

Westlaw International（西方法律文库）是世界著名的法律信息出版集团 Thomson Legal &

Regulatory面向法律专业人员推出的专业数据库，是一个以检索美国法律为主的大型计算机法律信息检索系统，可以检索到西方所有版本的法律出版物，尤其是对那些特别复杂和实用的检索课题，其优势更加明显。

Westlaw International平台包括Thomson Legal & Regulatory公司数万个法律数据库以及新闻及商业信息数据库，涉及法律、新闻及商业领域各个方面。特别是法律资料库中包括全部英国和欧盟主要法律资料、最重要的美国专题法律、加拿大和香港的判例法，以及美国和加拿大的法律报刊、文献及国际条约资料，是进行快速、有效法律研究的理想平台。

Westlaw数据库主要包括以下内容。

（1）案例。英国自1865年起所有案例，美国自1658年起所有案例，欧盟自1952年起所有案例，澳大利亚自1903年起所有案例，中国香港自1905年起所有案例，加拿大自1825年起所有案例。

（2）法规条例。英国自1267年起法规条例（全文整理），美国法规条例（全文注释），完整的欧盟法规，中国香港自1997年起法规条例，加拿大法规条例（全文整理）。

（3）期刊。超过1000种法学期刊和法律评论，覆盖当今80%以上英文法学核心期刊，包括《哈佛法律评论》（回溯自1949年）、《欧洲竞争法律评论》、《刑法报告》、《McGill法律评论》、《墨尔本大学法律评论》、《香港法律期刊》等。

（4）新闻，包括《纽约时报》、《金融时报》、汤姆森商业财经资讯、美联社、《经济学人》及其他知名新闻频道的报道。

（5）词典。全世界发行量最大、最具盛名的《布莱克法律词典》。

（6）美国联邦最高法院最新判决。提供West Reporter中的判决原文。

（7）专著。《美国法律报告》（*American Law Report*）、《美国法学释义》（*Corpus Juris Secundum*）等。

（8）法院文档。通过Court Doc，可阅览法院的判词，同时还可获得整个审理过程中的全部文书。

Westlaw数据库最初是从汇集判例开始的，后来发展到检索美国所有的法律文件。文库除了提供每个单行判决意见，还提供有法规、行政条例及命令等原始法律资料，法学教材、期刊、百科、词典、活页出版物等派生法律资料，范围广泛。通过Westlaw联机使用指南或其数据库目录，可了解所包含的各类法律信息和服务方式。

3. 平台特色

（1）判例的机检速度快。美国最高法院判例最早和最快的印刷型出版物有两种：一种是《美国法律周刊》（*The United States Law Week*），另一种是《最高法院公报》（*Supreme Court Bulletin*）。Westlaw数据库提供信息速度更快：West Group从收到法院的单个判决意见时就把它输入Westlaw数据库，同时插入该判决的批注（Headnotes）以及其他编辑事项。此外，Westlaw数据库对美国法律原始文件（判例法、制定法、国际条约和惯例等）及派生法律资料（法学方面的专著、百科、期刊、字词典等）提供全文信息检索，检索方式有联机和光盘两种。Westlaw数据库还与Eurolex（伦敦欧洲法律中心数据库）联机，进而检索到欧盟及欧洲大陆国家的法律信息。除了提供法律文献，通过联机方式还可检索到世界上最大的文献信息服务系统 Dialog 的上百个数据库。

（2）信息量大。用户可通过选择不同范围、大小和价格的数据库，检索到几十年的联邦法院的判例。

（3）检索途径多。用户可按关键词、审理案件法官的名字或诉讼所涉双方当事人的姓名、审理日期、法院名称、案件援引形式来检索。

（4）以提供判例信息为主要特色所在。判例数据库既包含非官方版判例汇编中出现的判例，也包括在官方版的判例汇编中出现的案例，还有在印刷出版物检索不到的判决意见。另外，一些从不发表的判决意见全文也在该数据库中。

4.8.6　Kluwer Arbitration 数据库

1. 资源地址

https://www.wolterskluwer.com。

2. 资源简介

Kluwer Arbitration online（又名“Kluwer 仲裁数据库”），由国际商事仲裁委员会、常设仲裁法庭、国际仲裁学会以及 Kluwer Law International 机构联合推出，拥有定期更新和强大的搜索功能，帮助用户随时掌握世界各地的最新信息。

1）主要内容

Kluwer Arbitration 数据库拥有超过 120 000 页的仲裁最必需的资料，具体包括以下内容。

（1）双边投资协定（bilateral investment treaties）。超过 2000 条双边投资协定原文，并可通过便捷的 BIT 工具获得其签字生效日期及其缔约国详情。

（2）裁决（awards）及判例（case law）。收录超过 8000 条法庭决议（court decision）以及 2000 余项仲裁裁决（awards），最新加入了来自中国的法庭判决。

（3）公约（convention）。运用全新的“纽约公约判决工具”帮助搜索纽约公约或其他相关判决案例中的仲裁条约，以及相关法庭判决和大量相关参考文献。

（4）各国信息（jurisdictions）。197 个国家及地区的仲裁组织结构、双边投资协定、法庭判决案例、相关立法、裁决和法规。

（5）相关立法（legislation）。主要管辖区的 500 余条法律文本。

（6）新闻资讯（news updates）。国际仲裁协会报道的最新资讯及由该协会发行的电子月报。除此之外，还可浏览由众多世界著名仲裁员发表的博文。

（7）相关法规（rules）。400 余家主要协会的法规内容。

（8）评论（commentary）。有关仲裁领域的权威出版物，包括 100 多本书籍、10 种仲裁专业期刊、ICCA 国会系列出版物、ICCA 手册以及 ICCA 年鉴。

2）独享信息资源

仲裁期刊（自 1984 年以来全套）和权威书籍：*Journal of International Arbitration*（《国际仲裁期刊》）、*Arbitration International*（《国际仲裁》）、*Revue de l'arbitrage*（《国际仲裁—法语》）、*Asian International Arbitration Journal*（《亚洲国际仲裁期刊》）、*ASA Bulletin*（《瑞士仲裁协会

公报》）、*ICCA Congress Series*（《国际商事仲裁委员会宪法系列》）、*ICCA Handbook*（《国际商事仲裁委员会手册》）、*ICCA Yearbook*（《国际商事仲裁委员会年鉴》）。

3. 平台特色及实用小工具

Kluwer Arbitration 平台的主要特色体现在：① 来自国际非诉讼纠纷解决机制的定期更新；② 在全球各地可便捷地访问完整的数据库；③ 每月在线时事通讯；④ 按全文或特定章节搜索；⑤ 免费链接到条约，法律和机构网站。

Kluwer Arbitration 平台包括两个省时省力的实践工具：智能比较图表工具（smart charts）及 IAI（国际仲裁协会）仲裁员工具。

（1）智能比较图表工具。该工具通过问答方式帮助用户快速检索或比较特定司法管辖区或仲裁机构的相关内容。① 仲裁协议的起草：对主要司法管辖区跨境仲裁协议主要内容进行比较归纳，帮助起草真实有效、有约束力的仲裁协议，并确保管辖区内执行的裁定免受质疑，避免该裁定难以执行。② 国家豁免权：对主要司法管辖区各国及国家实体在何种情况下、依据何种法律基础所提出的执行豁免权进行比较归纳，帮助管理及规划争议并有效执行裁定。③ 仲裁机构：对主要国际仲裁机构的程序法规进行归纳。

（2）IAI 仲裁员工具。该工具由国际仲裁协会打造，可查找国际仲裁协会 44 个成员国、超过 600 个权威仲裁专家的通讯录，并对专家信息进行比较。可根据以下内容进行信息检索：姓名、居住地、国籍、使用语言、仲裁员或顾问的相关经历、出版书籍（或发表的论文）及执行的裁定。

4.8.7 检索实例

本小节以“北大法宝”为例检索法律类专业信息。

【实例】检索有关“公共图书馆法”的信息、法律条文及相关案例。

（1）登录“北大法宝”网站（网址：https://www.pkulaw.com），其首页如图 4-31 所示。

图 4-31 “北大法宝 V6.0”首页

（2）在首页的检索框右侧，单击“高级检索”按钮，进入法律法规的高级检索页面，如

图 4-32 所示。

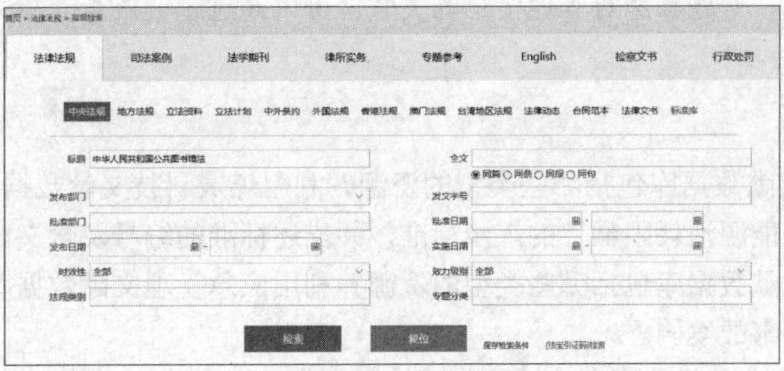

图 4-32　“北大法宝 V6.0”法律法规检索页面

（3）输入检索限定条件，在标题栏输入检索词“中华人民共和国公共图书馆法”，其他条件不做限制，单击“检索”按钮进入检索结果列表页面，如图 4-33 所示。

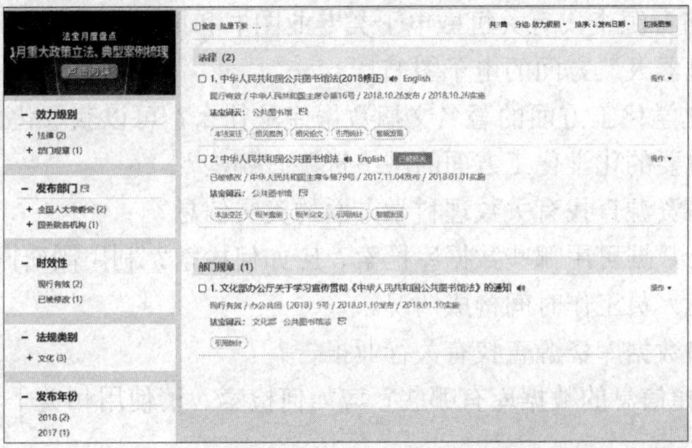

图 4-33　“北大法宝 V6.0”法律法规检索结果列表页面

（4）单击页面第一条信息，即可查看有关“中华人民共和国公共图书馆法”最新的法律条文，以及发布部门、发布日期等信息，如图 4-34 所示。

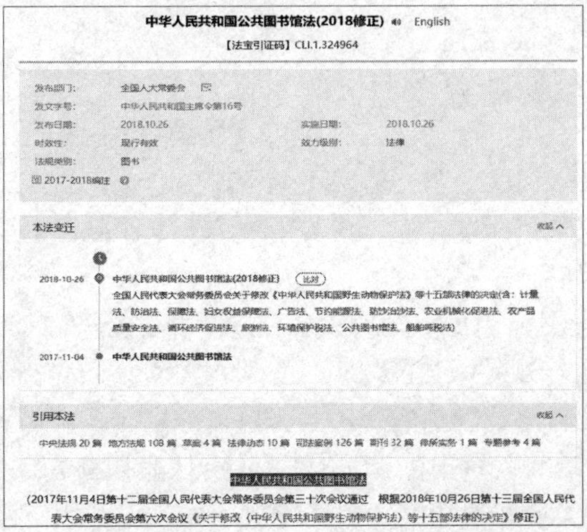

图 4-34　“北大法宝 V6.0”法律法规检索结果详细页面

“北大法宝”中的法律条文，同时提供同一法律不同版本的对比分析，以及与网站中司法案例、法学期刊、专题参考等其他信息的关联，可以通过超链接查看相关信息。

思考题

1. 煤炭科技文献数据库包括哪些类型的资源？利用煤炭科技文献数据库检索名称为“煤制天然气单位产品能源消耗限额”的煤炭标准，并描述标准的编号及含义。

2. 应急管理文献数据库包括哪些类型的资源？利用应急管理文献数据库检索 2021 年国内外煤矿发生的重要事故案例。

3. 如何利用网络资源查找有关地球与环境科学方面的信息？利用 GeoScienceWorld 数据库查找关于“煤矿地质灾害”方面的期刊文章。

4. 如何利用网络资源查找有关建筑与土木工程方面的信息？利用 ASCE 数据库查找关于“煤矿地质灾害”方面的会议文章。

5. 如何利用网络资源查找有关机械电子类专业图书和期刊信息？利用工程科技数字图书馆检索有关“工业机器人”方面的电子图书。

6. 世界上有关化学化工方面的著名文摘数据库是什么？可以获取化学化工全文信息的数据库有哪些？中国重要的化学化工方面的网络资源有哪些？

7. 如何利用网络资源查找有关数理科学方面的英文信息？

8. 查找政府统计数据可用哪些数据库检索？应如何检索？利用国研网检索 2019 年城镇按不同情况划分的就业人员工作时间构成情况。

9. 如何利用网络数据库资源查找有关行业报告？

10. 检索中国法律信息的数据库有哪些？应如何检索？请使用相关平台检索有关“网络诈骗”方面的法律规定。

第5章

搜索引擎及开放存取资源检索

5.1 主要搜索引擎介绍

5.1.1 百度

1. 资源地址

http://www.baidu.com。

2. 资源简介

百度是全球最大的中文搜索引擎。“百度”二字源于中国宋朝词人辛弃疾的《青玉案·元夕》词句“众里寻他千百度”，象征着百度对中文信息检索技术的执着追求。百度的搜索服务产品主要包括网页搜索、图片搜索、视频搜索、音乐搜索、新闻搜索、词典、地图搜索、百度学术、百度识图、百度医生、百度房产等。

3. 主要功能

1）基本搜索

在百度主页的搜索框中输入需查询的关键词，单击“百度一下”按钮，百度就会找到相关的网站和资料。输入多个词语搜索（不同字词之间用一个空格隔开），可以获得更精确的搜索结果。

2）高级搜索

在搜索框中除了根据提示输入相关关键词，还可以根据提示设置一些查询条件，这就是百度的高级搜索，如图 5-1 所示。

3）高级搜索语法

（1）搜索范围限定在网页标题中——intitle。使用方法是把查询内容中特别关键的部分用“intitle:”领起来。例如，找国家地理的视频，就可以这样查询:视频 intitle: 国家地理。注意，

“intitle:”和后面的关键词之间不能有空格。

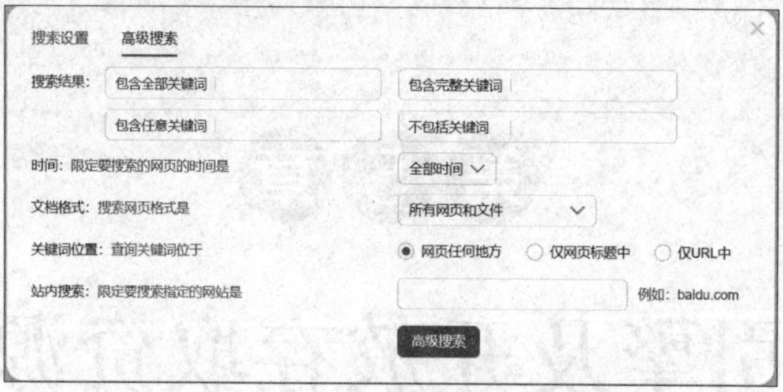

图 5-1 百度高级搜索页面

（2）把搜索范围限定在特定站点中——site。使用方法是在查询内容的后面加上“site: 站点域名”。例如，天空网下载软件不错，就可以这样查询：msn site:skycn.com。注意，“site:”后面跟的是站点域名，不要带 http://；另外，“site:”和站点域名之间不留空格。

（3）把搜索范围限定在网页的 URL（链接）中——inurl。使用方法是“inurl:”后跟需要在 URL 中出现的关键词。例如，找关于 Photoshop 的使用技巧，可以这样查询：Photoshop inurl:jiqiao。这个查询串中的“Photoshop”可以出现在网页的任何位置，而“jiqiao”则必须出现在网页 URL 中。

（4）精确匹配——双引号和书名号。让百度不拆分查询词，给查询词加上双引号，以达到精确检索某关键词的效果。书名号是百度独有的一个特殊查询语法。加上书名号的查询词有两种特殊功能：一是书名号会出现在搜索结果中；二是被书名号括起来的内容不会被拆分。书名号在某些情况下特别有效果，如查询名字很通俗和常用的那些电影或小说。

（5）要求查询结果中不含特定查询词。如果发现搜索结果中有某一类网页是你不希望看见的，而且这些网页都包含特定的关键词，那么用“-”号语法就可以去除所有这些含有特定关键词的网页。例如，搜索“神雕侠侣”，希望是关于武侠小说方面的内容，却发现很多关于电视剧方面的网页，那么可输入下面的关键词进行检索“神雕侠侣 -电视剧”。注意，前一个关键词和“-”号之间必须有空格，否则“-”号会被当成连字符处理而失去减号的语法功能，“-”号和后一个关键词之前有无空格均可。

（6）专业文档搜索。百度支持对 Office 文档（包括 Word、Excel、PowerPoint）、Adobe PDF 文档、RTF 文档进行全文搜索。在普通的查询词后面加一个“filetype:”文档类型限定。“filetype:”后可以跟以下文件格式：doc、xls、ppt、rtf、pdf、all。其中 all 表示搜索所有这些文件类型。例如，查找张五常关于交易费用方面的经济学论文，输入“交易费用张五常 filetype:doc”。

4. 特色功能

1）百度识图

百度识图是一款支持“以图搜图”的搜索引擎。用户通过上传图片或输入图片地址，百度识图即可通过世界领先的图像识别技术和检索技术，为用户展示该张图片的详细相关信息，同时也可得到与这张图片相似的其他海量图片资源，如图 5-2 所示。

当你需要了解一个不熟悉的明星或其他人物的相关信息（如姓名、新闻等），或想要了解某张图片背后的相关信息（如拍摄时间、地点、相关事件），或者手上已经有一张图片，想要找一张尺寸更大，或是没有水印的原图时，通过百度识图，你都可以方便地获取到需要的结果。

图 5-2　百度识图首页

2）百度学术

百度学术搜索是百度旗下提供文献检索的学术资源搜索平台，如图 5-3 所示。它涵盖了海量中英文各类学术期刊、会议论文，旨在为国内外学者提供最好的科研体验。百度学术搜索可检索到收费和免费的学术论文，并通过时间筛选、标题、关键字、摘要、作者、出版物、文献类型、被引用次数等细化指标提高检索的精准性。

图 5-3　百度学术搜索首页

百度学术收录了包括知网、维普、万方、Elsevier、Springer、Wiley、NCBI 等 120 多万个国内外学术站点，索引了超过 12 亿学术资源页面，建设了包括学术期刊、会议论文、学位论文、专利、图书等类型在内的 6.8 亿多篇学术文献，成为全球文献覆盖量最大的学术平台，在此基础上，构建了包含 400 多万个中国学者主页的学者库和包含 1.9 万多中外文期刊主页的期刊库。目前百度学术每年可为数千万学术用户提供近 30 亿次服务。

百度学术主要提供学术首页、学术搜索、学术服务三大主要服务。

（1）学术首页：提供站内功能及常用数据库导航入口，推送“高被引论文”“学术视界”等学术资讯，开放用户中心页面。

（2）学术搜索：支持用户进行文献、期刊、学者三类内容的检索，并支持高校和科研机构图书馆定制版学术搜索。

（3）学术服务：支持用户“订阅”感兴趣的关键词，“收藏”有价值的文献，对所研究的方向做“开题分析”，进行毕业论文“查重”，通过“单篇购买”或者“文献互助”的方式获取所需文献，在首页设置常用数据库方便直接访问。

5.1.2 必应

1. 资源地址

http://www.bing.com。

2. 资源简介

必应（Bing）是一款微软公司推出的用以取代 Live Search 的搜索引擎，中文名称定为“必应”，与微软全球搜索品牌 Bing 同步，提供网页、图片、视频、地图、资讯、词典、在线翻译、导航等搜索服务。必应的界面不像谷歌那样只有简单的白色背景，取而代之的则是一幅精美照片，并且是会定期更换的，在网页搜索结果页面的左侧会列出一部分相关搜索。Bing 搜索界面如图 5-4 所示。

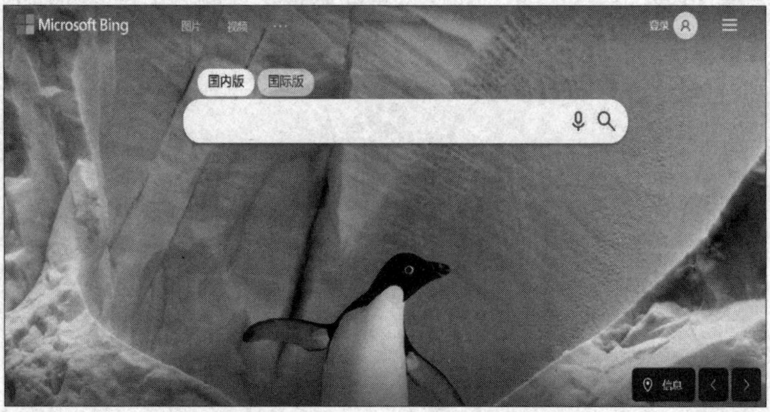

图 5-4 必应搜索引擎首页

3. 高级搜索语法

（1）只搜索含有指定文件类型的链接的网站——contains。如果要搜索含有 Microsoft Windows Media Audio（wma）文件链接的网站，可输入：音乐 contains:wma。

（2）仅返回以指定文件类型创建的网页——filetype。如果要查找以 Adobe PDF 格式创建的报表，可输入主题，在后面加 filetype:pdf。

（3）仅返回带有指定文件扩展名的网页——ext: 如果要查找以 DOCX 格式创建的报告，可输入主题，然后键入 ext:docx。

（4）返回元数据中包含指定搜索条件（如定位标记、正文或标题）——inanchor、

inbody、intitle。如果要查找定位标记中包含 msn，且正文中包含 spaces 和 magog 的网页，可输入 inanchor:msn inbody:spaces inbody:magog。

（5）查找托管在特定 IP 地址的网站——IP。IP 地址必须是以英文句点分开的地址。如果要查找托管在服务器 207.46.249.252 上的网站，可输入 IP:207.46.249.252。

（6）返回指定语言的网页——language。language: 返回指定语言的网页。直接在 language: 关键字之后指定语言代码。若要只查看关于古董的英文网页，可键入"antiques" language:en。

（7）返回特定国家或地区的网页——loc 或 location。在关键字 loc: 后面直接指定国家或地区代码。若要搜索两种或两种以上语言，可使用逻辑运算符 OR 对语言分组。如果要查看有关美国或英国雕塑的网页，可输入 sculpture（loc:US OR loc:GB）。

（8）返回属于指定网站的网页——site。若要搜索两个或更多域，可以使用逻辑运算符 OR 对域进行分组，也可以使用 site: 搜索不超过两层的 Web 域、顶级域及目录，还可以在一个网站上搜索包含特定搜索字词的网页。如果要在 BBC 或 CNN 网站中查找有关心脏病的网页，可输入"heart disease"（site:bbc.co.uk OR site:cnn.com）。如果要在 Microsoft 网站上搜索有关 Halo 的 PC 版本的网页，可输入 site:www.microsoft.com/games/pc halo。

（9）在网站上查找搜索条件的 RSS 或 Atom 源——feed。如果要查找关于足球的 RSS 或 Atom 源，可输入 feed: 足球。

（10）在网站上查找包含搜索条件的 RSS 或 Atom 源的网页——hasfeed。如果要在 New York Times 网站上查找包含与足球有关的 RSS 或 Atom 源的网页，可输入 site:www.nytimes.com hasfeed: 足球。

（11）检查列出的域或网址是否位于 Bing 索引中——url。如果要验证 Microsoft 域是否位于索引中，可输入 url:microsoft.com。

4. 特色功能

Bing 搜索引擎在每个搜索结果后面有一条垂线，单击之后，就可预览更多搜索结果的内容。Bing 在主页面上还有一系列旋转的图片，在新界面中添加了"快速标签"（quick tab），可帮助用户更快、更准确地进行搜索。

与传统搜索引擎只单独列出一个搜索列表不同，Bing 搜索的最大特点是会对返回的结果加以分类。例如，当用户搜索某位歌星姓名时，搜索结果的主要部分会以传统的列表形式显示，左侧的导航栏会显示图片、歌曲、歌词、专辑和视频等类别。当用户输入某一产品名称时，侧边栏会显示评价、使用手册、价格和维修等类别。如果输入的是某一城市名称，则会显示地图、当地商业指南、旅游路线以及交通信息等类别。另外，侧边栏会显示一组相关的搜索关键词。

Bing 除了全球同步推出的搜索首页图片设计、搜索结果导航模式，创新的分类搜索和相关搜索用户体验模式，视频搜索结果无须单击直接预览播放，图片搜索结果无须翻页等功能，还推出了专门针对中国用户需求而设计的必应地图搜索和公交换乘查询功能，增强了专门针对中国用户的搜索服务和搜索体验。Bing 的搜索历史不仅能够永久保存至微软的在线网络存储 SkyDrive 或本地文件夹上，还能够通过 Windows Live、Facebook 或 E-mail 分享。

目前，必应有国内版和国际版。国内版搜索范围包括网页、图片、视频、学术、地图。

搜索结果页面右侧和最下方有相关搜索提示。检索结果可对广告进行屏蔽，如图 5-5 所示。

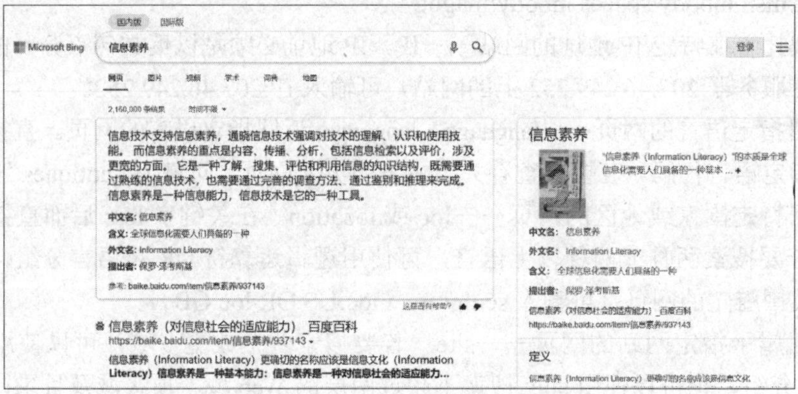

图 5-5　必应国内版检索结果页面

2017 年微软面向中国用户推出必应国际版英文搜索引擎。在国际版搜索框中可进行语音输入和屏幕键盘输入，如图 5-6 所示。Bing 国际版搭载以情商为导向的对话式人工智能系统——微软小冰，结合 Bing 在英文搜索领域的领先优势与 AI，为国内从事学术和科研的英文搜索用户提供智能的英文搜索体验。除了通过网页和移动端搜索提供服务，Bing 国际版还以开放 API 接口的方式，向国内多家知名第三方搜索引擎服务商提供了英文搜索服务。基于 Bing 国际版的支持，Bing 国内版可以实现跨语种的搜索体验，为用户带来更有效的搜索结果。

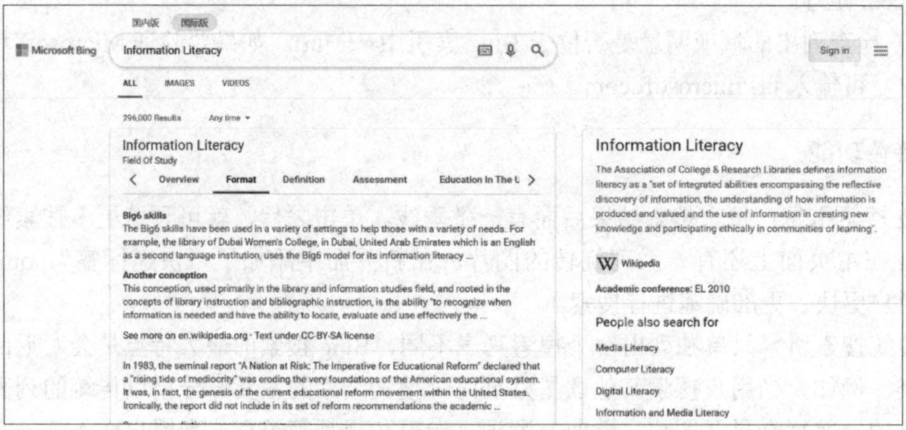

图 5-6　必应国际版检索结果页面

5.1.3　搜狗

1. 资源地址

http://www.sogou.com。

2. 资源简介

搜狗于 2004 年 8 月推出搜狗搜索，现已成为中国第二大搜索引擎。2015 年搜狗对问答社区知乎进行战略投资并成为其在搜索领域的独家合作伙伴，搜狗搜索的用户可获得知乎独家实时推送的问答类内容。2016 年搜狗相继推出明医搜索、英文搜索和学术搜索等垂直搜索频道，内容差异化不断升级。搜狗率先提出“搜索的未来是问答”战略方向，利用 AI 技术推动搜索向问答升级。

搜狗搜索，如图 5-7 所示，在用户输入一个查询词后，尝试理解用户可能的查询意图，给出多个主题概念的搜索提示。搜狗以一种人工智能的新算法分析和理解用户的可能查询意图，对不同的搜索结果进行分类，对相同的搜索结果进行聚类，在用户查询和搜索引擎返回结果的人机交互过程中，智能展开多组相关的主题概念，引导用户更快速准确定位自己所关注的内容。该技术全面应用到了搜狗网页搜索、音乐搜索、图片搜索、新闻搜索、地图搜索等服务中，帮助用户快速找到所需信息。

图 5-7　搜狗搜索引擎首页

3. 高级搜索语法

（1）不区分大小写，无论大写、小写字母均当作小写字母处理。

（2）支持双引号进行精确检索。

（3）“空格”代表指定检索词必须出现在结果中，如输入“ERP 企业资源计划”，搜索结果是包含“ERP”且包含“企业资源计划”的所有网页。如果要避免搜索某个词语，可以在这个词前面加上一个减号“-”，但在减号之前必须留一个空格。例如，输入“能源　-原子能”，搜索到的是不包含“原子能”的网页。

（4）特定文件搜索，其搜索语法为：检索词 + 空格 + filetype: 格式，格式可以是 DOC、PDF、PPT、XLS、RTF、AII（全部文档）。

（5）检索结果按时间排序，用户在使用搜狗时可以按照时间来浏览最新的检索结果，获得信息更新、更快速。

（6）仅在标题、正文中检索的功能（intitle）：搜狗的检索结果可以更准确地从相关网站内容的标题和正文直接抓取数据，这样可以高效地判断搜索结果的准确性，减少误差，使搜索结果更具准确性、客观性。

4. 特色功能

1）微信搜索

搜狗搜索与微信的深度合作，使搜狗的微信搜索成为唯一权威的微信搜索平台，如图 5-8

所示。将海量微信公众号资源从社交平台接入搜索平台。搜狗微信搜索独家覆盖了超过 2000 万个公众号，全面聚合碎片化内容，帮助用户一网打尽朋友圈热点，满足用户对深度个性化信息的搜索需求。

图 5-8 搜狗微信搜索页面

在搜狗搜索框中输入微信公众号关键词，便可在搜索结果页面中查看相关微信公众号的文章列表，并浏览所有文章。用户不仅可以检索微信公众号看到文章，还能通过二维码关注该账号。

2）知乎搜索

搜狗与中国互联网最大的知识讨论社区——知乎进行合作，推出基于知乎内容的垂直搜索频道——知乎搜索，如图 5-9 所示，实时聚合知乎平台最新鲜、最有热度的内容，独家将两千万知乎专业问答信息接入，为用户提供真正有价值的搜索结果，让更优质的搜索体验服务和个性化内容触手可及。知乎搜索包含知乎热门话题、搜索热词、知名专栏等板块在内的知乎优质内容，以“不搜即得”的一站式便捷方式，呈现给搜狗搜索上对知乎有兴趣的用户。

图 5-9 搜狗知乎搜索页面

3）搜狗下载

搜狗下载，如图 5-10 所示，是针对应用软件类结果的垂直搜索引擎，收录大量优质软件类站点，提供了国内外最新的各类软件，包含电脑软件、手机的安卓应用及游戏、苹果软件等。可下载的软件类型涵盖社交通信、影音播放、办公学习、旅游出行、手机工具、生活服务、摄影美化、资讯阅读、游戏等免费软件、共享软件和付费软件。

图 5-10　搜狗下载搜索页面

5.1.4　360 搜索

1. 资源地址

https://www.so.com。

2. 资源简介

360 搜索属于全文搜索引擎，如图 5-11 所示，具有自主知识产权，不仅掌握通用搜索技术，而且独创 PeopleRank 算法、拇指计划等创新技术，把网民对于网站的评价和看法融入网站的权重中，对于每一个网民来说，都将是“我的搜索，我的结果”，可帮助更多的搜索用户更快找到信息，是目前广泛应用的主流搜索引擎。360 搜索包括新闻、网页、问答、视频、图片、音乐、地图、百科、良医、购物、软件、手机等应用。360 搜索推出了包括摸字搜、照妖镜、安心购、良心医、周边号、万花筒以及随心谈“七种武器”。功能从便利性、安全、可信赖、实时性、本地化服务、社交功能等多个方面，满足用户在移动环境下使用搜索的习惯和需求。360 搜索与网易达成战略合作，将为网易有道提供搜索结果。用户在使用有道搜索时，搜索结果将由 360 搜索提供。

图 5-11　360 搜索页面

3. 特色功能

1）360 良医搜索

360 良医搜索集医疗、医药、健康信息搜索为一体，旨在为网民提供准确权威的医药信息，打造安全放心的医疗搜索引擎，如图 5-12 所示。“良医搜索”收录 114 余家的正规、知名医疗健康网站及 1.5 亿个高质量网页内容，还收录了 1716 家知名医院的官方网站内容。涵盖疾病 12 098 种，涵盖医院 28 452 家，其中三甲医院为 1416 家。360 良医搜索也因此被称为“网上综合医院”。

图 5-12　360 良医搜索页面

2）360 趋势

360 趋势是一个免费的数据分享平台，如图 5-13 所示。平台背靠 360 搜索及 360 旗下产品的浏览和社交媒体大数据，所能提炼的趋势图表信息、排行榜信息，以及用户画像数据，能更深刻地解读时事热点的热度、关注度、需求以及用户特征。除了聚合全网海量搜索、浏览和社交媒体数据，360 趋势还做了更精致的细节处理，如增设热门类别排行、可定制热门关键词、提供关键词相关类别排行等，可以为多类型用户提供准确有效的决策参考。

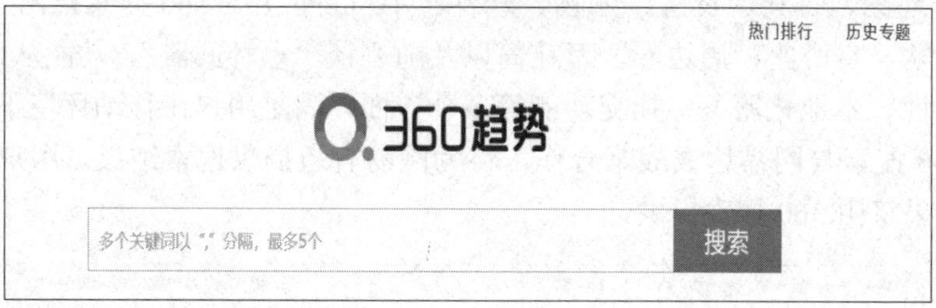

图 5-13　360 趋势搜索页面

5.1.5　今日头条搜索

1. 资源地址

https://www.toutiao.com。

2. 资源简介

头条搜索是由字节跳动公司的主要产品“今日头条”所推出的搜索引擎服务，它支持海量优质内容和全网公开内容的检索，为用户提供精准、专业、快捷的搜索结果，如图 5-14 所示。作为当代中文互联网领域最大的内容提供方之一，今日头条海量的“原创”内容将成为头条搜索最大的内容来源。用户可以直接在今日头条客户端内体验搜索服务。头条搜索通过“一横一竖”的方式更加符合用户的使用需求。“一横”是丰富的内容体裁，除了默认的综合搜索频道，还提供了视频、资讯、问答、图片、音乐、影视等多个垂直搜索，涵盖图文、问答、专栏、视频、微头条、小说等内容体裁；“一竖”则是多样的分发方式，包括搜索引擎、推荐引擎、内容运营和关注订阅等分发方式。

图 5-14　今日头条搜索首页

在搜索结果展示页面，今日头条有“综合、资讯、视频、图片、用户、问答、微头条、百科、音乐”9 个内容类目。在类目的右侧，还提供了“去西瓜搜”“去抖音搜”的模块。短视频、资讯、问答等呈现的是今日头条、抖音、西瓜、火山、悟空问答等头条系产品的内容。头条庞大的内容生态囊括了资讯、短视频、问答、社交等，多元的形态使今日头条的护城河更深、更宽阔。

3. 特色功能

头条搜索中嵌入了多个视频入口，主要设置了视频和小视频两个模块。在视频模块中嵌入的是西瓜视频的长视频资源，而在小视频中嵌入的则是抖音短视频和抖音火山版的短视频资源，凸显出了字节系利用自身在长视频和短视频两个领域的优势以及已有流量池。视频搜索的显示结果提示了视频时长、发布时间、观看次数等信息，如图 5-15 所示，但也存在一定的问题，如缺少对结果的排序选项，这对用户来说很不方便。

图 5-15　头条视频搜索结果页面

5.1.6 检索实例

【实例 1】如果想了解我国 2021 年第四季度的经济运行情况，如何利用必应搜索引擎快速、准确地查找到权威的结果？

搜索提示：国家统计局是发布统计数据的权威机构，因此我们可以利用必应的 site 指定网域功能，限定结果出自国家统计局，故在搜索框中输入“2021 年 四季度 经济 site:stats.gov.cn”即可，如图 5-16 所示。

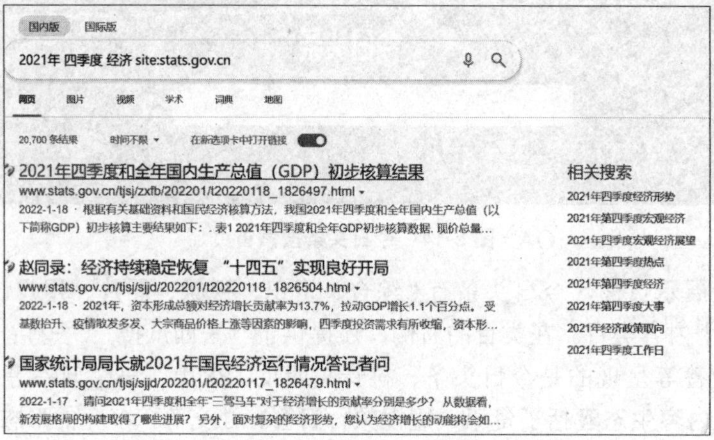

图 5-16 必应检索页面

【实例 2】利用百度学术检索施一公教授在结构生物学方面的研究论文，并找到免费下载方式，生成参考文献。

检索提示：使用高级检索方式，在作者字段输入“施一公”，在全部字段输入“结构生物学”，在检索结果右侧筛选栏单击“免费下载”，单击某条结果的“引用”即可生成多种参考文献格式，如图 5-17、图 5-18 所示。

图 5-17 百度学术检索结果页面

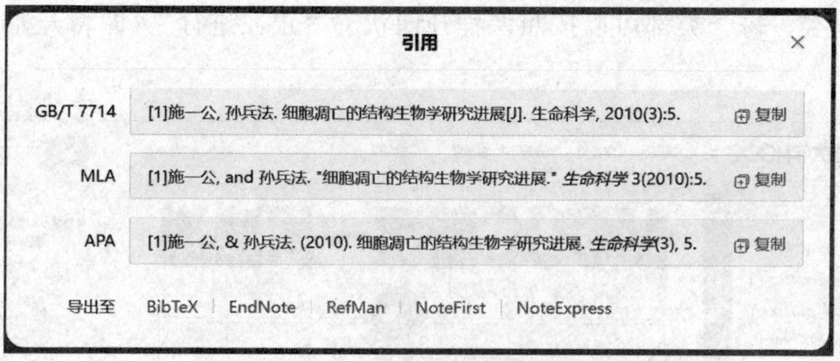

图 5-18　百度学术“引用”结果

5.2　开放存取（OA）资源

开放存取（open access，OA）资源是指某文献在互联网公共领域可以被免费获取，允许任何用户阅读、下载、拷贝、传递、打印、检索、超链接该文献，并为之建立索引，用作软件的输入数据或其他任何合法用途的资源。

开放存取资源不仅包括纯文本的学位论文、电子学术论文、电子出版物，还包括各种音频、视频等媒体形式的学术信息，如会议文献、会议录、数据集、技术报告、交谈记录、讲座、考学课件、大纲等，形式多样，使用灵活。

5.2.1　中国大学 MOOC

1. 资源地址

https://www.icourse163.org。

2. 资源简介

中国大学 MOOC，如图 5-19 所示，是由网易与高等教育出版社携手推出的在线教育平台，承接教育部国家精品开放课程任务，向大众提供中国知名高校的 MOOC 课程。MOOC 是 Massive Open Online Course（大规模在线开放课程）的缩写，是一种任何人都能免费注册使用的在线教育模式。MOOC 有一套类似于线下课程的作业评估体系和考核方式。每门课程定期开课，整个学习过程包括多个环节：观看视频、参与讨论、提交作业，穿插课程的提问和终极考试。

目前，中国大学 MOOC 平台汇集了包括北京大学、中国人民大学、浙江大学、复旦大学、同济大学等 790 多所高校的大量优质课程，可以通过网易账号或者爱课程网站账号两种方式登录该平台进行课程学习。首次登录的账号下没有任何课程信息，可以根据自己的喜好直接搜索感兴趣的课程，或者在课程列表中进行选择。中国大学 MOOC 将所有课程划分为大学、升学择业、终身学习三大类。其中，大学类目下又根据课程类别具体划分为国家精品、理学工学农学、外语、经济管理、计算机、音乐与艺术、心理学、文史哲法、医学与保健、教育教学十个大类，每一类都可以按照课程开课状态“正在进行”“即将开始”“已结束”进行课程筛选。

图 5-19　中国大学 MOOC 网站首页

MOOC 课程与学校的教学学期类似，有固定的开课时间，我们可以根据学习的需求，选择正在进行的课程或者即将开始的课程，对于已经结束的课程我们仍然可以查看其课程内容，包括课程视频、作业、讨论、考试等。区别在于：在开课期内的课程如按时提交作业、参加考试，并且通过考核即可在课程结束后获得课程证书，而已经结束课程则不能获得证书。若想通过学习课程获得证书，可以单击“报名下一次开课”，在课程下一次开课前系统会发邮件提醒上课时间。

在学习的过程中，如果有问题可以单击“向老师提问”或者在讨论区与其他学习者进行交流。在按时完成作业、参加考试，并且最终考核合格后，可以收到该课程免费提供的电子版证书，若需要纸质版证书，则需要缴纳一定的费用。

证书现已获得猎聘网、Linkedin（领英）、周伯通招聘等求职招聘渠道的认可，获得证书后可一键添加简历至这些网站。

中国大学 MOOC 还提供知识付费的课程，只需要通过支付宝或微信完成支付，就可以在线学习自己感兴趣的课程内容。

5.2.2　学堂在线

1. 资源地址

https://www.xuetangx.com。

2. 资源简介

学堂在线，如图 5-20 所示，是由清华大学在 OpenEdX 基础上研发的中文 MOOC 平台，其宗旨是“改进学校教育，为公众提供优秀的学习机会”，面向全球提供在线课程。学堂在线运行了来自清华大学、北京大学、复旦大学、中国科技大学，以及麻省理工学院、斯坦福大学、加州大学伯克利分校等国内外高校的超过 3000 门优质课程，覆盖 13 大学科门类，涵盖计算机、经管创业、理学、工程、文学、历史、艺术等多个领域。

图 5-20　学堂在线网站首页

3. 特色内容

1）认证课程

认证课程包括高校认证课程和国际藤校认证课程。学堂在线依托在线教育学习优势，同清华大学等国内外知名院校合作。学习者可通过学习线上课程，在线完成作业并通过考试后获得院校颁发的认证证书。同时，教师及助教团队将在学生学习过程中提供完备的支持，学校及院系将在招生及培养环节中对证书持有者给予考虑，项目的社会合作机构将为证书获得者在实习与就业环节中优先给予考虑。

2）学堂直播课

直播课是将高校、企业等大型、高水平讲座以直播的方式呈现在大家面前，是 MOOC 课程的延伸与扩展。最新的直播内容会提前预告，如图 5-21 所示，已经直播过的讲座可以在线回看。在直播过程中，学习者还可以与在线参与学习的同学进行互动讨论，其学习方式更加灵活，是进行知识拓展的一个重要途径。

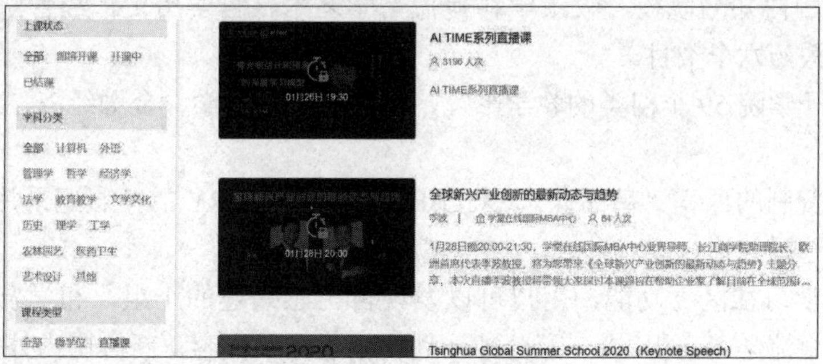

图 5-21　学堂在线直播课

5.2.3　网易公开课

1. 资源地址

https://open.163.com。

2. 资源简介

网易公开课平台上涵盖了 TED（指 technology，entertainment，design 在英文中的缩写，即技术、娱乐、设计）演讲、国际名校公开课、中国大学视频公开课、可汗学院、精品课程、赏课、直播等内容，如图 5-22 所示。目前，平台收录的资源包含全球名校课程 1530 门，演讲类 447 门，赏课 1758 门。

图 5-22　网易公开课网站首页

3. 特色内容

（1）TED 官方合作发布平台向国内用户提供最新、最丰富的 TED 演讲，以及最新、最快、最优质的双语字幕，分为科技、娱乐、设计、商业、科学、全球问题以及其他七个大类。

（2）国际名校公开课现在已经集结了加州大学伯克利分校、牛津大学、普林斯顿大学、剑桥大学、斯坦福大学、哈佛大学、耶鲁大学等 20 多所国际名校的课程，并且都附有中文字幕。这些课程分为人文、社会、自然 3 个大类、23 个小类，课程可按学校或者学科分类进行浏览。

（3）中国大学视频公开课目前上线课程超千门，课程来自北京大学、复旦大学、浙江大学、南开大学等国内知名院校，收录学科覆盖文学艺术、哲学历史、经管法学、基础科学、工程技术和农林医药六个类目。

（4）收集可汗学院 59 个门类的教学影片，涵盖数学、科学、金融经济、考试准备、人文等科目。

（5）提供付费制的课程“精品课”，来自 BBC 和 HISTORY 的精彩纪录片的“赏课”，让学员有更多学习选择的途径。

（6）推出“学习社区”功能，用户可以发现自己感兴趣的小组，和学友一起监督打卡，记录学习进度，交流学习心得。“一万分钟计划”精选课单内容，新鲜国内外短课程，非常适合碎片时间学习放松。

5.2.4　可汗学院

1. 资源地址

https://www.khanacademy.org。

2. 资源简介

可汗学院是一所非营利性教育机构，主要通过网络提供高品质的免费短视频课程与教材。目前，可汗学院已有中文网站，如图 5-23 所示。

图 5-23　可汗学院中文网站首页

可汗学院在线教育约有 6500 段教学视频，内容涵盖多种学科，主要是数学、科学、人文艺术、经济金融、大学职业等。其在线课程已经被翻译成 23 种语言，以供全世界范围的教育者学习。部分教学视频已经在中国的网易公开课中获得翻译。可汗在线课程主要包含个人学习档案、在线视频以及习题库三方面的内容。个人学习档案主要记录了学习者目前已经学习的课程，以及下一阶段将要学习的内容。在线视频部分由不超过 10 分钟的短视频或者动画来描述知识点。习题库则针对微视频讲解的内容提出思考题。可汗微视频在讲述过程中教学者本人不出现在影片中，用的是一种电子黑板系统。它不需要专门的动画制作者，完全由讲解者自行设计图片、文字等。这种教学方式使可汗学院受到全世界青少年的青睐。

除了教学视频，可汗学院平台还有自己的评分、同学互评、自我审视、数据报告以及学生跟踪等功能，并且注重培养学生的创作能力。例如，教授计算机科学的课程鼓励学生自己编写程序，教授写作和音乐作曲的课程也鼓励学生创作自己的作品集，这种方式极大地提升了学生对课程的兴趣。

5.2.5　国家自然科学基金基础研究知识库

1. 资源地址

http://ir.nsfc.gov.cn。

2. 资源简介

国家自然科学基金基础研究知识库作为我国学术研究的基础设施，收集并保存国家自然科学基金资助项目成果的研究论文的元数据与全文，向社会公众提供开放获取，致力于成为传播基础研究领域的前沿科技知识与科技成果、促进科技进步的开放服务平台，如图 5-24 所示。

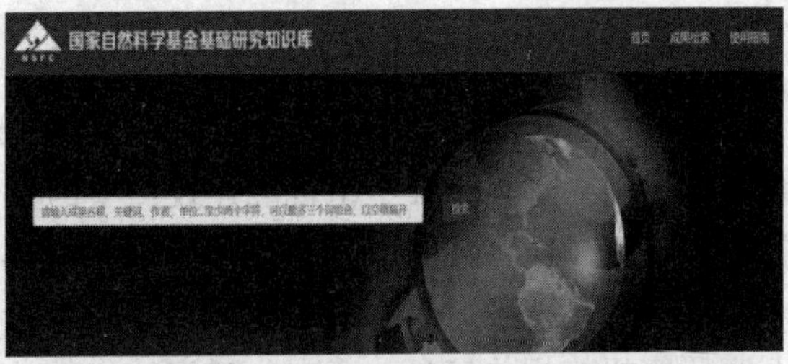

图 5-24　国家自然科学基金基础研究知识库网站首页

3. 主要功能

（1）在系统首页的快速检索栏中输入要检索的内容，如作者、单位名、文献名中的内容等，单击“检索”按钮，系统将对输入内容进行检索，并跳转到成果检索页面。

（2）成果推荐展示各学部的成果总数和最新成果的基本信息，自动轮播会在 8 个学部之间切换，单击学部图标可显示指定学部内容，单击成果标题，页面跳转到该成果详情页。

（3）数据细览从研究领域、发表期刊、资助类型、研究机构四个维度对成果进行统计，并列出 Top10，如图 5-25 所示。

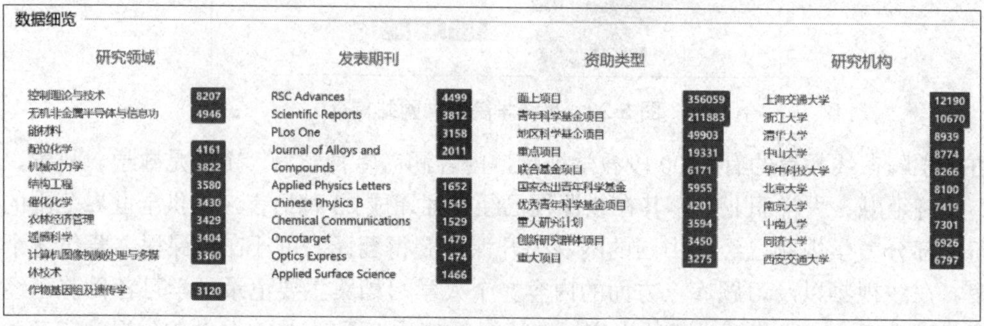

图 5-25 国家自然科学基金基础研究知识库数据细览

（4）成果检索页提供对成果的检索服务，查询结果中作者为关联信息。输入相关检索条件进行检索后，可获得返回的成果列表。单击“在结果中筛选”，会弹出筛选选项，输入筛选项，可以在检索结果中进行二次筛选。

（5）成果详情页面主要展示成果的各类信息，包括作者列表、期刊名称、发表日期、资助类型、项目编号、项目名称、研究机构、所属学科、使用许可等内容，同时包含该成果所属项目的其他成果列表。

（6）提供研究领域导航、发表日期导航、标题导航、研究机构导航、作者导航。单击相应名称，跳转到对应导航结果列表页面。

5.2.6 国家哲学社会科学学术期刊数据库

1. 资源地址

http://www.nssd.cn。

2. 资源简介

国家哲学社会科学学术期刊数据库（National Social Sciences Database，NSSD）是由全国哲学社会科学规划领导小组批准建设，中国社会科学院承建的国家级、开放型、公益性哲学社会科学信息平台，如图 5-26 所示，其责任单位为中国社会科学院图书馆（调查与数据信息中心）。平台收录精品学术期刊 2000 多种，论文超过 1000 万篇以及超过 101 万位学者、2.1 万家研究机构相关信息。其中，国家社科基金重点资助期刊 187 种，中国社会科学院主管主办期刊 80 多种，三大评价体系（中国社会科学院、北京大学、南京大学）收录的 600 多种核心期刊，回溯到创刊号期刊 700 多种，最早可回溯到 1920 年。

图 5-26　国家哲学社会科学学术期刊数据库网站首页

3. 主要功能

1）免费在线阅读和全文下载

2）多种论文检索和期刊导航方式

（1）论文检索方式：题名、关键词、机构、作者、摘要、刊名、年份、分类号、ISSN、基金资助、全文检索。

（2）期刊导航方式：同步上线期刊导航、学科分类导航、核心期刊导航、社科基金资助期刊导航、中国社科院期刊导航、地区分类导航等。

3）检索结果可进行聚类统计分析、多种排序、多种分面显示、导出等

（1）多种用户定制功能：历史记录查询、定制推送、收藏订阅等。

（2）部分期刊实现与纸本期刊同步出版。

（3）学术统计以及评价。

（4）个人用户注册后在任何地点都可以登录使用。机构用户签署机构用户授权使用协议，在机构 IP 范围内无须登录，直接使用。

5.2.7　开放存取期刊目录

1. 资源地址

http://www.doaj.org。

2. 资源简介

开放存取期刊目录（Directory of Open Access Journals，DOAJ）是由瑞典隆德大学（Lund University）图书馆创建的开放存取期刊资源整合平台，目的是收录覆盖所有学科和语种的高质量开放存取期刊，具有免费、全文、质量高的特点，同时还建有自己的全文数据库，如图 5-27 所示。DOAJ 收录的期刊必须实行同行评议或编辑质量控制，包括很多 SCI 收录期刊，均允许用户阅读、下载、复制、传播、打印、检索或链接全文，同时，平台会特别推荐最近

7 天和 30 天收录的开放期刊。DOAJ 还提供了推荐新期刊的平台，推荐人可以在线推荐，但必须将期刊的各种信息、推荐理由和推荐人信息在平台上填写清楚。

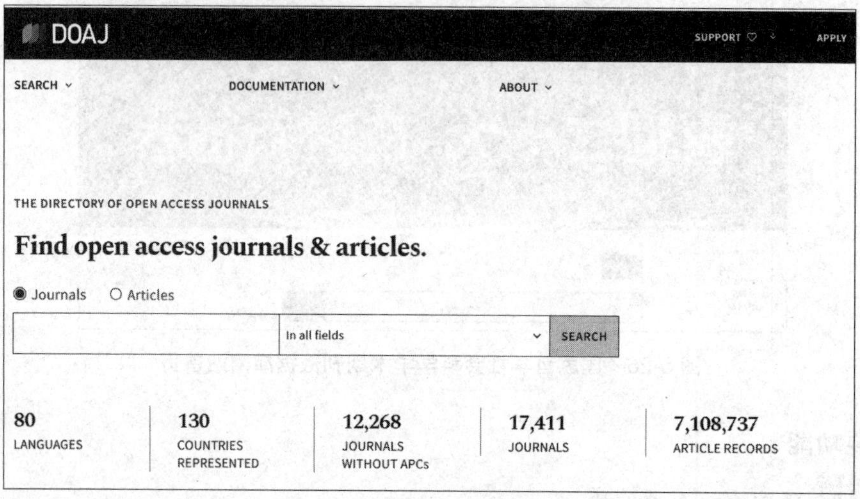

图 5-27 DOAJ 平台首页

3. 主要功能

1）期刊检索

期刊按所属学科被划分为 17 个一级主题，包括农业与食品科学、艺术与建筑学、生物与生命科学、技术与工程等，囊括了自然科学和社会科学领域的所有学科。17 个一级主题继续划分为 75 个二级主题，部分二级主题继续划分为若干三级主题。

平台提供了刊名检索、关键词检索、ISSN 号检索、学科主题检索、出版商检索、出版国家检索、语种检索以及全部检索八种检索途径。其中，期刊主题分类按学科分为三个层次，可以方便地展开主题树进行学科层次浏览。检索结果提供所检期刊的书目信息和期刊网站链接。

2）文章检索

文章检索提供部分被收录期刊的全文布尔检索。用户检索时可在题名、摘要、关键词、作者、主题、ORCID、DOI、语种和全局 9 个范围内进行 2 阶自由组配。用户可单击查看检索结果的题录信息，阅读全文则会跳转至原文数据库链接。

5.2.8 检索实例

【实例】DOAJ 上是否有矿业类 OA 杂志，如果有，怎么能查到？

DOAJ 提供有按主题分类浏览期刊功能，在 DOAJ 首页单击“SEARCH”选择“JOURNALS”，即可进入期刊检索与浏览页面。页面左侧有“SUBJECTS”按主题学科浏览筛选，在“Technology”大类下选择“Mining engineering · Metallurgy”二级类目，即可看到相关期刊，如图 5-28 所示。

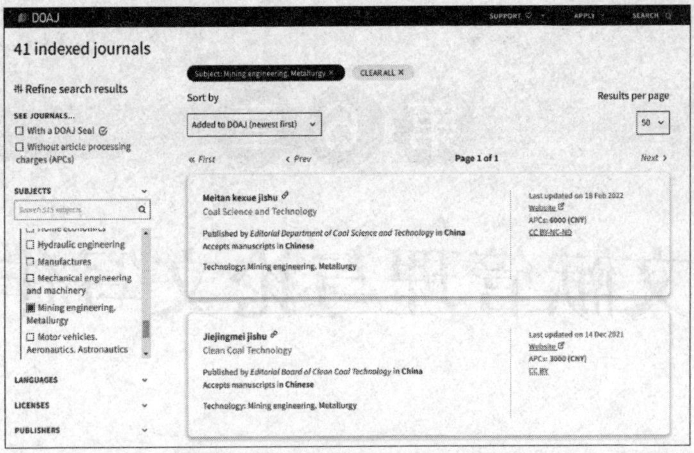

图 5-28　DOAJ 期刊浏览页面

思考题

1. 什么是搜索引擎？常用的国内外搜索引擎有哪些？
2. 百度高级检索功能包括哪些内容？
3. 请利用搜索引擎查找所有在域名地址中包含“北京大学”的相关网页或站点。
4. 请利用中国大学 MOOC 等平台，检索与自己专业相关的国家精品课程，并完成学习。
5. 什么是开放存取资源？开放存取资源都有哪些类型？

第6章

文献管理与论文写作

6.1 文献管理软件

6.1.1 EndNote

1. 资源地址

https://www.endnote.com。

2. 资源简介

EndNote 文献管理软件是由科睿唯安公司开发的旗舰型文献管理系统，它可以让研究人员摆脱手工收集和整理研究资料、格式化参考文献的艰巨任务。此外，EndNote 可在 Windows、iOS、Mac 或多平台环境中自由工作，使用户之间的沟通协调更加轻松自如。

3. 主要功能

（1）与 Web of Science 集成、订阅 Web of Science 的用户可一键生成文献的引文报告，分析参考文献的影响力；也可一键式访问 Web of Science 文献全记录页面及相关记录，了解参考文献的更多详细信息。

（2）对参考文献进行有效的管理和分析，激发科研思路。

（3）具有 Manuscript Matcher 匹配模块，撰写论文时，可采用期刊投稿模板，选定合适的投稿期刊，提高论文写作效率。

（4）可供最多 200 人共享，利用 EndNote 内置活动日志即时查看共享参考文献库在整个团队共享中的变更记录。

（5）支持多个计算机间的文献同步与共享，无论何时何地都可将自己的个人文献数据库与 EndNote Online 版及 iPad 进行同步。同时，还可以通过设置“只读”与“读写”权限，将个人文献数据库与所在团队成员进行共享。

4. 使用方法

1）创建个人的 EndNote Library

以 EndNote 20 版本为例介绍。安装时，按提示操作即可。第一次应用时可以新建一个空数据库文件，创建并保存个人的 EndNote Library，选择 File → New，创建并保存个人文献数据库 My EndNote Library.enl，如图 6-1 所示。

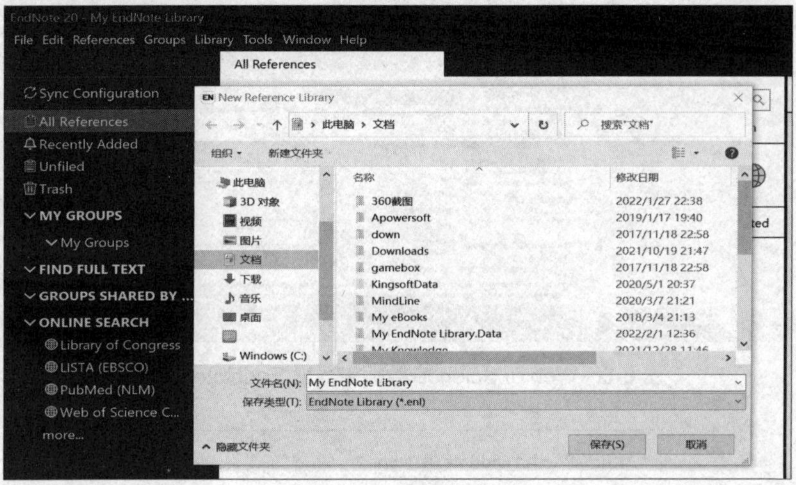

图 6-1　主程序页面

2）导入 PDF 文件

如果在本地拥有文献全文的 PDF 文件，选择"File → Import"可导入单篇 PDF 或批量导入一个文件夹至 EndNote，如图 6-2 所示。

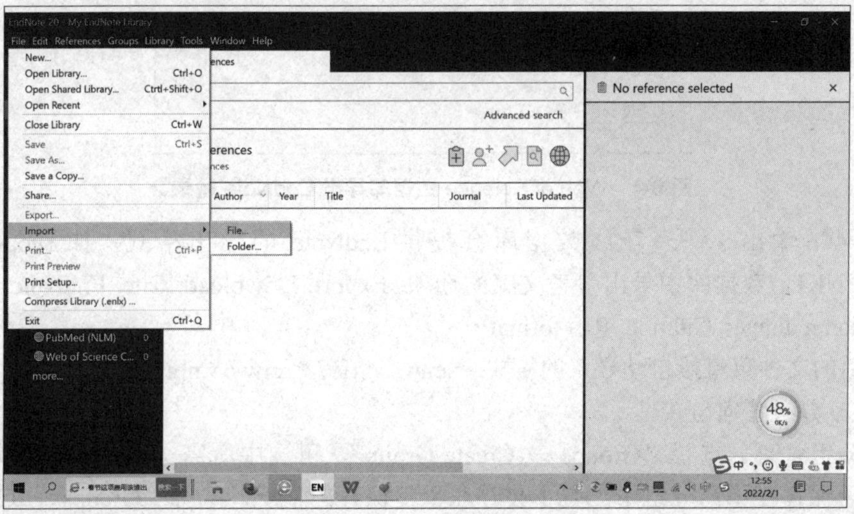

图 6-2　手动输入界面

3）从数据库网站导入文献

（1）从 Web of Science 数据库可直接导入文献信息至 EndNote，勾选相关文献信息，保存至 EndNote Desktop，可直接将 .ciw 文档导入至 EndNote，如图 6-3、图 6-4 所示。

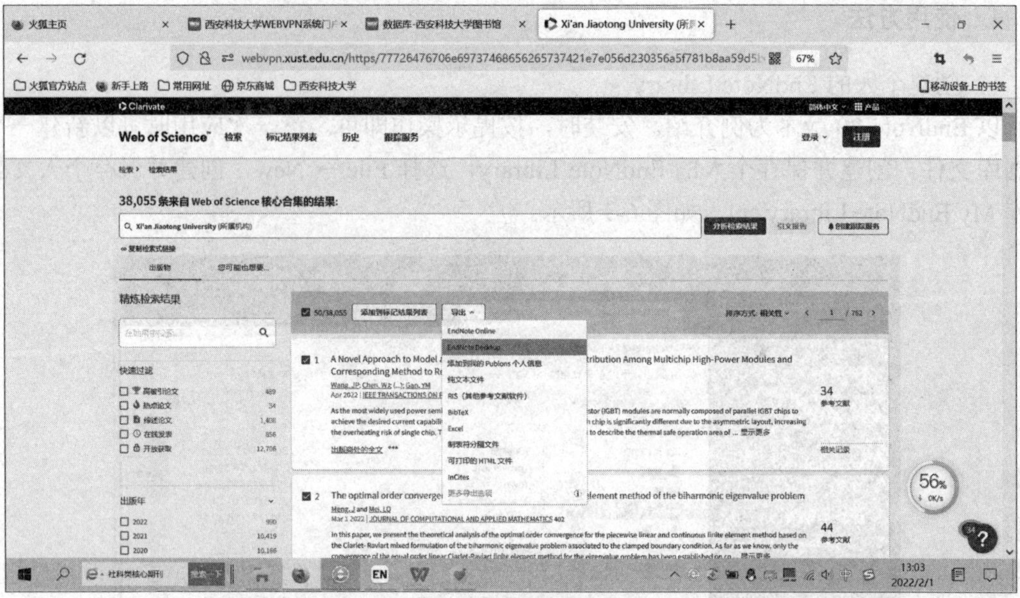

图 6-3　Web of Science 数据库导出 EndNote 题录 1

图 6-4　Web of Science 数据库导出 EndNote 题录 2

（2）网站输出。许多在线数据库会提供 EndNote 的导出格式，如 Scopus、Web of Science、CNKI。数据库中导出参考文献的选项: Export, Download, Cite, EndNote, Save, Send to…, Citation manager, Citation, RIS format…

下载后的文件可直接自动导入的格式: *.enw / *.ris / *. ciw / *.nbib。

4）文献分组管理与共享

（1）分组管理。选择“Groups → Create Group”。可选中所需文献并拖拽至分组中。同一篇文献可保存在不同分组中，且不会存在重复保存的情况。选择“Groups → Create Smart Group”按照设置条件自动挑选符合条件的记录，在有新记录收入时自动将符合条件的记录放入 Smart Group。

（2）分组共享。在快捷菜单栏选择“Share this group”，注意创建的 smart groups 不能分组共享。输入分享人的邮箱，设置共享权限“只读或读写”，即可分享文献。对方可通过邮箱的链接进入 EndNote Online 登录界面，登录即可查看分组共享的文献。

5）查找全文

EndNote 提供 Find Full Text 功能，可到网络上查找可获得的文献 PDF 全文，并自动完成下载。选择“Edit → Preferences”中“Find Full Text”选项来查看获取全文的链接路径，也可以将自己的开放链接（OpenURL）服务系统路径输入至 OpenURL Path 文本框。偏好设定完成后，选取所有要查询全文的文献，右击 Find Full Text。

6）对文献 PDF 全文做标注

导入 PDF 文件至 EndNote 中，可直接通过 EndNote 来浏览文献 PDF 全文，并对全文信息进行高亮、下划线、删除线、笔记等标注。这些标记在同步与共享 Library 时可以完整保留。

7）附件管理

附件的格式一般有 PDF、图片、Word、网页、表格等。EndNote 管理附件的方式有两种：一是将附件地址记录在 EndNote 中，需要时打开链接即可；二是将文件复制到 EndNote 相应的数据库文件夹下，通过“文献”菜单下的“文件附件”进行管理。

8）撰写论文

在 Word 中将光标移动至要插入文献的位置，切换到 EndNote 程序中，选择要引用的参考文献，选择“Tools”中的“Cite While You Write”，如图 6-5 所示，插入选中文献，通过 Word 中 EndNote 20 选项卡下可进行参考文献插入、编辑及调整等，如图 6-6 所示。将光标移动至需插入的参考文献处，选择 Insert Citation，EndNote 可从你已管理好的个人 Library 中选择特定文献插入至论文中，同时文后参考文献将一并生成。插入完毕后选择“格式化参考文献”，Word 中的参考文献就会按照设定杂志格式编排好。EndNote 通过 Style 功能为用户提供超过 7000 种期刊的参考文献格式。

图 6-5 EndNote 引用的参考文献

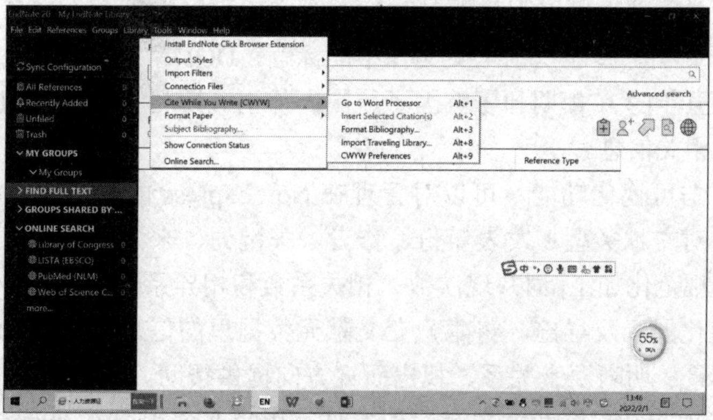

图 6-6 Word 中 EndNote 选项卡

6.1.2 NoteExpress

1. 资源地址

http://www.inoteexpress.com。

2. 资源简介

NoteExpress 是一款专业的文献检索与管理软件，其核心功能是帮助用户收集、整理文献资料，在撰写学术论文、学位论文、专著或报告时，可在正文中的指定位置方便地添加文中注释，然后按照不同的期刊格式要求自动生成参考文献索引。

3. 主要功能

（1）将平时所积累的参考文献输入 NoteExpress 所定义的数据库中，从而形成个人的参考文献数据库。

（2）对个人参考文献数据库进行管理，包括通过分类、排序、检索，检索结果能够保存到特定目录，供平时研究时使用。

（3）按照不同的出版要求格式输出参考文献。内置近 5000 种国内外期刊、学位论文及国家、协会标准的参考文献格式，支持格式一键转换，支持生成校对报告，支持多国语言模板，支持双语输出。

（4）NoteExpress 客户端、浏览器插件和青提文献 App，用户在不同屏幕、不同平台之间，利用碎片时间，高效地完成文献追踪和收集工作。可以直接与互联网上数以百计的图书馆目录检索系统、免费数据库连接，把互联网上的资料直接导入现有的参考文献数据库中。

（5）具有附加笔记功能。可以在阅读过程中记录笔记，并与相关参考文献链接起来，在写作过程中随时插入文章相应位置。

（6）文献检索功能。用户可以直接以 NoteExpress 作为网关进行检索，不用再逐个登录数据库网站。它提供多线程下载方式将检索结果的题目导入 NoteExpress，还提供过滤器导入，支持不同格式的数据库题录导入，还可进行手工录入题录。

（7）文献管理功能。NoteExpress 能够帮助用户对题录进行查重；利用它的文件夹功能，可以将文献进行分类整理，可以下载题录对应的全文，可以为每一条文献信息添加附件，如 PDF、DOC 格式的文档。智能识别全文文件中的标题、DOI 等关键信息，并自动更新补全题录元数据。内置近五年的 JCR 期刊影响因子、国内外主流期刊收录范围和中科院期刊分区数据，自动匹配填充相关信息。

（8）数据分析与可视化功能。可以对管理在 NoteExpress 内的文献数据信息进行进一步的加工和展示，针对文献类型、发表年份、作者、关键词、来源以及分词后的标题这六个字段，可以进行词的规范化加工；词共现次数、相关系数和相异系数矩阵的计算及导出；词云图、路径关系图的可视化展示及导出，将隐藏在文献元数据里的信息显性化，为用户更准确、更快速地了解研究背景、明晰要素关系、找出研究方向提供帮助。

（9）文献写作功能。支持两大主流写作软件，用户在使用微软 Office Word 或金山 WPS 文字撰写科研论文时，利用内置的写作插件可以实现边写作边引用参考文献。

（10）多屏幕、跨平台协同工作。NoteExpress 客户端、浏览器插件和写作插件，让用户在不同屏幕、不同平台之间，在不同场景下，高效完成文献收集和整理工作。

6.1.3　知网研学

1. 资源地址

https://x.cnki.net。

2. 资源简介

知网研学平台是在提供传统文献服务的基础上，以云服务的模式，提供集文献检索、阅读学习、笔记、摘录、笔记汇编、论文写作、个人知识管理等功能为一体的个人学习平台。平台提供网页端、桌面端（Windows 和 Mac）、移动端（iOS 和安卓）、微信小程序，多端数据云同步，可满足学习者在不同场景下的学习需求。

3. 主要功能

1）一站式阅读和管理平台

平台支持多类型文件的分类管理；支持目前全球主要学术成果文件格式，包括 CAJ、KDH、NH、PDF、TEB 等文件的管理和阅读；新增图片格式文件和 TXT 文件的预览功能；支持将 WORD、PPT、TXT 转换为 PDF。

2）知识深度学习

平台运用 XML 碎片化技术，实现全文结构化索引、知识元智能关联，提供强大的原文编改工具，深化研究式阅读体验。

3）深入研读

平台支持对学习过程中的划词检索和标注，包括检索工具书、检索文献、词组翻译、检索定义等；支持将两篇文献放在同一个窗口内进行对比研读。

4）记录数字笔记

平台支持将文献内的有用信息记录笔记，并可随手记录读者的想法、问题和评论等；支持笔记的多种管理方式，包括时间段、标签、笔记星标；支持将网页内容添加为笔记。

5）文献检索和下载

平台支持 CNKI 学术总库、CNKI Scholar、CrossRef、IEEE、Pubmed、ScienceDirect、Springer 等中外文数据库检索，将检索到的文献信息直接导入专题中；根据用户设置的账号信息，自动下载全文，不需要登录相应的数据库系统。

6）支持写作与排版

基于 Word 的通用写作功能，平台提供了面向学术等论文写作工具，包括插入引文、编辑引文、编辑著录格式及布局格式等；提供了数千种期刊模板和参考文献样式编辑。

7）在线投稿

撰写完排版后的论文，作者可以直接选择要投稿的期刊，即可进入相应期刊的作者投稿系统进行在线投稿。

8）多终端云同步

Web 端、桌面端（Windows/Mac/iPad）、移动端上实现三端专题数据实时同步。

9）支持浏览器插件

平台支持 chrome 浏览器、opera 浏览器；支持将题录从浏览器中导入、下载到知网研学的指定专题节点中；支持的网站有中国知网、维普、百度学术、Springer、Wiley、ScienceDirect 等。

4. 使用方法

1）新建专题

从单击工具栏上的“新建专题”按钮创建，如图 6-7 所示。也可以在已有专题下右击“新建子专题”，如图 6-8 所示。

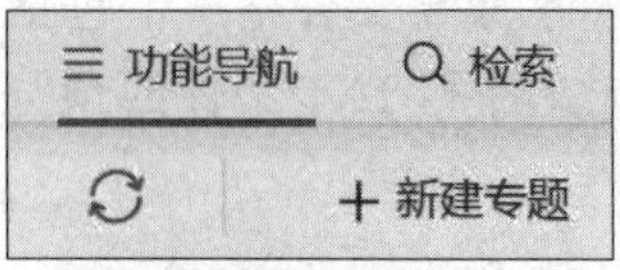

图 6-7 新建专题（一）

图 6-8 新建专题（二）

2）添加文献

检索添加。执行检索操作时，可在研学平台首页检索栏输入关键词检索，如图 6-9 所示，除此之外，也可在专题模块的检索栏或单击“检索添加”进行全库检索。

图 6-9 检索文献

在图 6-9 所示的检索结果页面中，可在检索结果页勾选需要的文献，导入题录到学习专题，进行导入题录并下载，即可完成文献的添加，如图 6-10 所示。

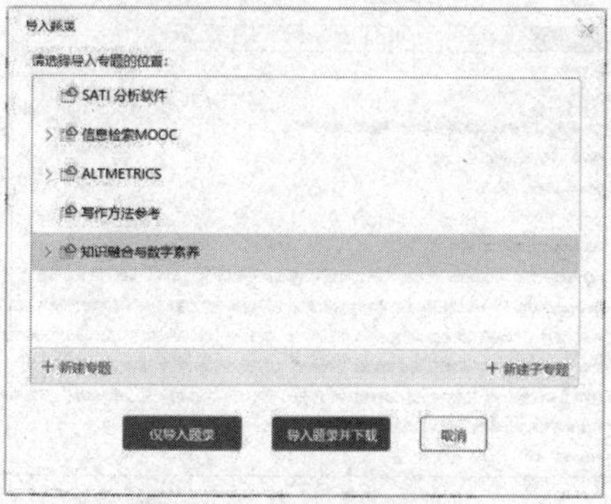

图 6-10　导入题录信息

浏览器插件添加文献。可通过使用浏览器插件将网页内容以及中国知网、Springer、ScienceDirect、Wiley、IEEE、EBSCO、谷歌学术等 30 多个国内外常用数据库题录一键采集到知网研学，如图 6-11 所示。目前，研学平台插件支持 Chrome 内核浏览器、火狐浏览器、Edge 浏览器。

图 6-11　浏览器文献采集助手

3）导入和更新题录

可以将从 CNKI 或其他文献数据库中下载的文献题录导入知网研学。

（1）从 CNKI 数据库中选择想要导出题录的文献，单击“导出与分析”，如图 6-12 所示。单击“知网研学”，如图 6-13 所示，然后单击“导出”；在知网研学中，弹出导入题录选择分类夹的对话框“导出”时，IE 会自动下载该文件。

图 6-12　从 CNKI 数据库中导出题录

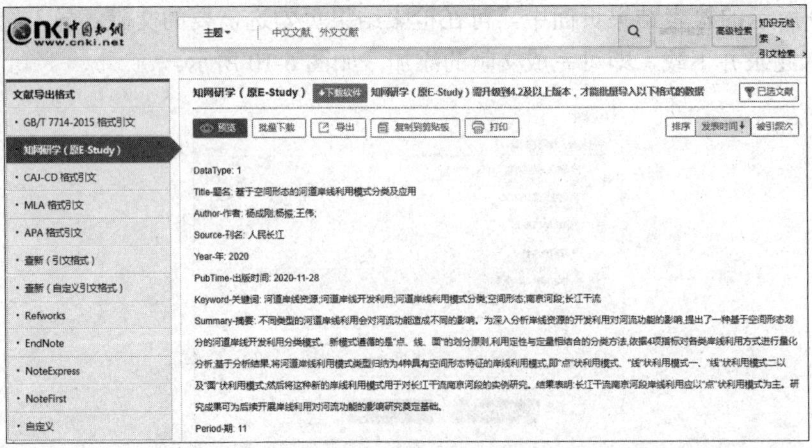

图 6-13　选择导出样式

（2）右击研学平台内想要将题录导入的学习单元或文献库内的文献夹，单击快捷菜单上的“导入题录”，如图 6-14 所示。

图 6-14　选择导入题录

（3）更新题录。选择要更新的题录，右击选择“更新题录信息”命令，如图 6-15 所示。

图 6-15　更新题录信息

4）记录笔记

在阅读过程中，选择需要做笔记的原文内容，单击“笔记”，进行笔记添加即可，并且所做的笔记内容会对应插入原文。支持添加文本、图片、公式、链接、附件等笔记内容，支持为笔记打标签，方便后期的管理和利用，如图 6-16 所示。

5）内容摘录

在阅读的过程中，选择重要的句子 / 段落 / 图表，单击“摘录”，内容就会自动摘录到“我的摘录”库中，如图 6-17 所示，方便总结个人学习成果以及在个人创作时作为直接参考和引用的素材。

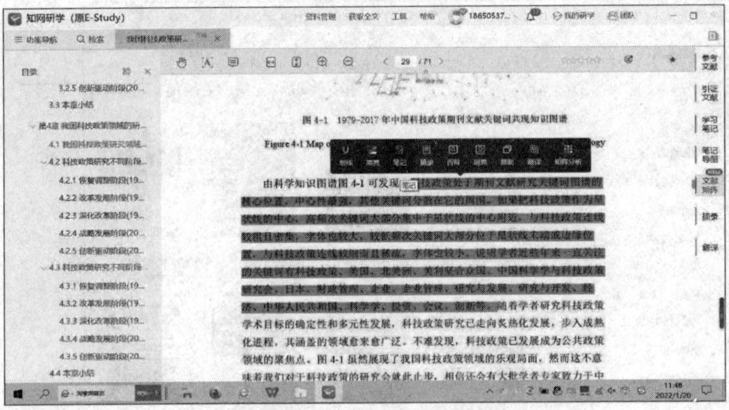

图 6-16 记录笔记功能

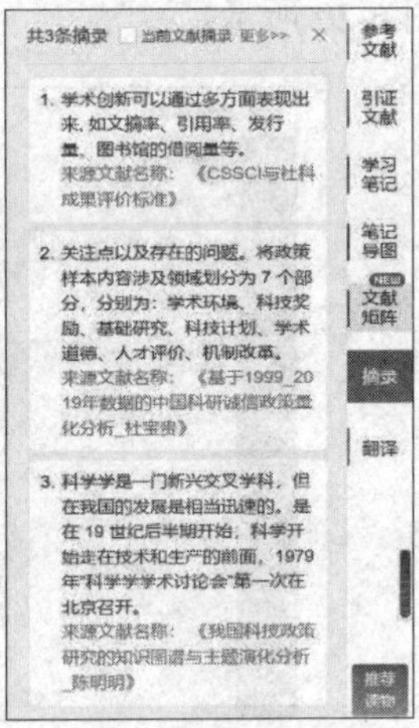

图 6-17 内容摘录功能

6）翻译

对文献内容支持取词翻译的功能。选中需要进行翻译的内容后，可以进行研学翻译、DeepL 与谷歌翻译，为用户提供多种翻译选择，如图 6-18 所示。

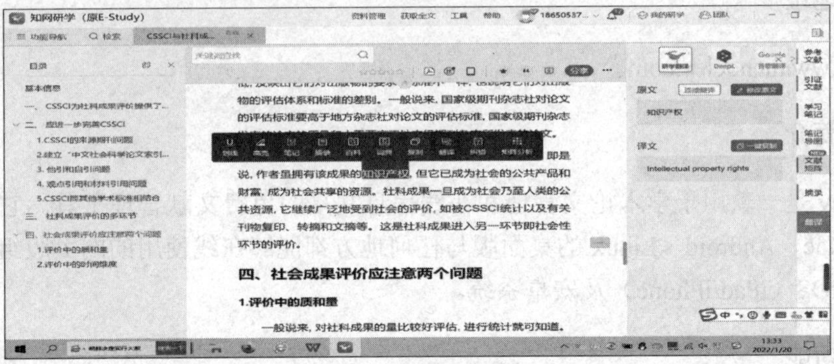

图 6-18 翻译功能

7）写作和投稿

撰写论文过程中，基于 Word 的通用写作功能，提供了面向学术等一系列论文写作工具，包括插入引文、编辑引文、编辑著录格式及布局格式等，可以批量修改参考文献格式和样式。撰写论文后，通过菜单栏“写作和投稿”，选择出版物撰写论文。也可以单击 Word 中插件的投稿按钮，直接进入“投稿中心”页面，进行在线投稿，如图 6-19 所示。

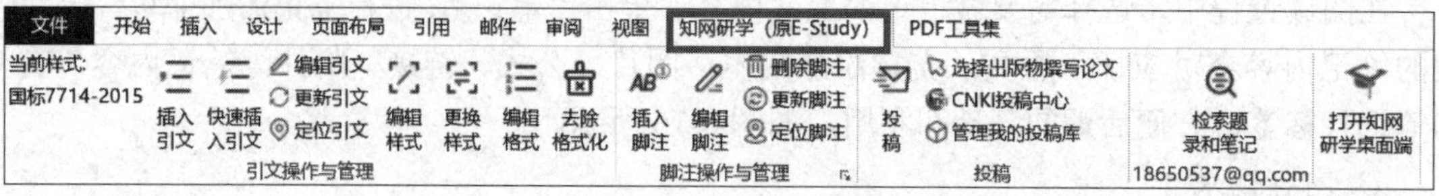

图 6-19　Word 中知网研学的插件样式

用户也可通过研学平台的主页所提供的多种期刊的官方投稿地址和 CNKI 腾云采编平台投稿地址投稿，还可通过学科导航选择查看，筛选核心刊、有官方投稿网址的期刊处投稿，如图 6-20 所示。

图 6-20　知网研学中的投稿平台

6.1.4　Mendeley

1. 资源地址

https://www.mendeley.com。

2. 资源简介

Mendeley 是一款用于学术论文管理和在线信息共享的免费文献管理工具。它可以将支持 Windows、Mac、Android、Linux 的桌面版与任何地方都能够在线使用的网页版组合使用。该软件也支持 iOS（iPad/iPhone）及安卓系统。

3. 主要功能

（1）自动从导入库中的 PDF 文件中提取文献信息。
（2）通过 Web Importer 从各种数据库及网页中直接导入文献。
（3）强大的文件管理功能。
（4）具有高亮、注释功能的 PDF 阅读器。
（5）方便在 Word 中插入参考文献。

（6）可通过群组功能与其他研究者共享文献。

（7）公开个人 Profile。在 Mendeley 发表自己的 profile 和出版物，能够作为简单主页使用。

除了具备文献管理软件的一般功能，Mendeley 还是一个学术社交软件，具有群组功能，可以实现研究者之间的文献共享，支持信息共享和协同作业。

（1）建立组群，在网页版的 group 选项卡单击“create a new group”。

（2）在弹出窗输入组群名、关于组群的说明、选择组群的种类。

Private：只有被邀请的成员才能阅览和投稿；能够共享文献信息和全部文本；适合于私人研究项目。

Invite only：任何人都能阅览，但只有被邀请的成员才能投稿，适合于发表实验室的研究成果及阅读列表。

Open：任何人都能阅览和投稿，适合于开放的讨论组。

（3）在组群中邀请其他成员，单击“invite people to join”，在框内输入 email 或 contact 名，发送邀请。收到邀请的成员可单击“accept”，被追加到组群中。在公共组群中，可以与自己有共同兴趣的用户进行信息交流。用关键词检索群组，单击“join this group”按钮。

6.2　学术论文写作

6.2.1　学术论文概述

1. 学术论文的概念

中华人民共和国国家标准 GB 7713—87 号文给学术论文下的定义为：学术论文是某一学术课题在实验性、理论性或观测性上的具有新的科学研究成果或创新见解和知识的科学记录；或是某种已知原理应用于实际中取得新进展的科学总结，用以提供学术会议宣读、交流或讨论；或在学术刊物上发表；或作其他用途的书面文件。

2. 学术论文的作用

学术论文的作用主要表现在：它是研究成果的总结和记录，是进行成果推广和学术交流的有力手段，也是进行科技成果鉴定和评审科技成果的重要依据，是政府和企业单位科技决策的依据，是考核科技工作者业务水平的重要标准，是科技人员申请学位和评定职称的重要依据，是一个单位为培养科技人员的研究能力和增加科技积累的需要，也是衡量一个学术单位科技水平的重要指标。所以，学术论文的写作不仅体现一个科技工作者的学术水平和科技创新能力，而且可以促进学术交流，推动学科的发展和科技的发展。

3. 学术论文的特点

1）学术性

学术性是学术论文的根本特征，也是它与一般议论文的根本区别。学术论文是学术成果的载体，以学术问题为论题，把学术成果作为描述对象，以学术见解为内容核心，具有系统性和鲜明的专业色彩。

2）科学性

学术论文的科学性体现在能够揭示客观规律，探求真理，用以指导人们的实践活动。这种科学性要求学术论文在立论上必须是正确的，合乎实际的，是从客观实际的深入研究中抽象出来的东西，在论据上必须是充分的、确实有力的，是经过作者调查、采集、识别、选择而足以用来支持论点的；在论证上必须是严谨的、富有逻辑性的，是经过作者周密思考、精心策划设计的。

3）真实性

学术论文的真实性体现在四个方面：其一，科研方法真实可信，经得起论证。引用参考文献或自己设计的试验方法都应该是真实和可靠的。其二，试验数据真实可靠，经得起复核。其三，客观讨论不作夸张，经得起推敲。不夸大或缩小客观试验，避免使用“填补某领域空白”“处于国内（外）领先水平”等语言。其四，所作结论站得住脚，经得起提问，经得起实践检验。

4）理论性

学术论文在形式上属于议论文，但它与一般议论文不同，它有自己的理论系统，必须运用理论并站在理论的高度来回答现实问题，不能只是罗列材料，而应对大量的事实、材料进行分析、研究，对经验再归纳、总结、提高，使感性认识上升到理性认识。

5）创新性

创新性是学术论文的灵魂，是有别于其他文献的特征所在。科研成果是填补空白的新发现、新发明或新理论，是在继承基础上的发展、完善和创新。也就是说，在研究的题目范围内，前人（或同时代人）没有接触过的，或者虽有接触，但语意未尽，你能在他的基础上进一步加以研究，能提出新的观点、新的理论，且论据确凿、言之成理，这就是创新性的体现。

6）逻辑性

学术论文的行文脉络清晰、结构严谨、前提完备、演算正确、符号规范、文字通顺、图表精致、推断合理、前呼后应、自成系统。不论文章所涉及的专题大小如何，都应该有自己的前提或假说、论证素材和推断结论。通过推理、分析，提高到学术理论的高度，不应该出现无中生有的结论，或一堆无序数据、一串原始现象的自然堆砌。

7）规范性

我国对学术论文的格式要求制定了十分详细的标准，在写作时必须了解这些要求才能写出符合规范要求的好文章。

6.2.2 选题及开题

1. 选题

所谓选题，即在写论文前，选择确定所要研究论证的问题，这是整个科研工作的第一步。选题决定着科研工作的主攻方向、奋斗目标，规定着应采取的方法和途径。选择既能反映自己的科学水平和创新能力又符合自己客观条件的课题，不是一件容易的事情。所以，人们常讲，选好一个题目，论文也就成功了一半。

1）选题的原则

（1）新颖性原则。论文选题的新颖性要求在原有理论和实践的基础上有所突破，有独立见解。例如，选择前人没有探索过的新领域，前人没有做过的新题目；对旧主题独辟蹊径，选择新角度，探索新问题；在前人成果的基础上做进一步研究，做出自己新的观点或发现等。如果论文在选题上没有一定的新颖性，那么整个论文的后续写作可能就是重复前人的劳动，或是简单的知识和信息堆砌，论文的实际价值就会大打折扣。

（2）立足专业方向原则。专业知识和专业语言是正确选题和写好论文的重要前提条件，也是论文写作者多年积累的优势所在。只要做到心中有数，充分考虑到自己的优势和专业特长，就能确定出符合自己个性的选题。抛开自己的专业优势，选择与自己所学专业没有关系、跨度很大的其他领域的问题来研究，由于缺少必要的专业基础知识，很难发现和评价选题的优劣，虽然这样做也有可能写出好的论文，但对论文写作时间有限的人来讲困难还是相当大的。相对来讲，对有关自然科学类专业论文选题及内容，要遵循自然规律，符合事物的内在运动规律；而社会科学论文选题及内容，必须符合人类社会活动的客观规律要求，反映人类生产力和生产关系的特殊要求，无疑其政策性也比较强。尤其是经济类论文，其选题出发点要和党的方针政策的精神相一致。

（3）范围适度原则。学术论文的选题范围不宜过大，涉及面不宜太宽。因为范围过大，不但时间不允许，而且缺乏功力，即使勉强写出来了，也只能如蜻蜓点水一般，难以保证质量。论文的选题小一些、专一些，既容易完成，也容易写好。当然，题目也不能太小，因为太小的题目，搜集资料、阐述都不容易，也达不到锻炼提高的目的。对初写学术论文的人来说，选择高难度的课题，不仅达不到提高研究能力的目的，反而会因写作难度大而挫伤写作的积极性。过易的题目，又体现不出写作者的知识水准和创造性，同样不利于写作者水平的提高。因此，在选题过程中，必须实事求是地从主客观实际出发，恰当地把握选题的时间、大小、难易程度。

2）选题的方法

（1）浏览捕捉选题法。这是一种通过对占有的文献资料快速、大量地阅读，在比较中来确定题目的方法。浏览，一般是在资料占有达到一定数量时集中一段时间进行，这样便于对资料做集中的比较和鉴别。浏览的目的是在咀嚼消化已有资料的过程中提出问题，寻找自己的研究课题。浏览捕捉法一般可按以下步骤进行。

① 广泛地浏览资料。在浏览中要注意勤做笔记，随时记下资料的纲目，有目的、有重点地记下资料中对自己影响最深刻的观点、论据、论证方法等，记下脑海中涌现的点滴体会。一些相同或类似的观点和材料则不必重复摘录，以免浪费时间和精力。

② 将阅读所得到的方方面面的内容进行分类、排列、组合，从中寻找问题、发现问题。材料可按纲目分类，如分成系统介绍有关问题研究发展概况的资料、对某一个问题研究情况的资料、对同一问题几种不同观点的资料、对某一问题研究最新的资料和成果等。

③ 将自己在研究中的体会与资料分别加以比较。找出哪些体会在资料中没有或部分没有，哪些体会虽然资料已有，但自己对此有不同看法；哪些体会和资料是基本一致的；哪些

体会是在资料基础上的深化和发挥的。经过几番深思熟虑的思考，就容易萌生自己的想法，选题的目标也就会渐渐明确起来。

（2）追溯验证选题法。这种选题的方法要求必须先有一定的想法，即根据自己平时的积累，初步确定准备研究的方向、题目或选题范围，再阅读相关资料加以验证来确定论文选题。追溯可从以下几方面考虑。

① 看自己的“设想”对别人的观点是否有补充作用，看自己的“设想”是不是别人没有论及或者论及得较少。如果得到肯定的答复，再具体分析一下主客观条件，把“设想”确定下来作为学术论文的题目。

② 如果自己的“设想”虽然别人还没有谈到，且自己缺乏足够的理论依据来加以论证，那么就应该中止，再做构思。

③ 看“设想”是否与别人重复。如果自己的想法与别人完全一样，就应马上改变“设想”，再做考虑；如果自己的想法只是与别人的研究成果有部分重复，就应再缩小范围，在非重复方面深入研究。

④ 要善于捕捉一闪之念，抓住不放，深入研究。在阅读文献资料或调查研究中，有时会突然产生一些思想火花，尽管这种想法很简单、很朦胧，也未成型，但千万不可轻易放弃。因为这种思想火花往往是对某一问题做了大量研究之后的理性升华，如果能及时捕捉，并顺势追溯下去，最终形成自己的观点，就会很有价值。

（3）从学科渗透、交叉中选题。学科渗透、交叉是科学在广度、深度中发展的一种必然趋势。事物是普遍联系的，各门学科也是普遍联系的，以前人们注意从学科相对独立性上进行研究，现代科学则注意从不同学科相互渗透、交叉方面进行研究，因为在学科渗透、交叉地带存在着大量的新课题可供选择。

（4）从科研管理和规划中选题。国家、省市及各种学术团体也经常提出许多科研课题，如国家的“十四五”规划重点课题、年度课题，这些课题一般都是在理论意义、现实意义上比较重要的课题，是科研工作者选题的重要来源。这类课题属指南性选题，其中许多课题的难度大、规模大。选题时科研人员应从自己的优势出发，把课题加以具体化，以保证其可行性。此外，各级政府、科研部门制订的各种科研规划也提出了许多研究课题，这些也都是选题的重要来源。

2. 开题

开题通常指开题报告，是开题者在撰写学位论文前对学位论文选题或科研课题的一种文字说明材料。开题者把自己所选的课题的概况（即“开题报告内容”），向有关专家、学者、科技人员进行陈述，然后由他们对学位论文选题或科研课题进行评议，以此来确定研究选题是否确实可行。开题报告是毕业论文答辩委员会对学生答辩资格审查的依据材料之一。

开题报告的内容一般包括题目、理论依据（毕业论文选题的目的与意义、国内外研究现状）、研究方案（研究目标、研究内容、研究方法、研究过程、拟解决的关键问题及创新点）、条件分析（仪器设备、协作单位及分工、人员配置）、课题负责人、起止时间、报告提纲等。由于开题报告是用文字体现的论文总构想，所以篇幅不必过大，但要把计划研究的课题、如何研究、理论适用等主要问题写清楚。对开题报告的具体格式，各单位和高校的要求不尽统一，有的参照毕业论文格式，有的为表格形式，但无论采用什么样的格式，都有相应的要求。

以下为开题报告的一般框架。

（1）选题背景及意义。

（2）研究现状（国内外文献综述）。

（3）概念界定。

（4）研究的理论基础。

（5）研究的主要内容。

（6）研究的目的。

（7）研究的思路和方法。

（8）研究的步骤。

（9）论文提纲。

开题报告中有几个需要注意的问题。

1）课题研究的目的、意义和背景

课题的研究目的和意义也就是为什么要研究本课题，研究它有什么价值，这一般可以先从现实需要方面去论述，指出现实当中存在的这个问题，需要去研究，去解决，指出本课题研究的实际作用，再写课题的理论和学术价值，这些都要写得具体，有针对性。

课题的研究背景即根据什么、受到什么启发而搞这项研究的，也通常表述为“问题的提出”。因为任何课题都不是凭空而来的，都有一定的背景和思路，课题提出的背景主要是指特定的时代背景，回答的问题是为什么要进行该课题的研究，该课题的研究是根据什么、受什么启发而确定的，一般从现实需要的角度去论述。

2）研究现状

对这部分内容必须采用文献资料研究法，通过查阅资料，搜索发现国内外近似或者基于某一课题研究的历史、现状和发展趋势。

历史背景方面的内容，即按时间顺序，简述本课题的来龙去脉，着重说明本课题前人研究过没有，哪些方面已经有人做过了研究，取得了哪些成果，这些研究成果所表达的观点是否一致，或者有分歧。通过历史对比，说明各阶段的研究水平。

现状评述，即重点论述当前本课题国内外的研究现状，着重评述本课题目前存在的争论焦点，通过比较各种观点的异同，阐述本课题与它们的区别和联系，表现出自己课题研究的个性及特色。

发展方向方面，即通过横向和纵向的对比，肯定本课题目前在国内外已达到的研究水平，指出存在的问题，提出可能的发展趋势，指明研究方面，提出可能的解决方法。

3）课题的主要研究内容和研究方法

研究内容是指研究方案的主体，是课题研究目标的落脚点，研究内容要与课题吻合，与目标相照应，具体回答研究什么的问题，以及问题的哪些方面。写作者要力求把课题所提出的研究内容进一步细化为若干小问题，也可以在课题大框架下设立若干子课题。

研究方法是完成研究任务达到研究目标的程序、途径、手段或操作规律，它具体反映“用什么办法做”。常用的研究方法有观察法、实验法、调查法、文献法、经验总结法、个案分析法、行动研究法、比较法等。

4）研究步骤

这部分是课题在研究过程中对时间和顺序的安排。每一个阶段都应有明显的时间界定，从什么时间开始，至什么时间结束，都要有详尽的研究内容安排、具体目标的落实，从而保证研究过程环环紧扣，有条不紊、循序渐进。

6.2.3 学术论文写作的一般过程

1. 选题

详见6.2.2。

2. 搜集整理材料

文献资料是形成学术论文观点和提炼主题的基础，又是支撑观点、表现主题的依托。资料的来源有两个方面：一是社会实践和社会调查中获得的直接资料；二是通过检索和查找获取到的间接文献资料。

写学术论文需要准备以下四个方面的材料。

（1）理论准备和知识准备材料。要进行一项研究工作，必须有必要的专业理论和专业知识。理论是工具和武器，知识和材料都是观点，结论是赖以成立的基础，缺少了它们，科学研究就无法进行。

（2）别人已有的论述材料。这方面的材料要尽量搜集，因为对别人已经解决的问题就不必花气力去做劳而无功的事。充分吸收别人已有的经验，了解别人未解决的问题、疑难的焦点等，才能做比较鉴别，使研究少走弯路，使自己在科研方面获得更高、更新的成果。

（3）对立的和有关的材料。一个事物的特点，往往是在它与近似事物的相互影响及对立事物的相互斗争中形成并发展起来的。如果缺乏这些映照、比较的材料，那么所要研究对象本身的面貌特点及作用、意义，也可能因此而显得模糊不清或难以把握、开掘、延伸。

（4）背景和条件材料。这是指一切能够影响研究对象的生成和发展变化的社会背景、历史条件以及主客体方面的精神、物质因素。只有尽可能全面地掌握这些材料，才能更好地把握研究对象的特殊性和普遍性。

对搜集来的文献资料进行比较、鉴别、整理、归类，认清材料的性质，包括资料来源的客观性、作者的资历、出版物的日期和形式、资料水平等，判明材料的真伪、估价材料的意义、掂量材料的作用，舍弃那些非本质的、虚假的、无用的材料，保留那些本质的、真实的、有用的材料，使所占有的材料更好地为表现论文的主题服务。

3. 拟定论文提纲

拟定论文提纲，即构造论文的基本框架，它是作者对论文的总体设计，是作者思路外部形态的一种体现，是文章整体布局和层次安排的设计图。

提纲的表现形式有两种：标题式提纲和句子式提纲。标题式提纲是用大、小标题的形式列出提纲，这种提纲简明扼要，能清晰反映文章的结构和脉络，是最常用的一种形式。句子式提纲是用简明的短句或段落来描述提纲，用一句话来表达每章、每节、每层次的中心内容，这种形式的标题对文章每一部分的意见表述得比较详细。

以下为拟制学术论文写作提纲的要求。

（1）提纲不能凭空编造，要在对材料和主题深入思考研究的基础上，对论文的整体进行全面设计。

（2）写作学术论文要通过拟制提纲，使论文骨架、轮廓视觉化，便于研究全篇文章的论点，材料的组合关系，局部与整体的逻辑构成是否均衡、严谨。

（3）学术论文写作提纲应包括以下项目：标题、基本论点、内容纲要。

（4）拟制提纲的顺序。

① 先拟标题或提示论点，或提示课题。要求直接、具体、醒目。

② 以论点句写出论文基本论点，认真思考这些观点或想法是否与论文的主题相关，舍去不必要的东西。

③ 选择论文构成的基本类型，推敲提纲的结构，确定全篇逻辑构成的骨架。

④ 写出层次与段落的先后顺序，并检查各层次、段落之间的联系是否紧密，过渡是否自然，然后对客观总体布局进行检查。

⑤ 对每一层次小的论述顺序进行“微调”，最终确定论文的提纲。

提纲的拟定为起草论文提供了基本依据，标志着由论文起草前的准备阶段进入了论文初稿的撰写阶段。

4. 撰写初稿

按照论文提纲，围绕主题写出论文的初稿的过程，是整个写作过程中的核心环节，起草前的各项准备工作都是为这一阶段服务的。撰写论文是进行再创造的复杂思维过程，表达方式的选择与使用、段落的组织和衔接以及语言形式的运用，都是这一阶段要妥善处理的问题。

初稿起笔的两种方式。

（1）从引言（结论）起笔，即按照提纲排列的自然顺序来写，先提出问题，明确全文的基本论点，然后再展开，做充分论述和论证，最后归纳总结，做出结论。这样写容易抓住提纲，同时与研究的逻辑思维相一致，比较自然、顺畅，写起来较顺手、习惯，易于把握。

（2）从正文（本论）起笔，即先写正文、结论部分，再写引言。这样写有两点好处：一是正文所涉及的内容，是作者研究中思考、耗神最多的问题，是作者研究成果的集中反映，从这里入手容易起笔；二是从引言动笔往往难于开篇，而从正文入手，是先易后难的有效措施，当写好了正文、结论后，论文大局已定，就可悉心写引言和完成全文了。

5. 论文的修改与定稿

论文的初稿写成之后，还要再三推敲，反复修改，这是提高论文质量和写作能力的重要环节。论文的修改主要包括以下几方面内容。

（1）修改观点。观点是论文的重要组成部分。如果观点不明晰或论据说明的是另外的论点，那么对文章中的观点就要进行调整。对观点的修改一般只能微调，如果全部否定观点的话，文章就要重新撰写。对观点的修改，既包括对论点的增加或删减，也包括对观点的订正，但无论是哪一方面，都要使文章显得论点突出、明了。

（2）增删材料。增删材料是检查论文中的材料能否清楚地说明观点。材料是为观点服务的。如果材料不足以说明观点，就必须增加材料；如果材料过多，使文章显得烦琐、累赘，就必须删减材料；如果发现有更好的材料可以说明观点，就必须更换或增加材料。总之，材料必须不多不少、恰到好处地说明观点。

（3）调整结论。文章的结论要能简要反映全文的内容，如果文章的结论不能准确反映文章的内容，或文章的结论不足以反映文章的内容，则结论同样要进行调整，使之客观、完整地反映出研究的成果。

（4）锤炼字句、润色文字。修改的另一个重要方面是锤炼字句、润色文字。写作过程中不可避免会出现一些病句或重复啰唆的语句，通过修改能避免这些错误的出现。此外，改正错别字、更换一些更好的词语也是修改过程中的工作。论文经过反复修改润色后就可以最后定稿了，定稿时要重写题目和摘要。

（5）调整格式。论文内容的修改完成后，应对格式进行仔细修改。按照论文写作规范或期刊投稿的相应要求，对题目、署名、摘要、关键词、正文、参考文献做出相应调整，对文中的图表、公式等也要按照要求进行修改，检查文中有无错别字、标点用法是否准确无误。

论文经过多次阅读、反复修改后，达到主题明确、结构合理、逻辑清晰、论证充分、表述准确、格式规范等要求，就可以定稿了。

6.2.4 学术论文写作格式

学术论文的结构形式具有一定的规律性，形成了一套独特的结构程序，因而可为之制定相关标准，对学术论文结构进行规范，并提供给广大科研工作者、文献编辑机构或其他相关人员用作参考。

关于学术论文的写作标准，可参考下列标准文献。

（1）国际标准化组织 ISO 的《文献工作——科学报告编写格式》（1983 年）。

（2）我国国家标准：《科学技术报告、学位论文和学术论文的编写格式》（GB 7713—1987）、《科技报告编写规则》（GB/T 7713.3—2014）、《学位论文编写规则》（GB/T 7713.1—2006）、《文摘编写规则》（GB 6447—1986）、《信息与文献　参考文献著录规则》（GB/T 7714—2015）。

一般的学术论文一般包括八个部分，如图 6-21 所示。

- 前置部分
  - 题名
  - 论文作者
  - 关键词
  - 摘要
- 主体部分
  - 引言
  - 正文
  - 结论
  - 参考文献

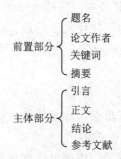

图 6-21　学术论文的一般构成

国家标准《科学技术报告、学位论文和学术论文的编写格式》（GB7713—87）指明报告与论文由前置部分和主体部分两大部分构成，结构较为完整、规范、复杂，如图 6-22 所示。

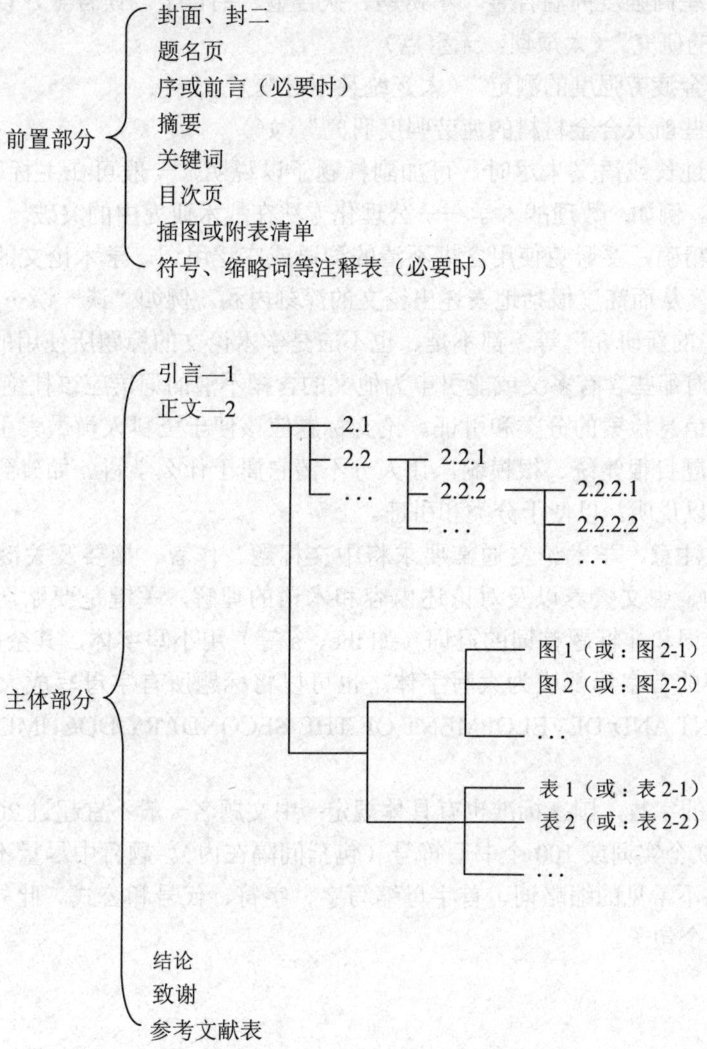

图 6-22　报告与学术论文的构成

学术论文的格式主要包括以下几方面内容。

1. 题名

题名又称标题，用来揭示文章的主题和中心内容，是文章内容的高度概括。它用最简明的文字告诉读者文章要阐明的是什么问题，能使人一目了然，并具有强烈的吸引力。在拟题时，可先拟出若干个题目，待论文完成之后，再根据论文的中心内容推敲，选出最能表达文章主题的标题。

国家标准规定：题名是以最恰当、最简明的词语反映报告、论文中最重要的特定内容的逻辑组合。按此规定拟定标题，应注意以下几点。

（1）要准确地表达出文章的主要内容，实事求是地反映出研究的范围与本研究所达到的深度。例如：

题名 1："某些高强度高温合金、不锈钢、钦合金、铝合金、镁合金，以及纤维增强复合材料的疲劳强度的研究"（太烦琐，无重点）

题名 2："合金疲劳强度的测定"（太笼统且不对题）

题名 3："某些航天合金材料的疲劳强度研究"（好）

当一个标题过长或语义未尽时，可加副标题予以说明，一般可在主标题一行用"——"（破折号）引出。例如：数理战术学——公理化方法在战术研究中的突破。

（2）语言要精确，要避免使用含糊不清的词语或广泛用词。学术论文的标题必须使用精练的词语、句式，从而高度概括地表述出论文的深刻内涵。例如"谈一谈……""对……的粗浅认识""对……的新研究"等，都不是、也不应是学术论文的标题所使用的语言。另外，标题要语义明确，对那些含有多义或能引申为他义的含糊不清的词语应该杜绝。

（3）要便于信息检索的分类和引证。论文标题应该便于资料人员做索引分类和读者查找引证。有的论文题目很笼统、很模糊，让人分不清它属于什么学科。如碰到这种情况，就应加一个副题名加以说明，以便于分类和引证。

另外，必须注意，学术论文通常要求将中文标题、作者、摘要及关键词译为英文，它涉及英文基本功、中文素养以及对论述内容和术语的理解，关键是要贴切和简练。英文标题写法，除了介词和非标题首词的冠词（如 the、a 等）用小写字体，其余的名词、形容词、动词、动名词等的首字母都应为大写字体。也可以将标题所有字母写成大写字体，如 THE ESTABLISHMENT AND DEVELOPMENT OF THE SECONDARY DOCUMENT SYSTEMS IN CHINA。

对论文题名的字数，国家标准也有具体规定：中文题名一般不宜超过 20 个字，外文题名一般不宜超过 10 个实词或 100 个书写符号（包括间隔在内）。题目中尽量不用标点符号，不用未被公认的或不常见的缩略词、首字母缩写字、字符、代号和公式。此外，题目应是一个短语，而不是一个句子。

2. 署名

国家标准对署名做了如下规定：在封面和题名页上或学术论文的正文前署名的个人作者，只限于那些对选定研究课题和制订研究方案、直接参加全部或主要部分研究工作并做出主要贡献，以及参加撰写论文并能对内容负责的人，按其贡献大小排列名次。至于参加部分工作的合作者、按研究计划分工负责具体小项的工作者、某一项测试的承担者以及接受委托进行分析检验和观察的辅助人员，均不列入，这些人可以作为参加工作的人员一一列入致谢部分或排于脚注。这样，就将署名的范围做了严格的区分。

署名作者应用真实姓名，而不得用笔名。当多个作者共同署名时，以贡献大小排列，执笔者通常被排在首位。

3. 摘要

国际标准化组织（ISO）对摘要的定义为：不加注释和评论，对文献内容的精确和扼要的表达。我国国家标准规定，摘要是报告、论文的内容不加注释和评论的简短陈述。就研究内容而言，摘要可分为两大类：一类属于报道性摘要，不但包括主要论据、结论，而且要简要介绍主要方法和结果；另一类属于指示性摘要，只简要叙述所做的工作和取得的成果，而不涉及具体方法和结果。

摘要内容包括研究目的、研究对象、研究方法、研究结果、所得结论、结论的适应范围及意义六项内容。其中，研究对象与研究结果是每篇摘要必不可缺的内容，其他可按论文的具体内容灵活处理。编写摘要时应注意以下几点。

（1）简练准确，以少量字数简练准确地将论文主要内容概括出来，要求高度浓缩。摘要字数一般不超过正文字数的3%～5%。例如一篇5000字的论文，摘要以200～300个字为宜。

（2）相对完整和独立，即无须阅读正文就能揭示论文最本质的要义，使读者判定有无必要去阅读全文。

（3）客观陈述，摘要避免用第一人称主观语气，而应采用第三人称的客观语气阐述，不对论文观点进行评价，更不能自封“世界首创”“达到了国际最高水平”等，切忌夸张和广告式宣传。

下面，举几例学术论文的摘要供读者参考。

例一，《基于 HSM 的移动搜索行为影响因素及组态效应研究》一文的摘要：

“[目的 / 意义] 以启发式 - 系统式模型为理论基础，研究移动搜索行为的影响因素及组态效应。[方法 / 过程] 通过问卷调查收集用户数据，利用结构方程模型和模糊集定性比较分析法（fsQCA）探究影响移动搜索行为的启发式和系统式影响因素及其组态。[结果 / 结论] 结构方程模型计算结果表明，启发式移动搜索行为与系统式移动搜索行为的前因变量均为信源可信度、搜索容易度与内容相关性，内容准确性对启发式和系统式移动搜索行为的影响均不显著；fsQCA 计算结果表明，搜索移动行为呈现出两种模式：有限条件下的最省力搜索模式和任务驱动下的有效搜索模式。本研究揭示了移动搜索行为复杂的影响机制，为提升移动搜索服务和优化用户搜索策略提供一定指导。”

例二，《面向高分影像建筑物提取的多层次特征融合网络》一文的摘要：

“建筑物规模及其分布是衡量一个地区经济社会发展状况的关键指标，因此研究基于遥感影像的建筑物提取具有重要意义。现有神经网络方法在建筑物提取的完整度、边缘精确度等方面仍存在不足。为解决上述问题，提出一种基于高分遥感影像的多层次特征融合网络 MFFNet (Multi-level Feature Fusion Network)。该方法一方面利用边缘检测算子提升网络对建筑物边界的识别能力，另一方面借助多路径卷积融合模块从多个维度上提取建筑物特征，并引入大感受野卷积模块突破感受野大小对特征提取的限制。在对提取的特征进行融合后，使用卷积注意力模块进行压缩，经金字塔池化进一步挖掘全局特征，从而实现建筑物的高精度提取。以当前主流的 UNet、PSPNet、MAPNet 与 MDNNet 作为对比方法，使用亚米级的武汉大学航空影像数据集、卫星数据集 II（东亚）与 Inria 航空影像数据集作为实验数据进行测试。”

（4）语法规范。摘要中第一句话的注语，如“本文”“作者”等词可以省略。对于英文摘要（abstract）的编写实质上是一个汉译英的问题。英文摘要与中文摘要基本一致，但不能笼统地理解为英文词语与中文摘要一一对应或相符，而应使英文本意与中文标题原意相符，做到“信、达、雅”。同时，编写时要注意英文摘要的完整性和独立性。

4. 关键词

国家标准规定：关键词是为了文献标引工作从报告、论文中选取出来用以表示全文主题内容信息款目的单词或术语。关键词是从论文中提炼出来的，最能反映论文的主要内容，在同一论文中出现的次数最多，一般在论文的题目及摘要中都出现，可为编制主题索引和检索系统使用。

又规定：每篇报告、论文选取3～8个词作为关键词，以显著的字符另起一行，排在摘要的左下方。如有可能，尽量用《汉语主题词表》等词表提供的规范词。

例如，《钢－混凝土组合剪力墙抗震研究与发展》一文中，可抽选出4个关键词：钢－混凝土组合结构、多重组合剪力墙、抗震研究、工程应用。又如，《基于需求的高校图书馆2.0个性化信息服务模式研究》一文中，可抽选出4个关键词：图书馆2.0、信息服务模式、用户需求、高校图书馆。

以下为编写关键词的注意事项。

（1）使用较定型的名词，多是单词和词组，用原形而非缩略语。

（2）无检索价值的词语不能作为关键词，如“技术、应用、观察、调查”等。

（3）化学分子式不可作为关键词。

（4）未被普遍采用或在文中未出现的缩写词、未被专业公认的缩写词不能作为关键词。

（5）论文中提到的常规技术、内容为大家所熟知也未加探讨和改进的不能作为关键词。

（6）关于英文关键词：中英文关键词相互对应，数量完全一致，且应尽量符合《汉语主题词表》。从词表中可以找到英汉对照的关键词，把此主题词当作关键词使用；如果没有，则需自译。

5. 引言

国家标准规定：引言（或绪论）简要说明研究工作的目的、范围、相关领域的前人工作和知识空白、理论基础和分析、研究设想、研究方法和实验设计、预期结果和意义等。要言简意赅，不要与摘要的内容雷同，不要成为摘要的注释。

撰写引言时应注意以下几点。

（1）按国家标准规定，引言的内容主要是提示内容。所以，引言的写作必须提示写作意图、论题的中心或带有结论性的观点等，以之告诉读者这篇论文的写作目的、作者的论题以及其基本观点。

（2）引言的写作应具有一定的启发性，以开拓读者的思路。

（3）论文要想有社会效益，就要进行交流，交流就要有对象，而对象（即读者）的知识结构、心理素质都有所不同，所以著者应有针对性地运用思维科学、心理学，从引言入手将读者吸引到论文中来，提高其阅读兴趣，这就是所谓的酝酿情绪。

6. 正文

正文即论证部分，是论文的核心部分，论文的主题思想应在正文部分确立起来。

论文的论点、论据和论证都在这里阐述，因此它要占主要篇幅。由于论文作者的研究工作涉及的学科、选题、研究对象和研究方法、工作进程、结果表达方式等差异很大，所以对正文要写的内容不能做统一规定。但是，总的思路和结构安排应当符合“提出论点，通过论据（事实或数据）来对论点加以论证”这一共同的要求。国家标准规定，正文的内容可包括调查对象、实验和观测方法、仪器设备、材料原料、实验和观测结果、计算方法和编程原理、数据资料、经过加工整理的图表、形成的论点和导出的结论等。同时，国家标准对正文写作提出了如下几点要求：必须实事求是、客观真切、准确完备、合乎逻辑、层次分明、简练可读。另外，比较重点明确规定了图、表的绘制要求，以及数学、物理和化学式、计量单位、符号和缩略词的使用注意事项。

写作正文时主要注意以下两点。

（1）抓住基本观点。正文部分乃至整篇论文总是以作者的基本观点为轴线，要用材料（事实或数据）说明观点，形成材料与观点的统一。观点不是作者头脑里固有的或主观臆造的，正确的观点来自客观实际，来自对反映客观事物（如研究对象）特征的材料（如实验结果）的归纳、概括和总结。在基本观点上，对新发现的问题要详尽分析和阐述，若不能深入，也要严密论证，否则得不出正确的、有价值的结论，说服不了读者，更不会为读者所接受。而对一般性的问题只需做简明扼要的叙述，对与基本观点不相干的问题则完全不要费笔墨。

（2）注重准确性，即科学性。对科学技术论文要特别强调科学性，这一点须贯穿论文始终，正文部分对科学性的要求则更加突出。写作中要坚持实事求是的原则，绝不能弄虚作假，也不能粗心大意。数据的采集、记录、整理、表达等都不应出现技术性错误。在叙述事实，介绍情况，分析、论证和讨论问题时，遣词造句要准确，避免含混不清、模棱两可、词不达意。给出的式子、数据、图表以及文字、符号等都要准确无误，不能出现任何细小的疏漏。

由于具体研究对象的复杂性和差异性，正文写作没有固定的规律可循，但对以下几点要引起注意。

（1）正文中由统计、观察、实验得到的材料大多可以用图表来表示。图表要有自明性，即只看图表、图表标题、图例及表注就可以明白其所表达的意思。

（2）正文中所使用的数学计算公式要居中排列，并尽可能在等号处换行。公式要有编号。

（3）正文中若要使用缩略语，则第一次必须用全称，并注明“以下用简称”。

（4）正文中的数字在以下两种情况下使用汉字：一是数字用作词语，如“第一定律”“二元方程”；二是连用的两个数字，如“三五天”“二三米”等。其他用作计量、计数和表示公历年、月、日、年代等时，要使用阿拉伯数字。

（5）正文的用语要准确、简明和严谨。例如，“基本上”、“全部”、“很好”、数字前后的“近”“约”“左右”要慎重使用；“大概”“可能”“众所周知”“可想而知”尽量不用；反映成果水平时，不能言过其实；不能用夸张和奇特的比喻。

7. 结论

学术论文的末尾，一般要有总结性的文字，称“结论”“结语”“结束语”。它是在理论分析和实验验证的基础上，通过严密的逻辑推理而得出的富有创造性、指导性、经验性的结果描述。它又以自身的条理性、明确性、客观性反映了论文或研究成果的价值。撰写结论的目的：一是便于读者查阅文献时节省时间，当读者看了论文的题目、摘要，读完结论时，就可以决定是否再阅读全文；二是便于读者做笔记或卡片；三是有利于文摘专业工作者撰写摘要。结论和摘要性质类似，一些内容较简单的论文，可以取消这一节，以免与摘要重复。有的论文得不出明确的结论，可以在前述一节的讨论中对实验结果做出总结，而取消结论一节。

8. 致谢

致谢是学位论文中的一部分，一般的科技论文中不出现。致谢部分需要提及经费资助的来源、在工作中提供过帮助的人或撰写报告时给予帮助的人，分别依据贡献大小加以说明，对被感谢人可以冠以专业技术职务（职称）。

致谢方式：专列“致谢”项，置于正文之后、参考文献之前；在论文首页下加“注”，用简短的词语对有关单位或个人表示感谢。

9. 参考文献

科学有继承性，研究工作中要查阅大量的文献。在论文的最后列出参考文献，其目的有五个：一是便于查阅原始资料中的有关内容；二是有利于节省论文篇幅、精练文字；三是真实反映研究的科学依据，同时也指明引用资料的出处，便于查对与检索；四是有利于研究相同或相近课题的读者从参考文献中了解情况或受到启发；五是尊重他人的劳动成果。

列出参考文献的范围，应以公开发表过的、作者真正参阅过的、对构成课题研究的理论依据或形成作者的观点结论起重要和关键作用的文献资料，与论文密切相关的或直接引用的为限，未发表过的论文、试验报告、内部资料等不宜列入。详见6.3.2。

6.3 学术规范与参考文献著录规则

6.3.1 学术规范

学术规范是指在一定历史时期，以学术道德为基础，以学术活动为对象，以学术共同体为主体，以激发学术创新和维护学术自由为目的的规制安排和基本规范，是学术共同体成员必须遵循的准则。

遵守学术规范，应做到以下几方面。

1. 资料分析规范

首先要获取充分的资料，充分占有信息才能使研究进一步推向纵深。研究人员通常需要在研究与写作伊始就要尽可能收集与写作主题相关的重要著作、重要研究论文、统计材料等。只有充分占有资料，才有可能做出客观公正的评论。有些作者妄自评价自己的学术成就，轻易地认为自己填补了某项研究空白，但真实情况往往是因其没有获取一些重要资料所致。其次要对资料进行必要的甄别，包括资料的时间、质量和真伪等。要尽量选用那些有权威性的、有正规来源途径的、经得起考验的资料。同时，运用材料时也不能以偏概全，不能只采用对自己有利的材料而漠视对自己不利的材料。只要相关信息是真实的、有影响力的，都需要作者全面认识并加以论证。最后，分析资料要科学、合理。在分析资料的过程中，作者要注意运用科学的理论和科学的分析方法，态度要严谨，分析过程要规范，不可为了证明自己论点而随意编造或增删数据。

2. 数据处理规范

（1）分析需要基于可靠的数据源。收集和处理数据确实会占据很多时间，最后才在正确数据的基础上做分析，既然一切都是为了找到正确的结论，那么保证数据准确就显得格外重要。

（2）数据分析报告尽量图表化，提高可读性。用图表代替大量堆砌的数字，有助于阅读者更形象直观地看清楚问题和结论，当然，图表也不要太多，避免生出无意义的图表。一张图必须包含完整的元素，标题、图例、单位、脚注、资料来源等必须明确，最好一张图表反映一个观点，突出重点，让读者迅速捕捉到核心思想。

（3）数据分析规范。① 需要注意控制变量谬误。例如，在做测试时没有控制好变量，导致测试结果不能反映实验结果。或者在进行数据对比时，两个指标没有可比性，导致实验无法得出结论。② 要避免样本谬误。保证足够的样本量，只有当数据量达到一定程度后，才能反映出特定的规律。如果出现样本量极少的情况，建议把时间线拉长，获得足量的样本。或者将不重要的限定条件去掉，增加样本数。③ 要注意避免混入脏数据。这种数据的破坏性比较大，可能导致得出错误的结论。通常我们会采用数据校验的手段，屏蔽掉校验失败的数据。也要针对特定业务，对所使用的数据进行合理性限定，过滤掉异常值，确保拥有比较好的数据质量。④ 要避免存在选择性偏见或个人认知谬误，如主观臆断、误把经验当事实、个体当整体、特征当全貌、眼见当事实。

3. 引用注释规范

在教育部社会科学委员会学风建设委员会组编的《高校人文社会科学学术规范指南》的第 4 节“引用与注释规范”中，以及《高等学校科学技术学术规范指南 》中，提出了如下学术引用的规则。

1）引用应尊重原意，不可断章取义

无论是作为正面立论的依据还是作为反面批评的对象，引用都应当将能够说明作者原意的全部语句与段落引全，不可为了以逞己意而曲解引文，移的就箭，断章取义。为了节省篇幅或使意思明确，引用者可以对引文做一定限度的增删。增加和删节均不能影响对作者思想的正确了解。

2）引用应以论证自己观点的必要性为限

引用的目的仅限于说明某个问题，引用的比例要适当，避免过度引用，所引用部分不能构成引用人作品的主要部分或者实质部分。

3）引注观点应尽可能追溯到相关论说的原创者

建立在前人研究基础上的新作，需要对于此前研究尤其是一些主要观点的发轫、重述或修改过程有清晰的把握。尽量不要引用非原创的第二手材料，引用译文与古籍应当核对原文。

4）引用应伴以明显的标识，以避免读者误会

通常的引用包括直接引用与间接引用。直接引用，指所引用的部分一字不改地照录或者原话，引文前后加引号。间接引用，指作者综合转述别人文章某一部分的意思，用自己的表达去阐述他人的观点、意见和理论。直接引文如果超过一定数量，应当在排版时通过技术方式（如另起一段、改换字体等）更为清晰地加以显示。

5）凡引用均须标明真实出处，提供与引文相关的准确信息

不少文献存在着不同版本，不同版本之间在页码标注甚至卷册划分上并不一致。因此，引用者必须将所引文字或观点的出处给出清晰的标示，便于读者核对原文。在标注引文出处时，不得作伪。掩盖转引，将转引标注为直接引用，引用译著中文版却标注原文版，均属伪注。伪注属于学术不端行为，不仅是对被转引作品作者及译者劳动的不尊重，而且也是学术态度不诚实的表现。

每种文献有特定的标识，常见的有专著 [M]、论文集 [C]、报纸文章 [N]、期刊文章 [J]、学位论文 [D] 等。著作类文献的书写格式一般为“作者．书名 [M]．出版社地址：出版社，出版年份：页码．”，期刊类参考文献可以从期刊网直接导出，切记不能自行编制格式。各类文献的书写规范详见中华人民共和国国家标准《信息与文献 参考文献著录规则》(GB/T 7714—2015)。此外，在文中标示注释时符号要用上标，标号与文末注释序号应保持一致。只要引用了他人的成果，就一定要清楚、真实地标示出来。

4. 行文规范

1）论文格式要符合规范

格式规范体现在写作的多个细节上，可以说在各个细节中都能反映出作者对写作的严谨态度。例如，论文的整体排版是否美观，各级标题、正文、图表的字体是否符合常规，章节、段落设置是否合理，关键词数量是否过多或过少等。

2）表述要规范

表述规范主要指论文写作要注意文字使用、语句表达的规范。在文字规范上，不要出现错字和容易引起歧义的字。例如，“必须”表示事理上和情理上必要，是“一定要”的意思；“必需”则表示“一定要有”“不可少”之意。还有一些作者喜欢用一些网络新词，但这在学术论文写作中一般都不太恰当。在语句表达规范上，需要字斟句酌。对于语法错误，有时作者自己不容易发现，可以委托他人帮忙校对，确保每一句表述都符合规范。学术论文写作不同于日常聊天，也不同于其他平台的评论或报道，而要讲究表述简洁、高度概括，不能同一语意反复说明，不要旁生枝蔓，不能口语化，要使用学术性语言。虽然论文写作不可避免地会掺杂作者个人的情感因素，论点的表述、调研过程等都与个人的理解和视角有关，但在论文表述时，还是要尽量保持从客观的角度对问题进行专业化表达。

3）论文序号、图表格式规范

（1）论文序号格式规范。学术论文按照基本序号写作，则层次感清晰，修改起来也较容易。但写作层级不宜过多，要避免混乱，尽可能不要用外文字母或甲乙丙丁做序号。不同单

位、不同期刊社对论文基本序号的格式要求各有不同。在学术论文完成后，对格式的编辑要按照对应单位的要求完成。常见的两种基本序号规则如表 6-1 所示。

表 6-1　论文序号格式规范

层　级	第　一　种	第　二　种
一级标题	1，2，3，4	一、二、三、四
二级标题	1.1，1.2，1.3	（一）、（二）、（三）
三级标题	1.1.1，1.1.2，1.1.3	1，2，3
四级标题	1.1.1.1，1.1.1.2，1.1.1.3，1.1.1.4	(1)(2)(3)(4)

（2）图的格式规范。图包括曲线图、构造图、示意图、图解、框图、流程图、记录图、布置图、地图、照片、图版等。图应具有“自明性”，即只看图、图题和图例，不阅读正文，就可理解图意。

图应编排序号，可以按照章节编号，如对第一章的图标号“图 1-1、图 1-2”，对第二章的图标号“图 2-1、图 2-2”等；也可以不按章节编号，如图 1、图 2、图 3 等。具体选哪一种，要看论文审查单位的要求。

每一张图应有简短确切的题名，连同图号置于图下。必要时，应将图上的符号、标记、代码和实验条件等，用最简练的文字，横排于图题下方，作为图例说明。

（3）表的格式规范。表的编排，一般是内容和测试项目由左至右横读，数据依序竖排。表应有自明性。表应编排序号格式与图同，分开排序。图 1、图 2，表 1、表 2，不混合排序。

每一个表应有简短确切的题名，连同表号置于表上。必要时应将表中的符号、标记、代码，以及需要说明的事项，以最简练的文字，横排于表题下，作为表注，也可以附注于表下。

表内附注的序号宜用小号阿拉伯数字并加圆括号置于被标注对象的右上角（如：×××①），不宜用星号“*”，以免与数学上共轭和物质转移的符号相混。

表的各栏均应标明“量或测试项目、标准规定符号、单位”。只有在无必要标注的情况下方可省略。表中的缩略调和符号必须与正文中一致。

表内同一栏的数字必须上下对齐。表内不宜用“同上”“同左”“，”和类似词，一律填入具体数字或文字。表内“空白”代表未测或无此项，“—”或“…”（因“—”可能与代表阴性反应相混）代表未发现，“0”代表实测结果为零。如数据已绘成曲线图，可不再列表。

关于学术论文的图表格式，需要注意以下两点：① 论文的图表必须有自明性，而且要绘制美观。如果图表不美观，很容易造成作者不认真研究的印象。② 如果图表多，应当编制图表目录。

（4）写作交流规范。学术交流倡导百家争鸣，容忍不同学术见解，这样才能有力地推动学术发展。在研究过程中作者可能会发现与自己观点不一致或相冲突的论点，甚至会发现错误的信息。此时作者需要明辨是非，不唯上，也不自我贬低，应以事实为依据，以交流的姿态阐明自己的观点，不苛责甚至恶意诽谤他人。当自己的研究受到其他研究人员批评时也要认真听取意见，据理力争或虚心接受批评。

（5）论文发表规范。学术论文发表规范的形成，是科学界在其漫长发展过程中逐渐形成的一套与科学研究、社会需要以及权威设定等要素相匹配的规范集合，它是多方共同作用形成的。

首先，学术论文写作要严格遵守学术道德，杜绝任何形式的抄袭和重复发表，这既是学术规范，也是学者应该具备的品德。如果作者在论文写作时引用了他人观点，一定要进行标注，这是对他人研究的尊重。如果引用了却不注明，就会有剽窃他人成果之嫌，引起知识产权纠纷。此外，个别作者为了一味追求论文发表数量，采取投机取巧之术，将相同的研究内容稍作改动，投向多家刊物。虽然没有抄袭他人成果，但自己的论文重复发表也是学术不端行为，这种只求文章数量而不求实质创新的做法造成了学术期刊资源的浪费。现在期刊在发表论文前也都进行重复率检测，一般要求严格的期刊对重复率的规定是10%，甚至5%以下，重复率高的论文会被直接拒绝。

其次，期刊对学术论文的原创性与知识产权的要求，如不得一稿多投。一些作者鉴于现在期刊的审稿时间一般都有两三个月甚至更长时间，而且在漫长的等待后大多出现被拒稿的结果，所以将一篇论文同时投给多个刊物，以期在一段时间内可以有更多的录用机会。很多编辑部表示，“一旦发现一稿多投，将对该作者的论文永不录用”，或者“联合其他刊物将作者纳入投稿失信名单”等。

再次，学术期刊本身的编辑要求，如文章字数要求、审稿日期、排版格式、文献标注方式、稿费、版面费等，在这个环节上各种期刊之间存在很多差异。另外，随着网络的普及与流行，稿件正在经历从纸质版投稿向电子版投稿的过渡，由此又引申出对电子版投稿的一些具体要求。

最后，要投向正规刊物。现在的刊物数量繁多，参差不齐，以致有些作者很难辨别出期刊真伪。最常采用的办法是通过中国知网、万方、维普等学术期刊数据库进行检索，还可以从国家新闻出版署进行查询。打开国家新闻出版署官网，从网页下端的板块业务查询里找到期刊 / 期刊社查询，输入期刊名查询即可。此外，还要分清正刊和增刊。知网收录的增刊一般以S或Z打头，如正常刊期为No.1．而No．S1则为增刊。增刊也是正常出版的，只是在一些单位的科研评定中不被认可，作者也需要注意。

危害最大的是一些伪造期刊网站，假冒期刊公布非法的投稿方式，引诱一些不明真相的作者后骗取钱财，甚至截取论文移作他用，这让作者和正规期刊都深受其害。

6.3.2 参考文献著录规则

中华人民共和国国家标准《信息与文献　参考文献著录规则》中对参考文献的定义为：对一个信息资源中或其中一部分进行准确和详细著录的数据，位于文末或文中的信息源。参考文献是论文研究和写作过程中参考或引证的主要文献资料，列举参考文献时须标明序号、著作或文章的标题、作者、出版物等重要信息。

论文中参考文献的著录方法，国际上流行的有很多种，而我国国家标准《信息与文献　参考文献著录规则》（GB/T 7714—2015）中规定：参考文献表可以按顺序编码制组织，也可以按著者—出版年制组织。引文参考文献既可以集中著录在文后或书末，也可以分散著录在页下端。阅读型参考文献著录在文后，书的各章节或书末。

其中，顺序编码制为我国科学技术期刊所普遍采用，所以这里只介绍这一种。

顺序编码制是按文章正文中引用的文献出现的先后顺序连续编码，并将序号置于方括号中，视具体情况把序码作为上角标或者作为语句的组成部分，参考文献表按引文的序号排序。例如：

（引言开始）笔者在文献 [1] 中，在 Richard S．Crandall[2] 和 Porponth Sichanugrist[3] 等人工作的基础上，用平均场区域近似方法，对 p-i-n a-Si：H 薄膜太阳电池进行了解析分桥，得到了填充因子 FF 等性能参数与电池结构参数的关系。本文中则继续研究电池性能参数与本征层光学带隙 Eg 及电子迁移率 n 的关系。这里，[2] 和 [3] 作为脚注，用了上角标形式表示，而 [1] 是语句的组成部分，就未写成角标。

我国国家标准《信息与文献　参考文献著录规则》（GB/T 7714—2015）规定，论文著者应用以下文献类型标示码，将自己引用的各种参考文献的类型及载体类型标示出来，如表 6-2、表 6-3 所示。

表 6–2　文献类型和标识代码

参考文献类型	文献类型标识代码	参考文献类型	文献类型标识代码
普通图书	M	会议录	C
汇编	G	报纸	N
期刊	J	学位论文	D
报告	R	标准	S
专利	P	数据库	DB
计算机程序	CP	电子公告	EB
档案	A	舆图	CM
数据集	DS	其他	Z

表6-3　电子资源载体和标识代码

电子资源的载体类型	载体类型标识代码
磁带	MT
磁盘	DK
光盘	CD
联机网络	OL

1. 专著

主要责任者 . 题名:其他题名信息 [文献类型标识 / 文献载体标识]. 其他责任者 . 版本项 . 出版地：出版者，出版年：引文页码 [引用日期]. 获取和访问路径 . 数字对象唯一标识符 .

示例:

[1] 哈里森，沃尔德伦 . 经济数学与金融数学 [M]. 谢远涛，译 . 北京：中国人民大学出版社，2012：235-236.

[2] 赵学功 . 当代美国外交 [M/OL]. 北京：社会科学文献出版社，2001[2014-06-11]. http://www.cadal.zju.edu.cn/book/trySinglePage/33023884/1.

2. 专著中的析出文献

析出文献主要责任者 . 析出文献题名 [文献类型标识 / 文献载体标识]. 析出文献其他责任者 // 专著主要责任者 . 专著题名：其他题名信息 . 版本项 . 出版地：出版者，出版年：析出文献的页码 [引用日期]. 获取和访问路径 . 数字对象唯一标识符 .

示例：

[1] 马克思 . 政治经济学批判 [M]// 马克思，恩格斯 . 马克思恩格斯全集：第 35 卷 . 北京：人民出版社，2013:302.

[2] ROBERSONJA,BURNESONEG.Drinking water standards, regulations and goals [M/OL]//American Water Works Association.Water quality & treatment:a hand book on drinking water.6thed.New York:Mc Graw-Hill,2011:1.1-1.36[2012-12-10]. http://lib.myilibrary.com/Open.aspx?id=291430.

3. 连续出版物

主要责任者 . 题名:其他题名信息 [文献类型标识 / 文献载体标识]. 年，卷(期)- 年，卷(期). 出版地：出版者，出版年 [引用日期]. 获取和访问路径 . 数字对象唯一标识符 .

示例：

[1] 中国图书馆学会 . 图书馆学通讯 [J].1957（1）-1990（4）. 北京：北京图书馆，1957-1990.

[2] American Association for the Advancement of Science.Science[J].1883, 1(1). Washington,D.C.:American Association for the Advancement of Science, 1883.

4. 连续出版物中的析出文献

析出文献主要责任者 . 析出文献题名 [文献类型标识 / 文献载体标识]. 连续出版物题名：其他题名信息，年，卷（期）：页码 [引用日期]. 获取和访问路径 . 数字对象唯一标识符 .

示例：

[1] 袁训来，陈哲，肖书海，等 . 蓝田生物群：一个认识多细胞生物起源和早期演化的新窗口 [J]. 科学通报，2012，55(34)：3219.

[2] 李炳穆 . 韩国图书馆法 [J/OL]. 图书情报工作，2008，52（6）：6-12[2013-10-25]. http://www.docin.com/p-400265742.html.

[3] 余建斌 . 我们的科技一直在追赶：访中国工程院院长周济 [N/OL]. 人民日报，2013-01-12(2)[2013-03-20].http://paper.people.com.cn/rmrb/html/2013-01/12/nw.D110000renmrb_20130112_5-02.htm.

[4] CAPLANP.Cataloging internet resources[J]. The publicaccess computer systems review, 1993, 4(2): 61-66.

5. 专利文献

专利申请者或所有者 . 专利题名：专利号 [文献类型标识 / 文献载体标识]. 公告日期或公

开日期 [引用日期]. 获取和访问路径 . 数字对象唯一标识符 .

示例:

[1] 邓一刚 . 全智能节电器: 200610171314.3[P].2006-12-13.

[2] 西安电子科技大学 . 光折变自适应光外差探测方法: 01128777.2[P/OL].2002-03-06[2002-05-28].http://211.152.9.47/sipoasp/zljs/hyjs-yx-new.asp?recid=01128777.2&leixin=0.

[3] TACHIBANA R,SHIMIZU S,KOBAYSHI S,etal.Electronic watermarking method and system:US6915001[P/OL].2005-07-05[2013-11-11].http://www.google.coi.n/patents/US6915001.

6. 电子资源（不包括电子专著、电子连续出版物、电子学位论文、电子专利）

主要责任者 . 题名：其他题名信息 [文献类型标识 / 文献载体标识]. 出版地：出版者，出版年：引文页码（更新或修改日期）[引用日期]. 获取和访问路径 . 数字对象唯一标识符 .

示例:

[1] 中国互联网络信息中心 . 第 29 次中国互联网络发展现状统计报告 [R/OL].(2012-01-16)[2013-03-26].http://www.cnnic.net.cn/hlwfzyj/hlwxzbg/201201/P020120709345264469680.pdf.

[2] 北京市人民政府办公厅 . 关于转发北京市企业投资项目核准暂行实施办法的通知：京政办发 [2005]37 号 [A/OL].(2005-07-12)[2011-07-12].http://china.findlaw.cn/fagui/p_1/39934.html.

[3] Online Computer Library Center, Inc.About OCLC: history of cooperation[EB/OL]. [2012-03-27]. http://www.oclc.org/about/cooperation.en.html.

思考题

1. 文献管理软件有哪些作用？试使用一种文献管理软件并说明其主要功能。
2. 学术论文的主要特点是什么？一般包括哪些部分？
3. 结合自己的专业方向，尝试就自己感兴趣的题目完成一个开题报告。
4. 选择一个与自己专业相关的或感兴趣的题目，按规范撰写一篇学术论文。

参考文献

[1] 陈泉 . 网络信息检索与实践教程 [M]. 北京：清华大学出版社，2013.

[2] 陈泉 . 信息素养与信息检索 [M]. 北京：清华大学出版社，2017.

[3] 陈泉，杨菲，周妍 . 信息获取与知识创新 [M]. 北京：清华大学出版社，2021.

[4] 复旦大学研究生院 . 研究生学术行为规范读本 [M]. 2 版 . 上海：复旦大学出版社，2019.

[5] 刘宪立，杨蔚 . 信息检索与利用 [M]. 昆明：云南大学出版社，2018.

[6] 李德方 . 怎样写文章：学术论文写作项目化教程 [M]. 苏州：苏州大学出版社，2020.

[7] 煤炭科技文献数据库简介 [EB/OL].[2022-01-10].http://new.coallib.com/static/pdfjs3/web/viewer.html?file=%2Fpdf%2FreadPdfT%3Fpath%3D%2Fsource%2Fcoal_file%2F%E7%85%A4%E7%82%AD%E6%95%B0%E5%AD%97%E5%9B%BE%E4%B9%A6%E9%A6%86%E7%AE%80%E4%BB%8B.pdf.

[8] 应急管理文献数据库简介 [EB/OL]. [2022-01-10]. http://www.safetylib.com/.

[9] 中国煤炭行业知识服务平台 [EB/OL]. [2022-01-11].http://www.chinacaj.net/l,39,0.html.

[10] 中国工程科技知识中心简介 [EB/OL]. [2022-01-11].http://www.ckcest.cn/home/center.

[11] 中国工程科技知识中心能源分中心简介 [EB/OL].[2022-01-11].http://www.ckcest.cn/home/center/energy.

[12] SpecialSci 国道外文专题数据库 [EB/OL].[2022-01-11].http://www.specialsci.cn/navs/classify?nav=9.

[13] 地质云 [EB/OL].[2022-01-12].https://baike.baidu.com/item/%E5%9C%B0%E8%B4%A8%E4%BA%91/22346480?fr=aladdin.

[14] 国家科技基础条件平台简介 [EB/OL].[2022-01-12].http://www.geodata.cn/aboutus.html.

[15] 国家科技图书文献中心特色资源简介 [EB/OL].[2022-01-12].https://cds.nstl.gov.cn/.

[16] 中国知网建筑行业知识服务平台产品简介 [EB/OL].[2022-01-13].https://r.cnki.net/index/bc/.

[17] 高校图书馆数字资源采购联盟网站集团采购电子资源简介 [EB/OL].[2022-01-13].http://www.libconsortia.edu.cn/Acquisition/index.action.

[18] 长煦信息技术咨询（上海）有限公司产品与服务介绍 [EB/OL].[2022-01-15].https://www.igroup.com.cn/products/.

[19] 化学专业数据库简介 [EB/OL].[2022-01-22].http://www.organchem.csdb.cn.

[20] 国务院发展研究中心信息网 [EB/OL].[2022-01-25].http://www.drcnet.com.cn/www/int/.

[21] 中国经济信息网信息产品与服务介绍 [EB/OL].[2022-01-25].https://www.cei.cn//defaultsite/s/column/8a8a8a81-432cb4e9-0143-6b44046b-0332_2022.html?articleListType=1&coluOpenType=1.

[22] 中国资讯数据库简介 [EB/OL].[2022-01-25].http://www.infobank.cn/.

[23] 北大法宝产品简介 [EB/OL].[2022-02-05].https://www.pkulaw.com.

[24] 北京法意科技有限公司产品与服务简介 [EB/OL].[2022-02-05].http://www.lawyee.com/website/lawyee/a066a05475b4448eaa60a3cc78a96797/index.html?from=0.

[25] 法律之星：中国法律检索系统产品介绍 [EB/OL].[2022-02-06].http://law1.law-star.com/cpfw.html.

[26] 国信中国法律网产品介绍 [EB/OL].[2022-02-06].http://www.ceilaw.com.cn/document/detail.jsp?id=57.

[27] 知网研学 [EB/OL].[2022-02-06].https://x.cnki.net/search.

[28] 花猫数据 . 常见数据分析规范 [EB/OL].[2022-02-05].https://zhuanlan.zhihu.com/p/334008194.